本书为河北省社会科学基金项目系列成果（项目编号：HB18YS029）

京津冀
基础音乐教育协同发展研究

徐　琨　张小军　著

吉林大学出版社

·长春·

图书在版编目（ＣＩＰ）数据

京津冀基础音乐教育协同发展研究 / 徐琨，张小军
著 . — 长春：吉林大学出版社，2020.11
ISBN 978-7-5692-6568-2

Ⅰ.①京… Ⅱ.①徐… ②张… Ⅲ.①音乐课—教学
研究—中小学 Ⅳ.① G633.951.2

中国版本图书馆 CIP 数据核字（2020）第 093272 号

书　　名　京津冀基础音乐教育协同发展研究
　　　　　JING-JIN-JI JICHU YINYUE JIAOYU XIETONG FAZHAN YANJIU

作　者　徐　琨　张小军　著
策划编辑　樊俊恒
责任编辑　刘　佳
责任校对　樊俊恒
装帧设计　马静静
出版发行　吉林大学出版社
社　　址　长春市人民大街 4059 号
邮政编码　130021
发行电话　0431-89580028/29/21
网　　址　http://www.jlup.com.cn
电子邮箱　jdcbs@jlu.edu.cn
印　　刷　北京亚吉飞数码科技有限公司
开　　本　710mm×1000mm　1/16
印　　张　18.5
字　　数　250 千字
版　　次　2022 年 6 月　第 1 版
印　　次　2022 年 6 月　第 1 次
书　　号　ISBN 978-7-5692-6568-2
定　　价　98.00 元

前　言

　　京津冀协同发展是我国当前的一项重大国家战略。本书以"京津冀基础音乐教育协同发展"为研究对象,立足当前国际、国内形势,梳理自新中国成立以来京津冀三省市区域合作的历史脉络,对"京津冀协同发展战略"提出的时代性和必然性进行考证。分析国家对"京津冀协同发展战略"的总体目标定位,以及国家对京津冀三地的城市定位、产业升级转移、人口布局调整等方面的总体规划,研究"京津冀协同发展战略"的实施为京津冀三地基础音乐教育带来的时代发展机遇,以及区域一体化可能会给三地基础音乐教育带来的各种现实问题。通过问卷调查、访谈、实地音乐素质与能力测试等多种形式,对京津冀三地基础音乐教育现状及其三地中小学生的音乐素质与能力水平进行调研,同时,对京津冀三省市目前在教育协同发展方面出台的有关政策文件、协同措施及其发展态势等进行梳理,剖析目前京津冀区域基础音乐教育发展中存在的各种突出问题及其产生的深层次社会、历史根源。在理论研究和实践研究的基础上,提出具有可行性、可操作性的京津冀基础音乐教育协同发展实施路径。一方面,纵向构建京津冀基础音乐教育协同发展的行政管理体系和横向的相关体制机制,为三地基础音乐教育的协同联动提供制度保障;另一方面,对京津冀基础音乐教育的协同发展进行了"名校引领——涟漪式递推"理论模型的整体架构,以及就该理论模型的实际运行机制提出了具体可行的实施建议。从纵向和横向、宏观和微观多个维度,对京津冀基础音乐教育的协同发展进行整体的立体式架构,为京津冀基础音乐教育的协同发展提供理论依据与实践指导。

　　本书共分为五个部分,第一章通过对世界范围内"都市圈"形成与发展规律的研究,分析京津冀区域形成都市圈的客观条件。梳理与审视新中国成立以来京津冀三省市区域协作的历史沿革,对当前"京津冀协同发展战略"提出的时代性和必然性进行考证;第二章通过对国家"京津冀协同发展战略"的客观分析,研究"京津冀协同发展战略"的实施为三地基础音乐教育带来的时代发展机遇,以及可能给三地基础音乐教育带来的各种现实问题;第三章采取问卷调查、访谈、测试等多种形式,对京津冀三地基础音乐教育现状进行全面调研,并对京津冀三省市目前在教育协同发展方面出台的有关政策文件、协同措施及其发展态势等进行梳理,为京津冀基础音乐教育的协同发展提供借鉴与参考;第四章对京津冀三地基础音乐教育现状中存在的各种突出问题进行剖析,挖掘问题产生的深层次社会、历史根源;第五章针对京津冀三地基础音乐教育中存在的各种问题,在理论与实践研究的基础上,构建京津冀基础音乐教育协同发展的行政管理体系、相关体制机制,为三地基础音乐教育的协同发展提供制度保障。同时,从整体上构建京津冀基础音乐教育"名校引领——涟漪式递推"的协同发展理论模型,并就该理论模型的实际运行机制提出具体可行的、具有可操作性的实施建议。

本书为徐琨、张小军 2018 年承担的河北省社会科学基金项目系列成果之一,项目编号:HB18YS029。

全书在撰写过程中得到了许多专家同仁的指导和帮助,书中参考了一些相关领域的研究成果,在此一并表示感谢,引用部分未能一一注明,敬请谅解。

由于作者水平有限,加之时间仓促,书中难免会有不尽如人意之处,真诚希望广大读者积极批评指正,以待日后完善。

作 者

2020 年 8 月

目　录

绪　论

一、选题缘起与选题意义

（一）选题缘起

1. 国家京津冀协同发展重大战略的明确提出

随着知识经济时代的到来,高科技、新能源的迅猛发展,国家与国家、地区与地区之间的互赖关系日益密切,区域整体性发展格局日趋形成,成为参与国际、国内竞争与合作的基本单元。京津冀地区是我国北方最大的都市经济区,也是我国建设创新型国家的重要支撑区域。"2014 年 2 月 26 日,习近平总书记在北京主持召开座谈会,专题听取京津冀协同发展工作汇报时强调指出,实现京津冀协同发展是一个重大国家战略,是面向未来打造新的首都经济圈、推进区域发展体制机制创新的需要,是探索完善城市群布局和形态、为优化开发区域发展提供示范和样板的需要,对于实现华北地区经济社会发展与生态文明建设具有重要的意义。"[①] 此后,在中央统筹之下,北京市、天津市和河北省发改委以及相关部门组成了京津冀协同发展领导小组,调研编制了《京津冀协同发展规划纲要》(以下简称《规划纲要》)。2015 年 4 月 30 日,中共中央政治局召开会议,审议通过了《规划纲要》。《规划纲要》明确指出:"推动京津冀协同发展是一个重大国家战略。战略的核心是有序疏解北京非首都功能,调整经济结构和空间结构,走出一条内涵集约发展的新路子,探索出一种人口经济密集地区优化开发的模式,促进区域协调发展,形成新增长极。"[②] 自此,京津冀协同发展明确上升为我国的重大国家战略。

---

① 新华社.习近平在京主持召开座谈会,专题听取京津冀协同发展工作汇报.[EB/OL].http://news.xinhuanet.com/photo/2014-02/27/c_126201296.htm, 2014-02-27.
② 新华社.政治局会议审议通过《京津冀协同发展规划纲要》.[EB/OL].http://news.qq.com/a/20150430/051776.htm, 2015-04-30.

社会的进步、经济的发展离不开人力资源所提供的智力支持。随着知识经济时代的到来,当今世界经济社会的竞争,说到底是人才的竞争,教育则成为国家经济、政治、文化和社会可持续发展的内在动力。基础教育作为我国教育领域的一个重要组成部分,是提高我国全民素质、提升我国劳动力质量的最主要途径,是为国家和区域社会的可持续发展提供优质人力资源的重要保障。而基础音乐教育是基础教育的一个重要分支,是国家的一项基本的社会公共服务。一方面,京津冀协同发展战略的全面实施,以及当前国家已明确提出的在交通一体化、生态环境保护、产业升级转移等重点领域协同发展的实质性推进,无疑会为三地基础音乐教育的协同发展提供良好的外部发展环境和内在发展动力;另一方面,青少年是国家的未来,是国家建设和发展的坚实后备力量,基础音乐教育在培养青少年健全人格、和谐身心、涵养美感等方面有着其他学科所不可替代的重要作用,因此,三地基础音乐教育的协同发展、京津冀区域基础音乐教育水平的整体性提升又有助于为国家京津冀协同发展战略的顺利实施提供优质的后续人力资源和智力支持,可以为京津冀协同发展战略的全面实现提供助力。由此可见,在当前京津冀协同发展上升为重大国家战略的时代背景下,推动京津冀基础音乐教育的协同发展,审视三地基础音乐教育的发展现状与发展态势,探索三地基础音乐教育协同发展中面临的各种问题、存在的优势与不足,并在此基础上构建符合本学科特点的优势互补、互利共赢的京津冀基础音乐教育协同发展之路是应时代呼唤与社会发展的必行之举。

2. 国家教育公平、基础教育均衡发展的现实需求

"教育公平是一定社会给予全体社会成员自由、平等的选择和分享公共教育资源的一种权利和发展状态。它为每个人提供相同的发展机会,让每个人内在的潜质充分展现。"[①] 教育公平是社会公平的重要组成部分,为构建和谐社会创造必要的条件,是实现和谐社会的重要基石。2010年我国颁布的《国家中长期教育改革和发展规划纲要(2010—2020年)》在战略目标和战略主题中明确提出了"形成惠及全民的公平教育"[②],将促进教育公平作为我国当前教育改革和发展的战略重点之一。由此,教育发展的公平问题越来越成为全社会所关注的焦点,以教育的均衡发展促进教育公平和社会公正成为当前我国构建和谐社会的重中之重。京津

① 周洪宇.教育公平是和谐社会的基石[M].合肥:安徽教育出版社,2007:1.
② 张援.中国当代艺术教育法规文献汇编(1990—2010)[M].上海:上海教育出版社,2011:190.

冀地区同属京畿重地,是我国最重要的政治、经济、文化与科技中心,其地域相近、文化相亲。但由于长期以来,受我国政治、经济、文化等多方面因素的影响,京津冀基础音乐教育的发展并不平衡,甚至差距很大。因此,在教育公平的倡导下,对京津冀三地基础音乐教育的现状、各地区优势、特色与不足进行广泛而深入的调研,构建三地内部联动的协同发展机制,推动京津冀区域基础音乐教育的整体性发展,是实现我国基础教育的均衡发展、实现国家教育公平的现实需求和具体体现。

3. 新世纪基础音乐教育的改革推动

随着国家对素质教育的重视,基础音乐教育作为素质教育的重要组成部分越来越受到社会各界的关注。尤其是自 2000 年开始,国家启动了新世纪基础音乐教育课程改革。2001 年 7 月,教育部正式颁布了《全日制义务教育音乐课程标准(实验稿)》[以下简称《课程标准(实验稿)》],开启了我国自新中国成立以来影响最为广泛的新一轮基础音乐教育改革。经过十年的实践探索,取得了有目共睹的成效和许多重要收获。但在这一过程中,也有过曲折。如对音乐"双基"的淡化,客观上造成了在实践中对"音乐审美"架空的倾向;盲目追求课堂上的"热烈气氛",片面强调"学科综合",曾一度出现"脱离音乐教音乐"的现象,导致"音乐本体"的失落等。而随着社会经济、文化的快速发展,时代前进的步伐对教育提出了新的要求,由此,教育部组织相关专家学者对《课程标准(实验稿)》进行了修订和完善,2011 年正式颁布了《义务教育音乐课程标准(2011 年版)》[以下简称"课程标准(2011 版)"],并于 2012 年秋季开始在全国执行。重新修订的音乐课程标准对 10 年课程实验中的一些薄弱环节和曾经出现的偏差进行了有针对性的优化和改进,体现了实事求是的态度和与时俱进的时代特征,更加符合对中小学生进行素质教育的需求。又一轮基础音乐教育改革正在全国范围内如火如荼地进行。目前,仅从京津冀区域基础音乐教育的整体发展水平来看,尚处在全国前列,但由于受到各方面因素的影响,京津冀三地长期以来在基础音乐教育方面的发展并不平衡,地区间、城乡间差异很大。因此,在当前新一轮基础音乐教育改革的引领下,在京津冀协同发展国家战略的一体化格局中,如何区域推动京津冀三地基础音乐教育的整体性发展?京津冀协同发展战略对京津冀三省市在功能定位、产业布局、人口分布等方面的布局调整,将对京津冀基础音乐教育产生怎样的影响?如何发挥基础音乐教育自身特有的学科优势,为国家京津冀协同发展战略的顺利实施提供助力?这些成为笔者进行本研究的直接动因。

4. 个人学术研究兴趣与前期研究基础的积淀

本人现任职于京津冀地区某高校,已从教 10 年,长期以来,一直从事一线教学和科研工作。早在 2007 年曾受学校委派,带领学生在河北省县城、乡镇、农村学校进行了长期的顶岗实习工作。之后,每一学年都会根据学校安排,到京津冀各地对基础音乐教育教学情况进行巡回指导,因此对京津冀区域基础音乐教育的情况了解得较为深入。博士学习期间,在导师的指导和帮助下,阅读了大量国内外音乐教育文献,在学术理论和思辨方面有了较大的提升,并且对当前国内外音乐教育领域的前沿动态有了更为深入的认识。此外,本人就职学校自 2006 年开始,在全国高等师范院校率先开展了"顶岗实习支教工程"。目前,该工程已覆盖河北、北京、天津、新疆等 125 个县(市、区)的 4300 余所中小学校,其规模和影响力在全国师范院校中居于首位。在京津冀协同发展上升为国家重大战略的时代背景下,2015 年 10 月,我校已携手北京市、天津市相关教育部门共同举办了"首届京津冀基础教育高层论",并分别与北京市房山区、天津市北辰区签署了《京津冀基础教育区域合作协议》。这些都为本人在开展本选题研究中,在对三地教育行政部门出台政策的把握、对三地教育协同发展态势的研究以及对京津冀三地基础音乐教育现状的深入调研等工作,提供了良好的研究基础及客观保障。

(二)研究意义

1. 理论意义

第一,本研究将有助于区域基础音乐教育理论的构建,完善学术界对区域音乐教育的研究。从某种程度上说,本研究是对区域教育发展理论的一种集成和创新。发展教育学认为:"区域发展是否成功,主要取决于是否具有根据国情消化吸收相关理论并制定出独特政策的能力。这种能力的实现首先是要立足于本区域的自身特色。"① 本研究将在国内外区域教育发展模式的理论基础上,结合国家京津冀协同发展战略中对三省市的城市定位、产业结构调整等总体规划,立足京津冀三省市当前基础音乐教育的实际情况,提出具有区域特色的基础音乐教育区域发展路径,为区域教育的研究提供更加广阔的空间,也可为全国其他地区区域基础音乐教育的发展提供经验和借鉴。

第二,本研究可为相关教育部门制定教育协同政策法规提供理论依

---

① 王振全. 发展教育学 [M]. 广州:广东教育出版社,2010:157.

据和政策参考。京津冀地区是我国未来打造国际化大都市、参与国际竞争与合作的重要战略高地,其区域经济社会的发展需要强大的理论支撑,明确各主要组成部分的战略定位,预测和规划区域的资源和空间。教育作为京津冀区域的优势资源领域,更需要进行合理的协同规划。研究和制定京津冀区域教育协同发展的政策与实施路径,是推动区域全面、协调、可持续发展的重要保障。国家主体功能区的建设需要京津冀区域教育协作发挥智慧引领作用。本选题在理论研究的基础上,深入、全面地对京津冀三地基础音乐教育的实际情况进行调研,力求全面、客观地呈现京津冀三省市基础音乐教育状况的全貌,以及当前三地在基础音乐教育领域已有的协同发展举措与发展态势,从而为区域音乐教育协作提供基本的原则、目标及策略方面的相关信息,为京津冀各地教育部门制定相关的战略、政策和行动计划提供翔实的一手科研数据和决策参考。

2. 现实意义

第一,推动京津冀区域基础音乐教育的整体性发展,为京津冀基础音乐教育协同发展的具体实施工作提供有益思路和实践指导。“京津冀协同发展战略”在当下并不仅仅是一个单纯的经济或城市规划问题,而是一项复杂的、综合的社会与经济改革议题。基础音乐教育作为我国一项基本的社会公共服务,在这项国家战略中发挥着重要的基础性作用。但由于受到我国传统行政区划和分税制财政管理体制的影响,京津冀三地基础音乐教育始终处于“各自为政”“孤立发展”的割裂状态,缺少区域发展的合力与推动力。本研究在国家京津冀协同发展的大背景下,立足当前京津冀协同发展战略为三地基础音乐教育带来的重大历史发展机遇,将京津冀基础音乐教育纳入区域整体视野,深度挖掘京津冀三地在基础音乐教育领域的各自比较优势、特色与现实需求,进行合理对接,在理论研究的基础上,提出具有可行性、可操作性的协同发展模式和运行机制,推动京津冀区域基础音乐教育的整体性发展,为京津冀基础音乐教育协同发展的具体实施工作提供有益思路和实践指导。

第二,有助于实现国家的教育公平,促进基础音乐教育的均衡发展。百年大计,教育为本。教育作为一项重要的社会公共服务,在大力倡导构建和谐社会的今天,教育公平成为社会公平的重要组成部分,是实现社会公平的重要前提和基础。“教育公平包括教育权利的公平、教育机会的公平、教育过程的公平和教育结果的公平。从本质上看,教育权利的公平、教育机会的公平属于‘起点公平’,相对容易做到。而教育过程、教育结果的公平,则更多地表现为'质量公平',即让人人受到较高质量的教育。"①基础音乐教育是我国实施素质教育的主要途径,在提高我国全民素质、提升我国劳动力质量等方面发挥着重要的基础性作用。本选题在理论与实践的研究基础之上,将重点放在切实提高京津冀三地基础音乐教育水平的"质量层面",有助于我国基础音乐教育的均衡发展。为实现国家的教育公平、社会公平,促进我国基础教育的均衡发展贡献本学科力量。

第三,为国家京津冀协同发展战略的全面、顺利实施提供助力。京津冀协同发展是一个宏大而复杂的系统工程,需要社会各界的通力合作、共同推动。习近平总书记在专题听取京津冀协同发展工作汇报时,曾就推进京津冀协同发展提出7点要求,明确指出:"要着力加大对协同发展的推动,自觉打破自家'一亩三分地'的思维定式,抱成团朝着顶层设计的目标一起做。"②在当前知识经济时代的推动下,教育已成为国家发展的内在动力。基础音乐教育作为我国教育领域的一个重要组成部分,在陶冶人的情操、净化心灵、培养高素质人才等方面,有着其他学科所无法替代的特殊作用。对于京津冀三地基础音乐教育协同发展的研究将有助于京津冀区域基础音乐教育水平的整体性提升,有助于为国家京津冀协同发展战略的全面、顺利实施提供优质的后续人力资本与智力支持,从而,为京津冀协同发展重大国家战略的全面实现提供助力。

第四,有助于及时、客观地发现、改进和解决京津冀区域一体化进程中存在,或可能出现的现实问题,以及在该战略实施过程中可能给三地基础音乐教育、地区性音乐文化生态或三地音乐资源等带来的各种问题,并为之寻求有效的解决思路与对策。辩证唯物主义认为,任何事物都具有两面性。京津冀区域一体化发展亦不例外。本研究在立足对京津冀三地基础音乐教育教学现状进行深入实地调研的基础上,理论联系实际,本着客观、求实的学术研究态度,在着眼京津冀协同发展为三地基础音乐教育带来历史发展机遇的同时,更加注重对区域一体化进程中存在,或可能出现的,亦或可能给三地基础音乐教育带来的各种问题进行审视与剖析,以新的视野和高度开展本选题的研究。

二、研究文献与现状述评

京津冀协同发展是一个庞大的不可能一蹴而就的系统工程,必须有

① 周宏宇.教育公平是和谐社会的基石[M].合肥:安徽教育出版社,2007:3.
② 人民网.习近平:京津冀要打破一亩三分地思维定式[EB/OL].http://money.163.com/14/0228/07/9M5FJGPJ00254TI5.html,2014-02-28.

重点、分层次地逐层展开。目前,在国家京津冀协同发展战略的顶层设计——《京津冀协同发展规划纲要》中,仅将京津冀交通一体化、生态环境保护、产业升级转型三大重点领域作为京津冀协同发展工作的率先突破口。有关京津冀教育领域的协同发展,社会各界呼吁、倡导提出得较多,但深入的学术理论与实践研究相对较少,对于京津冀基础音乐教育的协同发展研究更是处于完全的空白状态。笔者为了获取更加全面的文献资料,对以下三个领域进行了文献搜集。

（一）有关京津冀教育协同发展的研究文献与现状述评

为了详细梳理京津冀基础音乐教育协同发展的研究现状,笔者对目前有关京津冀区域协同发展的专著、博硕论文和期刊论文等进行了全面的搜集整理。

截止到 2017 年 2 月,搜集到国内已正式出版的有关"京津冀"专著62 部。其中,有关京津冀区域整体规划构想的 32 部,有关京津冀经济协同发展的 8 部,有关京津冀区域城乡空间发展规划的 3 部,其他为京津冀各微观领域的研究,涉及京津冀产业、环保、物流、科技、旅游等多个领域。有关京津冀教育的专著 0 部,有关京津冀基础音乐教育的专著 0 部。

表绪 1　现有京津冀相关研究专著

有关京津冀各领域专著(共 62 部)			
京津冀区域整体规划	32	京津冀油区地热资源	1
京津冀经济	8	京津冀水资源	1
京津冀城乡空间发展规划	3	京津冀文化	1
京津冀金融、商业	3	京津冀雾霾	1
京津冀产业	2	京津冀税收	1
京津冀环保	2	中国大学图典——京津冀鲁晋卷	1
京津冀物流	2	京津冀教育	0
京津冀旅游	2	京津冀基础教育	0
京津冀科技	2	京津冀基础音乐教育	0

以 CNKI 中国优秀博硕士学位论文全文数据库为检索源,以"京津冀"为检索词,共检索到学术论文 532 篇。其中博士论文 31 篇、硕士论文 501 篇。

表绪2　现有京津冀相关研究博士学位论文年度分布表

以"京津冀"为检索词的博士论文(共31篇)											
年份	2005	2006	2007	2008	2009	2010	2011	2012	2013	2014	2015	2016
篇数	1	2	2	3	0	1	3	2	5	3	5	4

在检索到的博士论文中,主要涉及京津冀区域经济、产业、物流、人力资本配置、雾霾治理等多个领域的研究。其中,仅有一篇与京津冀教育相关,是2011年天津大学张晟的博士论文《京津冀地区土木工学背景下的近代建筑教育研究》。该论文主要观点是要在土木工学背景下,跳出传统单纯建筑教育研究的局限,以更为开阔的学术视角对近代中国的建筑教育进行研究。文中仅以京津冀地区为例,考察了京津冀地区近代建筑教育的实践历程,但并未涉及京津冀区域建筑教育的整体性协同发展研究。

在检索到的501篇硕士论文中,笔者以"京津冀教育"为检索词,进行了二次检索,检索到硕士论文13篇。其中,有关京津冀高等教育的6篇,职业教育的3篇,基础教育1篇,社区教育1篇,其他教育2篇(大学生灾难教育、青少年生命教育)。由此,也体现了当前在京津冀教育领域的相关研究中,对京津冀基础教育的研究相对比较薄弱。

图绪1　现有"京津冀教育"相关研究硕士学位论文各领域分布比例图

在检索到的13篇有关"京津冀教育"的硕士论文中,大多是有关不同教育层次某一教育领域的相关研究,主要涉及京津冀教育与区域经济发展协调度的研究、教育结构优化研究、教育服务均等化研究以及针对京津冀区域具体学科进行的问题与对策研究。其中,有关京津冀基础教育及基础音乐教育的整体性协同发展研究未有涉及。

截止到2017年2月底,笔者以中国期刊全文数据库CNKI核心期刊为数据检索源,以"京津冀"为关键词,检索到期刊文章13193篇。在此基础上,笔者又以"京津冀教育""京津冀基础教育""京津冀音乐教育""京津冀基础音乐教育"为关键词,分别检索到期刊文章598篇、7篇、1篇、0篇。

表绪3　现有京津冀相关研究期刊论文统计表

检索词	篇数(篇)
京津冀	13193
京津冀教育	598
京津冀基础教育	7
京津冀音乐教育	1
京津冀基础音乐教育	0

　　由于与本选题直接相关的"京津冀基础音乐教育"的检索为0,因此,笔者对"京津冀教育"的检索结果进行了综合分析,剔除了与"京津冀教育"相关度不大的文章(以消息、新闻、征文启事等形式发布的文章),最终确定有效论文为351篇。

表绪4　现有"京津冀教育"相关研究期刊论文年度各领域分布表

年份\篇数	高等教育	职业教育	基础教育	大教育	以京津冀为例	其他	总计
2005					1		1
2006				1			1
2007						1	1
2008		4				1	5
2009	2					3	5
2010	6	2				2	10
2011	2				1	1	4
2012	5			1			6
2013	5		1		2	2	10
2014	8	8		4		7	27
2015	42	19	4	20		13	98
2016	74	56	2	31		15	178
2017	2	3					5
总计	146	92	7	57	4	45	351

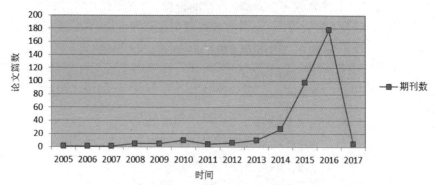

图绪2 "京津冀教育"相关研究期刊论文年度分布情况

从年度分布上来看,最早的一篇有关"京津冀教育"的文章是2005年发表于《中国学校卫生》期刊上的《京津冀5所院校大学生的艾滋病健康教育情况调查》,该文章仅是以京津冀地区5所院校大学生作为调研对象,并未实际涉及三地教育的协同发展。之后在2005年至2013年期间,有关"京津冀教育"的学术论文基本呈明显的递增趋势,但增幅较为平缓。直到2014年,由前几年年均不超过10篇激增至年度27篇,并于2015年、2016年爆发式增长至98篇、178篇,这一变化明显与2014年京津冀协同发展上升为国家重大战略有关,体现了学术研究领域与国家政策导向的密切相关,由此,也充分显示出在京津冀协同发展国家战略的推动下,京津冀区域的教育协同发展已逐渐引起教育界学者的广泛关注与学术研究兴趣,成为当前教育界的学术研究热点。

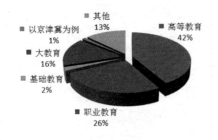

图绪3 现有"京津冀教育"相关研究期刊论文各领域分布比例图

对检索到的351篇有关"京津冀教育"期刊论文进行内容分析,其中有关京津冀高等教育的146篇,职业教育92篇,基础教育7篇、教育整体研究 57 篇、以京津冀为例的相关教育研究 4 篇、与教育相关的其他方面研究 45 篇。这与硕士论文中对京津冀教育相关领域的研究呈现相似状况，即对京津冀区域高等教育和职业教育呈现较高的关注度，而对京津冀基础教育的发展关注度较低。其中，有关京津冀基础音乐教育的相关研究为 0 篇。

（二）国内外大都市圈教育协同发展的研究文献与现状述评

为了获取更加全面的文献资料，笔者以上述同样方法，对当前国内外已发展成熟的大都市圈在教育协同发展方面的研究进行检索。检索结果与京津冀区域教育研究的情况大致相同。未搜集到有关国际大都市圈，如"东京大都市圈""纽约大都市圈"以及"珠三角"等区域在教育协作领域的理论专著。搜集到有关"长三角"区域教育方面的专著 1 篇（长三角教育联动发展协调领导小组办公室 . 长三角教育联动发展研究文集 [M]. 南京：南京师范大学出版社，2011 ）。

在 CNKI 中国优秀博硕士学位论文全文数据库中，未检索到有关国际大都市圈教育领域的相关论文。检索到有关"长三角教育"的硕博论文 15 篇（其中博士论文 1 篇、硕士论文 14 篇），有关"长三角基础教育"的硕博论文 0 篇；检索到有关"珠三角教育"的硕博论文 13 篇（其中博士论文 0 篇），有关"珠三角基础教育"的硕博论文 0 篇。

以中国期刊全文数据库 CNKI 核心期刊为数据检索源，检索到有关国际大都市圈教育研究的论文 2 篇。分别为闫志利、王伟哲的《国内外区域职业教育一体化对京津冀的启示》（《教育与职业》2015.08 ）和范安平、张挚的《"都市圈"发展与农村职业教育——发达国家的启示》（《继续教育研究》2010.08 ）。有关国际大都市圈基础教育发展的相关论文 0 篇。以"长三角教育"为检索词，检获论文 702 篇，其中有关"长三角基础教育"的论文 2 篇，分别为王奇、徐钦福、张钰等发表的《以共同发展为导向，推动长三角地区教育率先联动》（《教育发展研究》2009/Z1 ），该文通过对上海与江浙教育合作的发展回顾，探究长三角区域教育合作中存在的主要问题，并提出进一步加强上海与江浙两省教育联动的思路，其中包括基础教育领域联合和职业教育领域、高等教育领域、终身教育领域的联合策略等。姚丽娟的《基于长三角协作的中小学教师继续教育新模式的实践与探索》（《继续教育研究》2008.12 ），该文提出探索和建构立足于长三角区域特征的多元化教师培训新模式，整合、共享浙宁沪中小学教师继续教育资源，共同实施"区域性合作培训"。以"珠三角教育"为检索词，检获论文 634 篇，其中有关"珠三角基础教育"的论文 3 篇。分别为龙春江、陆业兴、丘明锋的《珠三角部分地区农村基础教育现状调查分析》（《山东省农业管理干部学院学报》2011.01),该文中作者通过对珠三角部分农村的基础教育现状进行实地调研,从当地经济层面、教育部门层面、学校层面、家长层面四个维度,对珠三角农村基础教育中存在的问题进行分析,并提出解决对策。王卫东的《与珠三角社会长远发展相协调的基础教育体系的理论建构》(《教育导刊》2009.05),该文分析了构建与珠三角社会长远发展相协调的基础教育体系的现实基础与思想基础,提出在珠三角地区要建立"学前教育系统化、义务教育一体化、高中教育开放化、民办教育规范化"的十五年基础教育体系的总体构想。梁永丰的《提高珠三角农村地区基础教育发展水平的对策研究》(《现代教育论丛》2001.02),该文指出基础教育的发展水平包含数量、质量和效益三个方面,并对珠三角农村基础教育规模数量的超常扩张下突显出来的质量和效益方面存在的问题进行分析,并提出相应解决对策。有关"长三角""珠三角"基础音乐教育的相关论文0篇。

表绪5　现有国内外大都市圈教育协同发展相关研究文献

	硕博论文	期刊论文
都市圈/城市群教育(国外)	0	2
都市圈/城市群基础教育(国外)	0	0
都市圈/城市群基础音乐教育(国外)	0	0
长三角教育	15(博士论文1篇)	702
长三角基础教育	0	2
长三角基础音乐教育	0	0
珠三角教育	13(博士论文0篇)	634
珠三角基础教育	0	3
珠三角基础音乐教育	0	0

（三）区域基础音乐教育的研究文献与现状述评

为了给本书奠定更扎实的研究基础,笔者还对"区域基础音乐教育"进行了扩展文献检索。搜集到《粤港澳音乐教育研究》(郭声健2011)专著1部。主要内容涉及粤港澳三地的音乐教育现状及三地音乐教育的比较研究,并提出粤港澳三地音乐教育交流合作的构想。

检索到硕士论文两篇,分别为南京师范大学王静的硕士论文《鲁西南乡土音乐资源在学校音乐教育中开发的构想》(2001),该论文从鲁西南乡土音乐资源开发的意义和可行性入手,分析鲁西南乡土音乐在学校音乐课程教学中的特点,探讨乡土音乐资源在学校音乐课程中开发的途径;沈阳师范大学韩阳的硕士论文《辽西北地区农村音乐教育现状分析与研究》(2013),该论文在对辽宁西北部的农村地区进行区域化实地调研的基础上,针对辽西北地区农村学校音乐教育状况,在强化音乐教育管理制度、优选教法、加强音乐教师队伍建设和合理运用地方资源研发校本课程等方面提出相应对策。

检索到期刊论文两篇,分别是郭声健的《谱写粤港澳音乐教育交流合作新篇章——"第一届粤港澳三地中小学音乐教育论坛"综述》(《人民音乐》2011/09)和黄洋的《构建粤港澳音乐教育交流的平台——首届粤港澳三地中小学音乐教育论坛综述》(《大众文艺》2011/16)。这两篇文章同是对"首届粤港澳三地中小学音乐教育论坛"的综述,在介绍粤港澳三地音乐教育的历史、现状、特点及优势的基础上,探讨构建三地未来音乐教育交流合作的长效发展机制。

表绪6 现有"区域基础音乐教育"相关研究文献

类别	篇数
专著	1
硕博论文	2
期刊	2

通过对京津冀教育协同发展的相关文献进行搜集整理,可以看出,在京津冀协同发展上升为重大国家战略的时代背景下,尽管在当前国家京津冀协同发展战略的顶层设计中并未将三地教育一体化纳入率先突破的重点领域,并未从中央层面对三地教育一体化做出总体规划,但教育作为一项关系国计民生的重要社会公共服务,已引起了社会普通民众和学术界研究者们的广泛关注。从现有研究成果来看,有关京津冀基础教育领域的研究,相较于京津冀高等教育和职业教育的研究,更为薄弱。并且,受我国传统行政区划和分税制财政管理体制的影响,各地方财政自主负担本地区经济、社会事业发展的所需支出,因此,京津冀三地始终处于"各自为政"的教育运作方式,这也导致在以往三地基础音乐教育的学术研究领域明显呈现出"各自为政""孤立发展"的特点。很少将京津冀区域教育作为一个有机整体,对京津冀区域教育的内部联动和整体协同发展进行整体方略的把握与探讨。在仅有的一些有关京津冀教育的研究中,也大多是关于京津冀教育发展现状中存在的具体问题,给予的单一性、点状对策建议,且多以思辨研究为主,实证研究较少,有关京津冀区域基础音乐教育领域的研究更是完全处于空白状态。这些在给予本书研究理论

参考与宝贵经验的同时,也显示出本书有待从研究内容、研究视角、研究方法和研究范畴等方面着力开展工作,以期在本领域实现一定程度的突破与创新。

三、研究的主要内容与研究方法

（一）研究的主要内容

本书以"京津冀基础音乐教育协同发展"为研究对象,立足当前国际、国内形势,梳理自新中国成立以来京津冀三省市区域合作的历史脉络,对"京津冀协同发展战略"提出的时代性和必然性进行考证。分析国家对"京津冀协同发展战略"的总体目标定位,以及国家对京津冀三地的城市定位、产业升级转移、人口布局调整等方面的总体规划,研究"京津冀协同发展战略"的实施为京津冀三地基础音乐教育带来的时代发展机遇,以及在区域一体化进程中可能引发的各种现实问题。通过问卷调查、访谈、实地音乐素质与能力测试等多种形式,对京津冀三地基础音乐教育现状及其三地中小学生的音乐素质与能力水平进行调研,同时,对京津冀三省市目前在教育协同发展方面出台的有关政策文件、协同措施及其发展态势等进行梳理,剖析目前京津冀区域基础音乐教育发展中存在的各种突出问题及其产生的深层次社会、历史根源。在理论研究和实践研究的基础上,深度挖掘三地基础音乐教育系统内部各教育要素的相对优势与现实需求,寻求三地各教育要素之间优势与需求对接的关键节点与整体协同的契合点,培养三地基础音乐教育协同发展的共生极。一方面,纵向构建京津冀基础音乐教育协同发展的行政管理体系和横向的相关体制机制,为三地基础音乐教育的协同发展提供制度保障;另外,从整体上构建京津冀基础音乐教育"名校引领——涟漪式递推"的协同发展理论模型,并就该理论模型的实际运行机制提出具体可行的、具有可操作性的实施建议。从纵向和横向、宏观和微观多个维度,对京津冀基础音乐教育的协同发展进行整体的立体式架构,为京津冀基础音乐教育的协同发展提供理论依据与实践指导。

（二）研究方法

本书采用问卷调查法、文献研究法、访谈法、测量法、比较研究法、统计研究法、个案研究法等多种研究方法,在理论研究与实地调研的基础上,运用纵向延伸与横向发散相结合、国内外对比借鉴相结合、定量数据分析与定性问卷分析相结合,以及政府行政机构与教育教学实体相结合等多种方式开展对本书的研究。

四、创新点与难点

(一)创新点

(1)填补在当前国家京津冀协同发展重大战略全面实施的大背景下,音乐教育协同发展在理论研究与实践探索方面的学术研究空白。根据本研究查阅到的已有文献,目前无论是在理论研究还是实践探索方面,京津冀基础音乐教育的协同发展尚处于完全的研究空白状态。京津冀协同发展战略是我国在当下国际、国内发展新局势下提出的一项重大国家发展战略,是拉动我国新的经济增长极、增强综合国力、提高国际竞争力、解决首都"大城市病"的必行之举,需要社会各界的积极参与和共同推动。而基础音乐教育是基础教育的重要组成部分,是一项重要的、基础的社会公共服务,有助于国民素质的提高和劳动力质量的提升。此外,音乐作为文化的重要组成部分,音乐文化的共生还有助于提高区域内民众的精神凝聚力、内心归属感和认同感。从而,拉近区域内民众彼此间的心理距离,形成区域一体的意识,产生合力,提高协作效率和现实生产力,营造良好的区域发展环境。由此可见,目前对于京津冀基础音乐教育协同发展研究的空白,将不利于甚至会影响国家京津冀协同发展战略的有效实施。如三地音乐教学质量的不均衡,高层次人才的子女无法接受良好的素质教育,由此则很可能引发人才的回流、向外疏解首都人口困难、产业布局调整受阻等一系列问题。因此,本书研究的内容作为国内首创,将填补京津冀区域在基础音乐教育领域协同发展方面的学术研究空白。

(2)本书立足于当前"京津冀协同发展战略"为京津冀三省市基础音乐教育带来的时代发展机遇,打破以往三地在基础音乐教育领域"各自为政""孤立发展"的分隔研究状态,以及对我国基础音乐教育中存在的问题,进行"头痛医头、脚痛医脚"的单一、点状的对策研究思路。将京津冀基础音乐教育作为一个有机整体,通过深入的理论研究与实地调研,对京津冀三省市基础音乐教育现状及三省市目前在教育协同发展方面出台的有关政策文件、协同措施及其进展情况等进行梳理,深度挖掘三地基础音乐教育内部各教育要素的相对优势、特色与现实需求,将优势与需求进行合理对接,构建京津冀基础音乐教育协同发展的内部联动、协同共进的整体运行模式,实现京津冀三地基础音乐教育深度的优势互补与互利共赢。从而区域推动京津冀三地基础音乐教育的整体均衡发展,为国家京津冀协同发展战略的全面实施提供助力,也可为我国其他地区区域基础音乐教育的协同发展提供经验和借鉴。

(二)本研究难点

(1)选题较新,可参考的国内外资料匮乏。尽管京津冀区域合作构想提出得较早,但受各方面因素的影响,始终没有取得实质性进展,直到2014年随着国际、国内局势的发展,京津冀协同发展上升为重大国家战略,由此引起了社会各界及学术研究者们的广泛关注。到目前为止,国家并未将京津冀教育一体化纳入率先突破的领域,京津冀三方的教育协同发展还处于一种自发无序状态。因此,对于该选题的研究可参考的文献资料匮乏,尤其是有关京津冀基础音乐教育领域的研究目前仍处于完全的空白状态。

(2)选题庞大,研究工作繁复。京津冀基础音乐教育的协同发展是一个庞大而复杂的系统工程,需要中央、教育行政部门、教育管理层、一线教师、学者、家长及社会各界的通力合作,形成合力。因此,在本选题的研究过程中,对于理论研究和实地调研的广度和深度要求较高、工作量巨大。需要笔者具备较强的统筹协调能力和研究工作的条理性。

(3)机遇与挑战并存,应保持客观辩证的学术视角。任何事物的发展都具有两面性。京津冀协同发展战略在为京津冀基础音乐教育带来重大发展机遇的同时,也带来了严峻的挑战。因此,在进行本选题的研究过程中,必须坚持以客观辩证的视角看待京津冀协同发展战略为三地基础音乐教育带来的发展机遇,同时也要看到该战略可能会给三地基础音乐教育、地区性音乐文化生态等带来的现实问题与影响,如何规避问题、紧抓机遇,切实实现京津冀三地基础音乐教育的协同发展是本选题研究中需特别关注的问题。

五、论述范围的界定

鉴于目前在我国现有的各类书籍、文献中,对我国"基础教育""基础音乐教育"的范围界定尚未统一,笔者在此就本书的论述范围加以界定。本书中所涉及的"基础音乐教育",主要是指基础音乐教育中的"义务教育阶段",即小学和初中阶段的学校音乐教育,不包括高中阶段的相关研究。为了行文统一,本书在题目及内容中均使用"基础音乐教育"这一称谓,不再特别注明"义务教育阶段"这一限定性名词对本书进行研究范围的界定。

第一章 "京津冀协同发展战略" 提出的历史必然性考证

自 1978 年改革开放以来一直到 21 世纪前十年,中国经济经历了一个快速发展时期。因此,有经济学家将 1978—2010 年称作是"上一程的中国经济"。可以说,经济的快速发展和向市场经济体制的深刻转型是过去三十年里中国变化的主旋律。在世界经济以平均每年 3% ~ 4% 的速度增长时,中国经济始终以 10% 左右的速度在增长。由此,也使中国快速地赶超了加拿大、英国、法国等国际六大工业国。到 2010 年,中国已成为仅次于美国的世界第二大经济体。然而,自 2012 年以后受国际、国内各方面因素的影响,中国经济的发展由快变慢,开始面临下行压力。从国际当前形势来看,自 2016 年以来,随着英国脱欧、特朗普宣布退出 TPP、法意政坛震荡等,"逆全球化"进程集中升温。有世界舆论认为:"全球化正在出现逆转的倾向,甚至有人说全球化已死。"[①] 但中国与全球化智库(CCG)则在公布的报告《客观认识逆全球化积极推进包容性全球化》中指出:"英国脱欧、欧洲民粹主义抬头、世界贸易增长缓慢、保护主义抬头只是现象,而非本质,不能表明全球化将要倒退;全球化是基于生产力发展的客观规律,并不以人们或者政治家的主观意志为转移。"[②] 由此可见,当前经济全球化走到了新的十字路口,在这里我们暂且不去断言"逆全球化"与否,但从当前国际、国内的发展形势来看,全球化趋势在放缓,区域化发展趋势在增强,这是毋庸置疑的。整体联合、增长极驱动和层级递推成为当今世界区域经济的发展趋势。

京津冀区域是我国最重要的政治、经济、文化与科技中心,其地域相连、文化相近,具有地域的完整性和人文亲缘性,是我国北方最重要的经济发展支撑区域,也是我国参与国际合作与竞争的全球城市区域。在当

---

① 西方为了阻止中国的迅速崛起,开启逆全球化进程! [EB/OL]. http: //mt.sohu.com/20160911/n468190615.shtml, 2016-09-11.
② 徐祥丽,常红."逆全球化"是现象而非本质 积极推进包容性全球化 [EB/OL]. http: //world.people.com.cn/n1/2016/1209/c1002-28938696.html, 2016-12-09.

前国际、国内发展的新形势下,区域内部各地区之间的竞争已不再是经济竞争的主体内容,而以整体区域为单位组成的经济实体,则成为当前参与全球经济竞争的主体单元。京津冀区域被认为是我国继长江三角洲、珠江三角洲之后的第三经济增长极。"2014 年 2 月 26 日,习近平总书记在北京主持召开座谈会,专题听取京津冀协同发展工作汇报时强调指出,实现京津冀协同发展是面向未来打造新的首都经济圈、推进区域发展体制机制创新的需要,是探索完善城市群布局和形态、为优化开发区域发展提供示范和样板的需要,是探索生态文明建设有效路径、促进人口经济资源环境相协调的需要,是实现京津冀优势互补、促进环渤海经济区发展、带动北方腹地发展的需要,是一个重大国家战略,要坚持优势互补、互利共赢、扎实推进,加快走出一条科学持续的协同发展路子来。"[1] 自此,京津冀协同发展上升为我国重大国家战略,京津冀区域的协同发展问题被提升至前所未有的高度,成为政府部门和社会各界所关注的焦点。然而,由于京津冀的地缘相近,三地的区域合作由来已久,但受到经济、政治、文化等多方面因素的影响,相较于我国另外两大经济中心——长三角和珠三角,京津冀区域长期以来的协调发展并不尽如人意,其众多的产业优势、资源优势、能源优势、人才优势、港口优势等经济发展的主导因素并没有被充分发挥出来,没有形成合力,其潜在的实力并没有凸显转化为竞争力。因此,在当前京津冀协同发展上升为国家重大战略的时代背景下,社会各界对京津冀协同发展持有多方不同的声音。有积极响应者,有消极质疑者,也有中立观望者。笔者曾多次在不同场合听到社会不同领域专家、民众对"京津冀协同发展战略"产生的各种质疑,其中有人认为"京津冀三地差异巨大,根本不可能协同","北京作为首都,具有先天优势,京津冀三地地位不平等,协同发展只能是一句空话"等。在教育领域,笔者也多次听到不同阶层民众对京津冀三地教育协同发展的质疑,甚至在一次全国音乐教育会议上,曾有国内专家公开在主题发言中,明确表示认为"京津冀教育水平差异巨大,根本不可能协同发展",并将"京津冀教育协同发展"戏称为"乌托邦幻想"。这些不禁引发了笔者对该选题的研究兴趣:京津冀区域的合作由来已久,但为何长期以来始终没能取得实质性进展?京津冀区域的协同发展到底可不可行?京津冀教育的协同发展可不可行?在国家大力提倡素质教育的今天,基础音乐教育作为素质教育的重要组成部分,在"京津冀协同发展战略"的大背景下,将面临怎样的时代机遇与挑战?三地基础音乐教育是否能协同?该怎样协同?带着这

---

[1] 新华社. 习近平在京主持召开座谈会, 专题听取京津冀协同发展工作汇报 [EB/OL]. http://news.xinhuanet.com/politics/2014-02/27/c_126201296.htm, 2014-02-27.

些思考,笔者首先对"京津冀协同发展战略"提出的历史必然性及其可行性进行了考证,这也是研究京津冀基础音乐教育能否协同发展、怎样协同发展的决定性前提。

第一节　"京津冀协同发展战略"提出的现实背景

一、世界范围内"都市圈"的形成与发展

进入 21 世纪,随着世界城市化水平的高度发展,城市规模及其聚集与扩散功能不断增大,国家和地区的发展路径已经不再是由个别城市所主导的城市化发展道路,而是依托城市及其广大腹地区域构成的相互关联的现代化发展网络,区域一体化将逐步取代传统的城市发展,成为推动全球发展的新引擎。由此,一种崭新的城市地区空间概念——都市圈应运而生。

（一）"都市圈"概念及其发展脉络

都市圈是指"以一个中心城市和若干个卫星城市组成的一日通勤城市组团,在这个城市组团中,中心城市与卫星城市有明确的功能划分,是一个由开放空间分隔的城市整体"。[①] 通常,在都市圈中只有一个中心城市,一般首位城市与二位城市有倍数级差异。也可以说,都市圈是以某一大城市或特大城市为中心,包括周围市镇的城市化地区。在整个都市圈的辐射范围内,一方面由于城市工业和科技的快速发展,都市圈中的人口、资金和技术等自发、快速地向中心城市及其周边地区集聚;另一方面城乡之间交通高度发达,城市由长期的向心集聚向相对分散的城市发展,城市高收入阶层也有从中心区外迁的倾向,随之工业、服务业也在城市周围立足,造成郊区的城市化加速。这种城市集聚和扩散的双向运动推动了大城市地域扩张,并与周围小城镇由快速交通连成一体,同时由于城市外迁人口仍在中心城市上班,在郊区与中心城市之间形成稳定的通勤流。这样,就形成了以大城市为核心,大城市与周围地区保持密切社会经济联系的城市化地区,并由此构成有一定空间层次、地域分工和景观特征的巨

---

① 高文杰,张华,王海乾,龙丽民,崔健甫.都市圈规划概论 [M].北京:中国建设工业出版社,2007:1.

型地域综合体,这一综合体就是人们常说的"都市圈"。都市圈的空间形式通常是以单中心为主,即在都市圈范围内围绕中心城市向外扩展,形成同心圈层的结构,大多数都市圈属于这种结构。

从本质上说,社会生产力的发展是都市圈形成与演进的根本推动力。在工业化和后工业化时代,区域内中心城市及其周边若干卫星城市的整体性发展成为都市圈的重要特征。可以说,都市圈是城市化进程中的一个发展阶段,同时也是一种城市发展的空间形态。都市圈的这种整体性发展特征在早期欧美工业化发达的国家表现得尤为突出。因此,有关都市圈的相关研究最早源于欧美。

法国地理学家戈特曼(J.Gottmann)是目前国内外较为公认的最早提出"都市圈"概念的先驱者。第二次世界大战以后,伴随着城市化进程的发展,一种新的城市空间分布形态应运而生,即我们通常所说的"都市圈或城市区域"的最早雏形。针对这种新型城市空间分布形态,1957年,戈特曼首次提出了一个全新的城市群体理念——大都市带(Megalopolis)。同时,戈特曼还进行了大胆的预测,认为"大都市带"必将成为21世纪人类文明的标志,它将是城市发展、人类社会居住形式的最高阶段。20世纪50年代以后,一种新的城市地域学说——城市地域分异"三地带学说"被提出。该学说是由美国学者狄更生(Dickens)和日本学者木内信藏分别对欧洲城市和日本城市进行的相关研究而形成。"三地带学说"认为:"在城镇群体中,中心城市具有较高的首位度,但是随着城市人口的进一步集中,首位城市产生聚集不经济(如环境问题、地价上涨问题、劳动力成本上升等),导致竞争力下降,于是把一部分经济活动和人口向周边地区分散。"[①]城市地域分异"三地带学说"进而被发展为"都市圈"理念,成为日本及许多西方国家城镇群体发展的重要空间组织特征之一。在都市圈的空间演变过程中,大范围的集聚和小范围的扩散并存,从而形成都市圈内部结构上互相依赖而又各具特色的有机整体。

到20世纪80年代中期,"新工业区位论"形成。该学说的创始者是美国学者艾伦·斯科特(Allen Scott),他首次在城市和区域的研究中引入了交易成本理论,通过对企业生产组织方式及其空间分布的分析来解释城市化的进程与特征。斯科特认为:"企业为了获得最大经济效益,往往采取组织上和空间上都分离的生产方式,即向外扩散的趋向,但组织与空间上都分离的生产方式必然带来交易费用上升。因此,在其他因素同质的条件下,企业通常都在一定城市群范围内聚集,而正是在这种分散与聚

---

① 王方华,陈宏民.都市圈发展与管理概论[M].上海:上海三联书店,2007:23.

集双重力量的作用下,从空间范围内形成了都市圈。"①世界上最成功的区域都培育了具有竞争力的都市圈层,如日本东海道都市圈、美国的三大都市圈等。

20世纪90年代,美国尼尔.R.佩尔斯等学者提出Citistate理论②,认为大城市区域(Metropolitan Area)、都市圈(Metroplis)、城市集聚区(Conurbation)等概念已经过时,它们能表达城市量级和空间结构的巨大变化,但是不能反映其本质,而只有新概念Citistate才能完整反映城市区域的全部意义。Citistate是一个以城市为主导的区域,它的权力超过了一个国家或者这些城市的上一级政府的权力,它是依赖经济活动和经济联系而构成的一个经济组织,随着这种组织的经济活动的联系越来越强,国家或者地方政府对它的影响力就越来越弱。由于经济的活力和渗透性,有些Citistate已经或正在形成世界性城市,从而使之具有全球性影响。

我国对于都市圈的研究开始于改革开放以后。随着城市化进程的加快,我国学者越来越重视对城镇密集区发展的研究,最先更多的是关注和借鉴了欧美的发展模式。之后,随着研究的不断深入,我国学者继而在借鉴西方相关城镇群体空间理论的基础上,提出了中国式"都市区"(Metropolitan Area)、都市连绵区(Metropolitan Interlocking Region,MIR)、都市圈(Urban Agglomerations)、城镇密集区、大都市带等概念,并提出了我国都市圈发展的模式、现状、存在问题以及对策建议等。目前,长三角、珠三角、京津冀成为我国已基本成型的三大都市圈。在现如今国际、国内发展的新局势下,世界城市和世界级都市圈成为当前学术界的研究热点问题。中国都市圈的发展也成为学者们关注的焦点。

(二)"都市圈"的形成条件

都市圈从本质上说是一种城市空间分布形态,它是由不同城市圈层结构组成的一种巨型地域综合体。都市圈的形成并不是随意或由人的任意主观意愿来决定的,它需要具备主客观等多方面的有利因素,并经过长期内外互动的良性发展,才能最终形成。其中,自然条件、都市圈区位条件、都市圈内部圈层结构、交通环境等都是"都市圈"形成的重要基础条件。

第一,从自然条件来看,自然条件是都市圈形成的自然基础。自然条

① 敬东,谢杰雄.交易成本理论对城市及区域规划的影响——评艾伦·斯科特的"新工业区位论"[J].现代城市研究,1999(3):33-35.
② 尼尔·佩尔斯(Neal Peirce)在1993年的"区域竞争发展峰会"上发表了有关"Citistate"的演说。

件和自然资源不仅是都市圈形成的自然基础和空间载体,而且也是其可持续发展的重要支撑。在都市圈孕育和发展的历史过程中,包括地质、气候、地形、土壤肥沃程度等在内的自然条件,不仅是人们聚居的基本条件,而且还直接影响着工农业生产和交通运输的布局,进而影响到人口密度和城市规模,从而影响到都市圈的发育。从目前国内外已形成的发展较为成熟的大都市圈来看,都市圈大都形成于自然条件相对优越的地区,比如气候适宜、水源充足、土地肥沃的地区则可能会首先出现大的城市,然后逐步发展成为都市圈。高寒地区、干旱缺水地区、地形陡峭等自然条件恶劣的地区,通常较难出现大的城市,更不利于大都市圈的形成。当然,在世界范围内也有极为个别的特例存在,如坐落在沙漠之州的美国超级繁华大城市拉斯维加斯等,但因不具备形成大都市圈研究的普适性,故笔者未将其纳入本部分内容的研究范围。值得注意的是,自然条件对于都市圈的形成固然重要,但也只是都市圈形成的自然基础,并不会成为决定都市圈发展方向的决定因素。随着交通运输条件的改善和区际贸易的兴起与发展以及全球经济的发展和科技的进步,自然条件对都市圈形成的影响有所降低。

第二,区位条件是都市圈形成的空间基础。在人类社会发展进程中,区位条件始终是影响人们定居和从事社会经济活动的基本因素之一。都市圈作为人类社会经济活动的一种地域空间形式,同样也受制于区位条件优劣的影响。纵观人类社会的发展历史,在人类社会早期,由于生产力水平低下和为获取生存资料的便利,人们往往选择了沿海(或沿江、沿河)和相对靠海的地区定居,这也使得沿海区域城市迅速发展而成为当今社会经济活动的主要区域。据资料显示(见表 1-1):"全世界距海 200 公里以内的陆地,其总面积不到地球陆地总面积的五分之一,但集中的人口却超过了世界总人口的半数以上。几乎世界上所有大洲人口的 50% 以上都生活在靠海 200 公里以内,少数洲(如澳洲)更高达 90%。而远离海岸超过 1000 公里的内陆地区,居住人口不到 10%。大量人口聚集于沿海地区,使 50% 以上的大城市都位于沿海和靠海 50 公里之内。"[①] 也正因为如此,早期都市圈大多发育于沿海地区。

---

① 高汝熹,罗明义.城市圈域经济论[M].昆明:云南大学出版社,1998:168-169.

表 1-1　世界各地区距海不同距离范围内人口分布百分比
和各地区百万以上人口城市位置

	人口比重（％）					百万以上人口城市数		
	小于 50 公里	50～200 公里	200～500 公里	500～1000 公里	大于 1000 公里	海港城市	距海 50 公里以内城市	内陆城市
欧洲	29.1	25.8	30.3	11.9	2.9	15	4	30
亚洲	27.1	20.2	21.9	19.9	10.9	25	10	34
非洲	18.1	27.0	18.6	23.5	12.8	5	—	4
北美洲	31.5	19.8	20.1	18.5	10.1	14	6	16
南美洲	24.4	38.4	27.9	9.0	0.3	7	3	8
澳洲	79.0	15.2	4.9	0.8		2		
全球	27.6	22.7	23.5	17.7	8.6	68	23	92

资料来源：高汝熹，罗明义：《城市圈域经济论》，云南大学出版社 1998 年版，第 170 页。

　　但是，通过对现有有关都市圈发展的文献进行研究，我们不难发现，都市圈的区位条件并不是固定不变的，而是不断变化的。比如历史上京杭大运河沿岸的城市曾经兴盛一时，但后来随着铁路运输的出现而逐渐衰落。1949 年中华人民共和国成立后，我国为了平衡全国生产力布局而大力发展中、西部地区，形成了一批新兴的资源型城市。1978 年改革开放以后，随着沿海地区对外开放，沿海地区的区位优势重新得到加强，城市经济发展水平不断提高。时至今日，尽管信息产业迅猛发展，经济全球化趋势走到了新的十字路口，世界经济的格局不断发生变化，但是世界仍然处于"海洋经济时代"的特征并没有发生根本性的变化，沿海地区仍然是当前都市圈形成和发展的主要优势地区。

　　第三，都市圈中要有大的经济中心城市作为驱动整个都市圈运行的核心。中心城市的驱动能力是都市圈能否形成的重中之重。从都市圈的内部构成来看，都市圈是一个具有不同圈层结构的大型综合城镇群落，是由中心城市及其周边若干卫星城市共同组成的地域综合体。其中，中心城市是都市圈形成的核心，具有聚集、过滤、扩散、创新等重要作用。所谓聚集作用，是指在都市圈中中心城市通过规模效益和聚集效益吸引生产要素的聚集；过滤作用，是指有针对性地选择中心城市所需要的生产要素，排挤不需要的生产要素；扩散作用，指的是将过滤后的生产要素向都市圈域内扩散,带动城市边缘地区开发;创新作用,则是指在聚集生产要素的基础上,创新出新观念、新制度、新技术、新产业,从而推动都市圈向更高级阶段演化。通常,作为都市圈核心的中心城市要有一定的人口规模,并不是所有的城市都可以成为都市圈的中心城市。鉴于中心城市发挥的重要作用,许多研究者认为中心城市至少应有 50 万人口规模。也有极少数都市圈有两个甚至三个中心城市共同发挥都市圈经济核心的作用。

第四,发达的交通网络是都市圈形成的骨架。交通技术(包括交通工具、交通设施等)的发展和完善,会带来客货空间位移过程中时间和费用的节约,这有利于加快城市地域的扩展。"不同运输方式下城市地域扩展的范围是不同的,步行通勤约 5 公里 / 小时,公共汽车 15 公里 / 小时,小汽车可达 50 公里 / 小时。"[①] 因此,受交通运输速度提高、交通时间成本下降等因素的影响,交通成本对城市发展的约束逐渐降低。这样产生的效果是:一方面,城市聚集效应增加,资源要素更大规模、更大范围地集中,将使城市在更大范围内得到发展;另一方面,交通通信条件改善后,企业和居民的空间移动和聚集更加自由方便,有利于生产要素的空间扩散。由此可见,现代化的交通网络是都市圈形成必不可少的支撑骨架。

二、京津冀都市圈形成的客观条件分析

京津冀区域地理位置紧邻、唇齿相依,自古以来就是一个互相依存、不可分割的地域单元,其地缘相接,人缘相亲,地域一体,文化一脉,是我国北方最大的都市经济区和建设创新型国家的重要支撑区域,具有培育大都市圈的先天优势。但由于长期以来,受我国行政区划分割和分税财政制度的影响,加之北京作为国家首都,具有浓厚的行政色彩,京津冀区域在经济、政治、文化等多方面的发展并不平衡,甚至差距很大。而且自改革开放以来,随着我国经济的飞速发展和城市化进程的逐渐加快,片面追求高速的经济增长速度引发的各种社会问题逐渐突显,雾霾、水资源、土地资源的严重污染、交通拥堵等一系列问题,也成为当下京津冀都市圈形成过程中所面临的严峻现实挑战。因此,京津冀都市圈的形成既有先天优势又有现实困境,客观分析其"利"与"弊",将有助于京津冀协同发展战略目标的全面实现,同时这也是京津冀三地基础音乐教育协同发展能否顺利、有效实施的重要现实基础。

---

① 杨雪. 区域交通系统及经济布局与小城镇形态演变的研究 [M]. 西安:长安大学,2005:21.

（一）京津冀都市圈形成的内部条件

1. 京津冀区域地理区位条件优越，交通发达

从图1-1可以看到，京津冀三省市在地域上紧密相连，京、津两大直辖市被河北省环抱怀中，三省市具有相似的气候条件。从历史渊源来看，北京市曾属于直隶（即今天的河北），而天津市曾是河北省的省会，因此京津冀三地在地缘、人缘关系上密切相连，这为京津冀都市圈的形成提供了良好的地理优势和人文环境。

此外，由于京津冀三地的地缘优势，京、津向其周边邻近地区转移部分传统产业的信息成本、运输成本、合作成本等相对较低，而且有利于地区间产业的合资、合营以及安置产业分流出来的人员就业，这无疑会大大提高京津冀都市圈内部生产要素的利用效率，降低产业结构的转移和调整成本，从而使京津冀都市圈的产业转移具备优越的地理条件。而且，京津冀都市圈环抱渤海，与日本、韩国隔海相望，拥有天津港、秦皇岛等众多优良海港，海上交通便利。区域内各主要城市地理位置相连，位于都市圈中心的天津更是京津城市带和环渤海城市带的交汇点，与北京、唐山、保定等区域内大型城市的距离不超过200公里。该区域航空网、铁路网、公路网纵横交错，其交通密度居全国首位。优越的地理位置和完善的交通基础设施降低了区域内的物流成本，有利于推动区域内的要素流动。

图1-1 京津冀区域地图

2. 京津冀区域自然资源得天独厚

京津冀区域有着丰富的自然资源,是我国重要的能源和原材料基地。笔者查阅相关资料显示:"河北省是全国的矿产资源大省,已探明的矿产资源 64 种,其中保有储量居全国前 10 位的有 42 种;铁矿居全国第三;任丘、大港油田是我国重要的大型油田。天津、河北沿海滩涂面积共计 260 万亩,拥有海洋生物资源 2000 多种,是我国重要的海盐和水产品生产基地。"① 此外,京津冀区域的自然资源分布集中,因此其综合利用的条件较为优越,有利于开发后进行深加工,以增加产品的附加值。这为京津冀都市圈的形成提供了良好的自然条件和可持续发展的基础。

3. 京津冀区域具有独特的政治、人才优势和科技、信息优势

北京作为我国首都,具有独特的政治优势。据资料显示:"北京市拥有 434.2 万名职工,每万人中拥有各类专业技术人员 3230 人,列居全国第一位。天津市拥有 177 万名职工,每万人中拥有各类专业技术人员 1210 人。河北省拥有职工 494.7 万人,每万人中拥有各类专业技术人员 1470 人。北京市作为全国科学技术研究最重要的基地,包括中央和市属系统在内的各类科研院所近 500 个,天津市也有 159 个。"② 京津冀区域是我国综合科技实力最强的地区。其中,北京作为全国的科技文化中心拥有全国一流的人才、研究设备和科研成果,同时也是全国最重要的信息集散地,具有独特的发展信息、咨询产业的优势。由此可见,北京作为京津冀都市圈的中心城市,具有足以带动都市圈运行的强大驱动力。这是京津冀都市圈形成的必要圈层结构的核心基础。

4. 京津冀区域内产业部门较齐全、产业上存在梯度差

从京津冀区域的内部构成来看,河北是我国重要的粮棉生产基地,是我国的农业大省;天津是我国北方重要的老工业基地,北京是新兴的工业城市。相比较而言,工业体系综合性强、技术水平高是京津两地的突出特点。据有关资料表明:"目前,北京的工业门类有 146 个,天津有 154 个,基本形成了以高新技术、电子、冶金、化工、机械等为主导的工业体系。河北省能源和原材料加工业发达,为京津冀区域加工工业的发展提供了有利条件。从三大产业比重、三大产业对 GDP 的贡献上看,京津冀之间存在明显的产业梯度。京津在第一产业方面处于劣势,第二产业对于北京的支撑作用正在相对弱化,天津第二产业也是逐步下降的趋势,京津第

① leileibat. 京津冀区域经济城市圈 [DB/OL]. http://wenku.baidu.com/view/0551f8d4b14e852458fb5781, 2010-11-01.

② 李景元. 对接京津与都市区经济一体化 [M]. 北京:中国经济出版社,2011:117.

三产业比重及对 GDP 的贡献却稳定上升。而河北在第一产业方面具有明显的优势,第二产业对于河北 GDP 增长起着关键作用,并将在长期内继续发挥重要作用,第三产业发展方兴未艾,但无论是第二产业还是第三产业在产业技术层次上都与京津存在明显差距。"① 由此可见,京津冀区域在产业上存在梯度差,而且由于近年来"大城市病"的突显,向外转移不再具有比较优势的产业是京、津当前面临的共同问题。京津冀三省市根据各地区自身的产业基础和比较优势,在遵循产业梯度转移规律的基础上进行产业结构的跨区域调整与转移,这有助于区域内部的整体协调。一定的产业梯度是产业辐射、形成都市圈经济一体化的基本条件。

5.京津冀区域拥有良好的投资环境和巨大的市场潜力

在京津冀区域中,北京作为我国的国家首都,其对外开放程度相对较高,是我国重要的国际交往中心。天津是我国第一批开放的沿海城市,其开发区的各项重要指标均走在全国开发区的前列。河北省东临渤海,秦皇岛—唐山—沧州地区是我国国家批准的沿海开放地带。因此,京津冀区域整体的对外开放程度较高,这有利于对外资的吸引和利用。此外,随着我国加入 WTO 以后,我国的经济运行规则逐步与国际接轨,这在客观上也加快了京津冀区域的发展步伐。因此,良好的投资环境和巨大的市场潜力是京津冀都市圈形成的有利发展条件。

（二）京津冀都市圈形成的外部条件

当今世界是一个开放的世界。从国际发展局势来看,自 20 世纪 80 年代以来,以经济一体化为主导的全球一体化格局曾一度成为国际、国内发展和城市化进程的主要特征。但近年来受全球经济增长放缓、全球化利益分配不均衡等因素的影响,"全球化"正在出现逆转的倾向,英国脱欧、特朗普宣布退出 TPP、法意政坛震荡等,"逆全球化"的思潮和倾向集中升温。当前,在世界经济复苏乏力、地缘政治冲突加剧的背景下,"全球化"和"逆全球化"两股力量的博弈,给世界经济带来了不确定性。经济学专家胡鞍钢曾指出:"近年来,'逆全球化'的经济和政治表现凸显,暴露出发达国家主导下传统全球化的诸多弊端,因此,打造传统全球化的升级版,推动实现'新全球化'势在必行。"② 然而,站在经济全球化新的十字路口,中国应如何在"逆全球化"的横流中,扛起"新全球化"的大旗,成

① 李景元.对接京津与都市区经济一体化[M].北京:中国经济出版社,2011:117.
② 王晓易.胡鞍钢等:"逆全球化"横流,中国应扛起"新全球化"大旗[N].第一财经日报,2016-12-28.

为我国当前国家面临的严峻挑战。通过国家发展战略的实施,整体联合、增长极驱动和层级递推,形成若干个具有国际竞争力的都市圈,是我国未来参与国际合作与竞争的最终依托和主要载体。此外,推动京津冀区域的经济发展,还有利于促进中国与东北亚地区的经济合作和扩大我国北方地区对外开放的水平,提升我国环渤海地区的国际竞争力。当前,在经济全球化和"逆全球化"相互博弈的新形势下,东北亚已成为全球经济中最具活力和发展潜力的地区之一。京津冀区域临近日本、韩国,处于东北亚经济圈的中心地带,是我国三北地区及华东地区进入太平洋走向世界的重要通道,特别是面对当前日、韩企业大转移的机遇,可与日、韩产业加快产业链对接,从而形成互相依存的跨国区域经济。由此可见,京津冀区域是我国参与东北亚区域合作的前沿阵地。京津冀都市圈的形成发展是建设"全球城市区域",提升我国综合竞争力的迫切需要,是中国参与国际周边区域合作和竞争的迫切需要。

从国内形势来看,早在2011年我国的"十二五"规划中就明确将"打造首都经济圈"作为了我国的国家战略。京津冀协同打造新的首都经济圈,被视为是我国继长三角、珠三角之后,第三个最具活力的城市群,亦是比过去环渤海经济区域更聚焦的国家规划,成为我国经济的第三增长极。改革开放以来,我国以广州、深圳为中心的珠江三角洲和以上海为中心的长江三角洲地区迅速发展,其经济发展速度和水平大大超过了广大的北方地区,致使我国经济发展格局中南北经济发展不平衡。京津冀区域作为我国北方最大、发展最好、现代化程度最高的人口和经济密集区域,成为构建环渤海经济圈、引领北方经济发展、打造我国北方经济中心的战略基地和增长引擎。推进京津冀区域发展有利于形成我国南北均衡的国家宏观经济发展格局,辐射和推动我国北方经济发展,促进我国经济的整体协调发展。此外,京津冀都市圈的形成还是强化首都功能、解决我国"大城市病"的必然要求。随着北京首都规模的扩大,城市问题越来越突出,一系列"大城市病",如不断加剧的交通拥堵、飞涨的地价房价,日趋紧张的水资源、土地资源、能源供应状况,以及城市环境污染等问题接踵而来。出现这些问题的根本原因在于城市单中心空间发展模式以及首都城市职能的过度集中,因此,要解决"大城市病",必须打破单中心的空间发展模式,依托一个具有强劲经济活力的腹地作为发展的区域基础,拓展城市的发展空间,寻求区域的协调发展。京津冀都市圈的形成,将有利于从区域层面推进首都城市职能的疏导和再配置,是完善区域人口、城镇、产业的空间布局,缓解乃至解决"大城市病"问题的客观需要,也是强化首都服务功能,提升首都以及京津冀区域的综合竞争能力的客观需要。

（三）京津冀都市圈形成面临的现实困境

1. 生态环境问题已成为困扰京津冀地区的严峻区域性问题

由于长期以来,在高速发展经济的过程中,人们对于自然资源、环境的大肆掠夺和破坏,严重影响了人类赖以生存的自然生态环境,从而引发了一系列的生态环境问题。目前,京津冀区域面临着水资源过度开发、大气严重污染、生态系统脆弱等诸多生态环境问题。其中,最为严重的是水资源的过度开发和区域性雾霾污染。据相关文献显示:"当前京津冀区域的水资源承载能力已超过警戒线,对于工农业生产造成的不利风险比以往更加突出。京津冀大部分位于海河流域,该地区近50年来由于农业发展、城镇发展、兴修大型水库蓄水、气候变化等原因大量开采地下水和截蓄地表水,致使该地区地下水位持续下降,地表河流干涸、断流,地表湖泊不断退化萎缩。受自然气候条件变化和区域水资源消耗,目前京津冀区域的人均水资源量不足300立方米/年,是全国平均水平的1/7;同时由于过度地超采浅层、深层地下水,最近10年平原区地下水平均埋深从11.9米下降到24.9米,年均下降1.1米。"[①] 这无疑也是造成京津冀区域土地沙化现象的重要原因。水资源的过度开发引发了京津冀区域一系列的生态、环境、社会问题,严重影响甚至阻碍了京津冀都市圈的正常运行。此外,雾霾问题也是当前京津冀区域面临的最为突出的困境,同时也是当下社会普通民众最为关心的重要民生问题。随着我国经济的迅猛发展,工业化、城市化的大力推进,京津冀区域形成了"燃煤—机动车—工业废气排放多种污染物共生局面"。有资料显示:"京津冀、长三角和珠三角地区三大中心城市北京、上海和广州的经济密度(单位面积的地区生产总值)分别为1.19亿元/平方千米、3.41亿元/平方千米和2.07亿元/平方千米,而PM2.5浓度分别为89.5微克/立方米、60.7微克/立方米和52.2微克/立方米。"[②] 从以上数据可以看出,单从经济活动强度来看,上海和广州远高于北京;但从空气污染程度来看,北京却远远高于上海和广州。这表明,京津冀区域受地形、气象等条件的影响,相较于长三角和珠三角地区,其大气环境容量较小。目前地域扩展、转移和区域性复合加重已成为华北地区大气污染呈现出的主要发展态势。"基于2013年4月至2014年4月一整年的全国945个监测站发布的PM2.5监测数据显示,京津冀地区大气污染超标频度全国最高,其中污染最集中的地区在邯郸、

① 孙佳兴.京津冀一体化发展的现状及未来[D].北京,中国地质大学,2016.
② 纪良纲,许永兵,等.京津冀协同发展:现实与路径[M].北京:人民出版社,2016:5.

邢台等地。"① 由此可见,京津冀区域当前的生态环境问题是影响京津冀都市圈形成的严峻现实困境。

2. 京津冀区域内部,尤其是京津与河北之间,公共服务水平差异巨大

受我国长期政治、经济、文化等多方面因素的影响,目前京津冀区域内部在社会发展、公共服务水平和公共资源提供能力等方面存在着明显差距,在某些方面甚至呈现"断崖式"差距。在"2015 年京津冀协同发展正定论坛会议"上河北大学经济学院王延杰教授曾给出这样一组数据:"在京津冀城乡居民最低生活保障服务方面:从京津冀城镇居民最低生活保障服务标准看,北京市是河北省平均水平的 1.58 倍,天津市是河北省平均水平的 1.57 倍;从农民最低生活保障标准看,北京市是河北省平均水平的 3.4 倍,天津市是河北省平均水平的 5.6 倍;在京津冀基本养老保险服务方面:北京市是河北省平均水平的 6.7 倍,天津市是河北省平均水平的 3.5 倍;在京津冀卫生医疗服务水平方面:2014 年京、津、冀三地每百万人口拥有的三级医院数北京市是河北省的 3.56 倍,天津市是河北省的 3.2 倍;在京津冀公共教育服务方面:从人均公共教育支出水平看,北京市是河北省的 3.15 倍,天津市是河北省的 2.99 倍。"② 由以上数据可以看出,京津冀区域,尤其是京津与河北之间,在公共服务水平和公共资源提供能力等方面存在的显著差距,也是当前影响京津冀都市圈形成的一大现实困境。

3. 京津冀区域产业梯度过大,存在严重的同构现象

通过前面对都市圈形成条件的相关研究,可以看出,区域内合理的产业梯度差是都市圈形成的必要条件。合理的产业梯度差有助于区域内的产业转移,而产业转移则是国家或地区之间实现产业接力的过程。但是如果区域内产业梯度差异过大,则会影响或抑制产业的转移。从京津冀的内部构成来看,当前京津冀区域的中心城市与周边城市之间的经济落差较大,产业链关联系数较低、产业链断链明显是其突出的表现。当前,"从产业结构来看,北京处于后工业化时期,主要是以第三产业为主,呈'三二一'型结构;天津正处于工业化后期的重工业化阶段,以重工业为主要支撑,呈'二三一'型结构;河北省处于工业化的中期,以传统的高

① 孙佳兴.京津冀一体化发展的现状及未来[D].北京,中国地质大学,2016.
② 刘海云,谢会冰.以促进公共服务均等化推动京津冀协同发展——2015 年京津冀协同发展正定论坛会议综述(一)[J].经济与管理,2015(06):19.

耗能重工业为主,呈'二三一'型结构,第三产业发展缓慢"。[①]此外,京津冀还存在比较严重的产业同构现象。以往受我国行政区划分割的影响,长期以来京津冀三省市始终处于"各自为政"的状态,各自对本区域进行适合本地区特点的产业规划。目前,京津冀三地已形成众多与本地发展规划相符的、产业链条相对较为完善的产业集聚区,整个京津冀区域呈现出较强的同构竞争。有资料显示,目前,京津冀"三地产业结构相似系数达到0.83"[②]。由此,造成了京津冀区域的产业同质化趋势明显,不利于三地产业梯度转移路径的对接。区域内产业结构调整、提质增效是京津冀都市圈亟待突破的重要难点。

综上所述,无论是从国际大都市圈形成与发展的历史经验,还是从京津冀区域当前所面临的国际、国内局势,无论是从京津冀区域内部的自身特点,还是从京津冀区域的外部环境来看,京津冀都市圈的建立、京津冀协同发展战略的提出都有其科学性和客观性,是我国经济步入新常态后的一项非常重要而且十分紧迫的战略任务。但当前京津冀都市圈的形成与整体协同运行也面临着严峻的现实挑战,有待于进行更加深入的学术探讨与实践探索。同时,亦需要社会各界的积极参与和配合,发挥各自的学科优势,利用专业知识与学术建树为京津冀协同发展国家战略的落地实施献力献策。

第二节　新中国成立以来京津冀区域协作的历史沿革与反思

一、京津冀区域现有格局的形成

京津冀地区自古以来就是一个密不可分的地域单元。早在辽朝升幽州为陪都,揭开了北京作为首都的序幕。之后,金、元、明、清四朝相继建都北京。北京成为全中国的政治中心。由于地域紧连和历代王朝巩固政权的需要,长期以来,京津冀区域内部形成了既互相依赖又各自分工的发展格局。

---

① 燕郊新移民.京津冀协同创新的历程、基础与突出问题[EB/OL]. http://mt.sohu.com/20150617/n415217299.shtml.2015-06-17.

② 数字水泥网.发展强弱不匀,京津冀产业一体化亟待全面突破[EB/OL]. http://www.china-sz.net/news/20140718/27041.html, 2014-07-18.

按照距离,北京与天津、河北的联系可以划分为两个层次。"在 100 公里范围内,包括今河北长城以南,遵化、丰润以西,拒马河、大清河、海河以北,及文安、大城等地。这 20 多个县是京津冀区域的腹心部分,在行政上很少有独立性,经济上直接为北京服务。在 100 ~ 200 公里范围内,包括河北省的保定、张家口、承德、唐山、秦皇岛、廊坊等,它们与首都同样有着密切联系,以辅助首都为重要职能,有着清晰的分工。"① 例如,张家口曾经是察哈尔省省会,作为北京西北军事门户,是沟通内蒙古以及蒙古、俄罗斯进行皮毛、畜类交易的商业性城镇;承德曾经是热河省省会,控制冀、辽、内蒙古三角地带,分担北京的政治任务和民族事务,也是历代皇帝、官宦休闲游憩之地,曾是首都的政治分中心;保定曾经很长时间是河北省首府,是北京南部军事门户,也是农副产品重要补给地,同时还是北京的文化分中心;秦皇岛控制着辽西走廊和山海关要塞,也是重要对外港口;廊坊是重要防御和辅助性城镇等。

天津市在元、明时期是北京东部重要军事门户,河、海漕运枢纽和贸易城市。随着 1860 年天津开埠以后,天津从漕运枢纽逐渐发展成为区域商贸中心,对北京不再有依附关系,而逐渐形成了京津"两极化"的空间结构,为促进京津冀区域的经济活动提供了有利条件,与北京共同带动了整个京津冀区域的发展。

1949 年,新中国成立以后,在原直隶省的基础上恢复了河北省建制,并将北京和天津确定为直辖市。1952 年撤销平原省和察哈尔省,将其中部分行政区域划归河北省。1956 年撤销热河省,将其中大部分辖区划归河北省。1958 年,将河北省的顺义、延庆、平谷、通县、房山、密云、怀柔、大兴等县划归北京市。1958 年 2 月,全国人大决议将天津划归河北省,天津由直辖市降格为河北省管辖的地级市。1966 年 5 月,在越南战争和中苏关系恶化的背景下,河北省会由天津迁回保定,天津又升格为直辖市。随后,在 1968 年 2 月,河北省省会迁至石家庄。1973 年,将河北省的蓟县、宝坻、武清、静海、宁河等五县划归天津市。至此,基本形成了京津冀现在的区域格局。

二、新中国成立以来京津冀区域协作的历史沿革

京津冀区域由于其独特的地理区位条件,三省市的区域协作由来已久。从京津冀协作发展的演进历程来看,自新中国成立以来大致经历了

---

① 叶堂林.京津冀协同发展的基础与路径[M].北京: 首都经济贸易大学出版社,2015: 3.

计划经济时代的架构、改革开放初期的探索、改革深化阶段的区域战略和国家战略时期四个发展阶段。

（一）计划经济时代的架构（1949—1978 年）

从新中国成立至改革开放的近 30 年中，在高度计划经济管理体制下，京津冀区域的协作发展呈现出了行政分割的态势。

新中国成立初期，受之前长年战乱的影响，各行各业百废待兴，国家人、财、物力严重不足，因此，这一时期的城市建设与发展主要是围绕工业建设有重点、有步骤地进行。在 20 世纪 50 年代初期，京津冀三地之间固有的经济关系比较密切、通畅和频繁。1958—1967 年，天津市作为河北省的省会，强调扩散和带动全省发展的作用，这一时期钢铁、制药、纺织等行业的工厂企业大量迁出。这在一定程度上造成了天津市及河北省的产业同构。20 世纪 70 年代，中央提出在各地建立独立的地区工业体系和经济体系。燕山石化、石景山钢铁厂等大型项目在北京相继投产。北京市与天津市及河北省产业逐步趋于雷同，三地之间争投资、争能源、争项目的情况时有发生。回顾这一阶段京津冀三地的区域协作，中心城市的发展规律和中央集权的计划指令发挥着决定性作用。面对京津两个特大城市经济功能的集聚，河北省始终处于一种盲从、被动的地位，尤其是在资金、人才、物资等方面为京津两大城市的功能集聚做出的贡献和牺牲是最大的。

（二）改革开放初期的探索（1979—1995 年）

自改革开放以来，我国社会经济发生了巨大变化。京津冀区域协作逐步加强，进入到一个产业结构急剧变动的时期。三地根据各自的发展战略目标、经济结构调整路径以及各项产业政策的实施等，初步实现了工业化中期的主要目标。据相关统计资料表明："1985—1989 年间，河北省与其他省市共签订经济联合项目 10037 项，引进省外资金 71.37 亿元，引进技术 4888 项，引进人才 25863 人。其中，与京津二市签订经济联合项目、引进技术和人才均占总数的 63%，而引进资金总额的 75% 来自京津。"[1]

1982 年，"首都圈"概念首次在北京市国土局编写的《北京城市建设总体规划方案》中被提出。此后，京、津、冀、晋、内蒙五省区市成立了"华

---

[1]　资料来源于"京津冀教育协同发展高峰论坛"会议资料. 首都教育发展协同创新中心，2015-06-26：2.

北地区经济技术协作区",这是我国最早的区域协作组织,曾在促进地区间的物资协作方面发挥显著作用。到 20 世纪 80 年代末,京津冀区域协作的新重点逐渐集中于小区域、企业间的合作。1988 年,北京与保定、廊坊、唐山等 6 个河北环京地市组建了"环京经济协作区",有效地推进了京津冀区域的经济合作。在环京经济协作区的运行下,京津冀区域创办了农副产品交易市场、工业品批发交易市场,组建了信息网络、供销社联合会等行业协作组织,在地区企业之间建立起广泛的联系。到 90 年代,京津冀协作逐渐发展到共建港口、道路等更广阔的领域合作。但由于缺少长效协作机制和区域协作机构等多方面因素的影响,自 20 世纪 90 年代,区域协作和区域组织逐步削弱。由此可见,在改革开放以后,市场经济规律开始发生作用,在京津冀协作方面形成了计划与市场双重作用的局面,三方共同受益受损程度趋向公平。但值得注意的是,通过梳理这一阶段京津冀区域协作的实践动态,不难发现,京津冀区域协作在这一阶段在很多问题上受到体制因素的作用仍要大于城市与经济发展规律的作用。

（三）改革深化阶段的区域战略（1995—2010 年）

自 1995 年以来,京津冀区域协作的步伐加快、领域拓宽、方式增多,呈现出一种新的协作发展格局。1995 年,河北省提出了"外环渤海,内环京津"的"两环开放带动战略"。1996 年,在《北京市经济发展战略研究报告》中首次提出"首都经济圈"概念。20 世纪 90 年代末开始,清华大学城市规划学专家吴良镛院士开始进行"京津冀地区城乡空间发展规划"课题研究,并提出了"大北京"地区规划的思路,在社会上引起了广泛的关注与认同。2004 年 2 月,国家发改委召集京津冀三省市发改委部门在廊坊召开了京津冀区域经济发展战略研讨会,并达成了京津冀区域协作进程中著名的"廊坊共识"。2004 年 6 月,环渤海合作机制会议在廊坊举行,会议达成《环渤海区域合作框架协议》。这标志着京津冀环渤海地区合作机制已从构想、探索阶段进入全面启动和实践阶段。2005 年 6 月,国家发改委在唐山市召开"京津冀区域规划工作座谈会"。2008 年 2 月,京津冀发改委共同签署了《北京市、天津市、河北省发改委建立"促进京津冀都市圈发展协调沟通机制"的意见》。2010 年 10 月,河北省政府《关于加快河北省环首都经济圈产业发展的实施意见》正式出台,提出了在规划体系等六个方面启动与北京的"对接工程"。该意见的总体设想是在紧邻北京、交通便利、基础较好、潜力较大的市县打造环首都经济圈,即简称"13县1圈4区6基地"。

总之,在这一阶段,京津冀三地的区域协作在广度和深度上有了很大进展。由以往简单的物资交换发展到技术合作、资本联合、重大生态建设和环境保护等众多领域,并建立了新型的正式合作机制,签署了正式合作的框架协议。这是京津冀区域协作在这一阶段的标志性进展。

(四)国家战略时期(2011年—至今)

2011年我国开始实施"十二五"规划。在"十二五"规划中明确将"推进京津冀区域经济一体化发展,打造首都经济圈"作为我国的国家战略。在这一阶段,京津冀三省市之间就基础设施建设、资源要素对接、公共服务共建等问题的互动和沟通变得更加频繁,并且国家领导人也开始在三地密集地展开调研和协调。"2014年2月26日,国家主席习近平在北京主持召开座谈会,专题听取京津冀协同发展工作汇报时,强调指出:实现京津冀协同发展是面向未来打造新的首都经济圈、推进区域发展体制机制创新的需要,是探索完善城市群布局和形态、为优化开发区域发展提供示范和样本的需要,是探索生态文明建设有效途径、促进人口经济资源环境相协调的需要,是实现京津冀优势互补、促进环渤海经济区发展、带动北方腹地发展的需要,是一个重大国家战略,要坚持优势互补、互利共赢、扎实推进,加快走出一条科学持续的协同发展路子来。"[1]在座谈会之后,国家发改委随即牵头负责编制从国家层面推动京津冀协同发展的有关规划。2015年3月23日,中央财政领导小组第九次会议审议研究了《京津冀协同发展规划纲要》(以下简称"规划纲要")。"2015年4月30日,中共中央政治局召开会议,审议通过了《规划纲要》。《规划纲要》明确了京津冀区域的整体定位及三省市定位,确定了京津冀协同发展的近期、中期、远期目标。《规划纲要》指出,推动京津冀协同发展是一个重大国家战略,其核心是有序疏解北京非首都功能,调整经济结构和空间结构,走出一条内涵集约发展的新路子,探索出一种人口经济密集地区优化开发的模式,促进区域协调发展,形成新增长极。这意味着,经过一年多的准备,京津冀协同发展战略的顶层设计基本完成,推动实施这一战略的总体方针已经明确。"[2]此外,在座谈会之后,北京、天津、河北三地也分别开展

---

[1] 新华社. 习近平主持召开座谈会听取京津冀协同发展工作汇报[EB/OL]. http://www.gov.cn/ldhd/2014-02/27/content_2624901.htm,2014-02-27.

[2] 中共中央政治局. 京津冀协同发展规划纲要[EB/OL]. http://baike.sogou.com/v100457354.htm?fromTitle=%E4%BA%AC%E6%B4%A5%E5%86%80%E5%8D%8F%E5%90%8C%E5%8F%91%E5%B1%95%E8%A7%84%E5%88%92%E7%BA%B2%E8%A6%81.

了有关规划的调研和编制工作,同时也开始在一些省级政策中具体落实有关京津冀区域的协同发展目标。例如,在 2014 年 3 月底出台的《河北省委省政府关于推进新型城镇化的意见》中专门就推进京津冀协同发展问题做出规划。由此可见,在现阶段从中央到地方在京津冀区域协作方面已经形成一股合力,京津冀区域协作进入实质性实施阶段。

三、对"京津冀协同发展战略"的审视与反思

京津冀区域是我国重要的政治文化中心,也是我国北方重要的经济中心。作为京畿要地,京津冀区域无论是在大都市圈的形成条件,还是在当前京津冀所处的国际、国内形势,京津冀三地的协同发展都具有独特的先天优势。但是纵观京津冀三地区域合作的历史沿革,尽管京津冀区域合作构想已提出多年,但在几十年的分分合合、起起落落中,却始终没有取得实质性进展。相较于我国另外两大经济中心——长三角和珠三角,京津冀区域的协调发展并不尽如人意,其产业、资源、人才等经济发展主导因素的众多优势并没有充分发挥出来,没有形成合力,其潜在实力并未凸显转化为强大的竞争力。以致在京津冀协同发展上升为国家重大战略的今天,政府行政部门的积极推进与社会各界民众对京津冀协同发展战略所持有的多方不同声音,形成了鲜明的对比,甚至有人认为:京津冀合作口号已提出多年,但始终没有实质性进展,京津冀三地的差异巨大,尤其河北长期以来一直处在为京津两大中心城市发展做贡献、做牺牲的劣势地位,三地在区域竞争合作关系中地位不平等的状况如果得不到本质改观,京津冀协同发展根本不可能实现。这不禁引发了笔者对于"京津冀协同发展战略"的审视与思考。"京津冀协同发展战略"到底可不可行?既然京津冀三地具有得天独厚的都市圈发展优势,但又为何在几十年的区域发展关系中分分合合、时紧时松?国家在当下将京津冀协同发展上升为重大国家战略是历史的必然还是偶然?这是直接关系到京津冀基础音乐教育协同发展能否全面、顺利实施的决定性前提。

通观新中国成立以来京津冀区域合作的历史沿革,不难发现,对于长期以来制约京津冀区域合作进展的影响因素,目前学术界比较公认的是受到我国传统思想观念束缚、行政区划割裂、体制机制障碍、利益固化藩篱等因素的影响。但通过与国际发展成熟的大都市圈相对比,通过对京津冀区域内部自身条件的解析,笔者认为,京津冀区域合作虽提出多年,但始终没有取得实质性成果的重要原因还在于京津冀区域内部构成的自身独特性。从国内外成功大都市圈的发展规律来看,大都市圈的建立,通

常是由一个特大中心城市向周边地区辐射,以中心城市为主导,通过中心城市与周边城市间以频繁的人员流、资本流和信息流为基本特征的高度一体化的城市组合形态。在都市圈中,中心城市起到明显的辐射和带动作用。但是在京津冀区域,京津冀三省市的地理区位条件比较特殊,一个省中间包围着两个特大的直辖市,一个是首都,一个是沿海工商业大都市。首都北京有着政治优势、高科技优势和人才优势,政策力量强大。天津有沿海和海港优势、工商业发达的优势。北京和天津作为两个超大城市,本身都有着自己的发展空间,在之前的几十年中京津自身的发展空间还没有完全填满,都还处在吸纳资源的极化阶段,并没有达到规模效应外溢的阶段。因此,长期以来,北京、天津两大城市始终在与河北争资源、争能源、争资金、争项目。在以往的区域协作中,京津的发展(尤其是北京)不但没能发挥出都市圈中心城市的辐射效应,反而一直在发挥着虹吸效应。河北始终处于一种盲从、被动的地位。此外,在京津冀区域中,北京作为国家首都,又被包裹了一层浓厚的行政色彩。河北省始终充当着"首都保护带"的角色,保护着首都的稳定与发展。比如河北省的张家口、承德等地区,作为北京的上风上水区,为保证首都北京的供水和生态环境,而被严格限制开发。以河北省张家口赤城县为例,赤城县境内的矿产、林牧等资源非常丰富,是河北省的资源大县。"其中赤铁矿和磁铁矿储量均居全省第二位,沸石矿储量居亚洲第一。"[①] 但是,"由于赤城县地处北京的上风上水区,供应了密云水库53%的上游来水,近几年,赤城县对资源开发实行了限制政策,共砍掉70多个可能造成水源污染的经济合作项目,造成每年损失利税近亿元。"[②] 此外,"为保证首都的供水,在赤城还推行'退稻还旱'——改变过去种植水稻的习惯,改种玉米等耗水少的耐旱作物,现已推广至全县全部14万亩水稻田。据该县官方估计,此举使每亩平均减收500元,全县减收7000万元。"[③] 当然,如果仅从社会与环境的发展规律而言,关停制造污染的企业是必须的。但笔者认为,张家口作为本就相对落后的地区,只因位于首都北京周边而无法自主调控本地区自身的产业结构,只能配合北京的调控节奏进行调整,从而形成了"旧的产业被砍,但新的产业还没有来"的尴尬局面,极大地影响了这些地方的发展。由此,使京津与河北的差距越拉越大,导致了京津冀区域内部发展失衡,严重制约了京津冀区域协同发展的实现。而随着北京城市职能

---

① 刘玉海,叶一剑,李博.困境:京津冀调查实录[M].北京:社会科学文献出版社,2012:7.
② 刘玉海,叶一剑,李博.困境:京津冀调查实录[M].北京:社会科学文献出版社,2012:7.
③ 刘玉海,叶一剑,李博.困境:京津冀调查实录[M].北京:社会科学文献出版社,2012:8.

的持续膨胀,在经历了长期对周边资金、项目、人才等要素的"虹吸"阶段后,北京这个人口早已接近2000万人的超级大城市现已无法承载更多的功能,从而引发了交通拥堵、高房价、雾霾、应急能力低下等一系列"大城市病",因此,不得不向外分散城市功能,拓展发展空间。由此可见,随着工业化的完成,京津极化效应逐渐弱化,京津冀区域中心城市的辐射外溢效应逐渐显现,北京、天津开始进入向外扩散辐射的转折阶段,"京津冀都市圈"形成的基本条件日趋成熟。因此,笔者认为,无论是从国内外当前的发展局势,还是从京津冀区域的自身发展阶段来看,京津冀协同发展战略都是符合历史发展规律,符合我国国情,符合国家长远发展利益的,是当前我国经济发展、社会进步的必然产物。它并不会以我们个人的主观意志或个人喜好而发生改变,它是国家社会经济发展到一定历史阶段的客观产物,是当前拉动我国新的经济增长极,增强综合国力,提高国际竞争力,解决北京"大城市病"的必行之举。因此,尽管当前京津冀三地的差距依然巨大,京津冀协同发展战略的全面实施充满困难,社会各界对京津冀协同发展战略的呼声各有不同,但我们都应理性对待,应以科学发展观、求真务实的态度主动发挥本专业的学科优势,为国家京津冀协同发展战略的全面实施提供助力。同时,也借助京津冀协同发展战略实施的政策优势,推动京津冀三地基础音乐教育的内部联动、协同共进,为京津冀区域基础音乐教育水平的整体性提升、为实现三地基础音乐教育的均衡发展贡献力量。

第二章 "京津冀协同发展战略" 为三地基础音乐教育带来 的时代机遇与挑战

第一节 "京津冀协同发展战略"的总体目标定位

京津冀地区是一个面积约 21.7 万平方千米,人口超过 1 亿人,京津两大直辖市被河北省环抱怀中,拥有 600 多千米的海岸线、海陆兼备的特殊地理区域。京津冀位于环渤海地区的中心位置,是与长三角、珠三角并列的中国三大人口和经济活动的聚集区域之一,是国家经济发展的重要引擎和参与国际竞争与合作的先导区域。继习近平总书记"4.26"讲话之后,京津冀协同发展被上升为重大国家战略。在中共中央政治局审议通过的《京津冀协同发展规划纲要》(以下简称《规划纲要》)中明确指出:"推动京津冀协同发展是一个重大国家战略,其核心是有序疏解北京非首都功能,调整经济结构和空间结构,走出一条内涵集约发展的新路子,探索出一种人口、经济密集地区优化开发的模式,促进区域协调发展,形成新增长极。"① 此外,《规划纲要》还明确了京津冀协同发展战略的近、中、远期目标,并对逐层推进该战略的实施进行了有重点、有步骤的部署。因此,深入剖析京津冀协同发展战略对三省市的目标定位及其近、中、远期目标,将有助于我们更加清晰地认识当下京津冀协同发展战略的全面实施将给三地基础音乐教育带来的重大历史发展机遇和有可能带来的现实问题,有助于我们更好地对京津冀基础音乐教育的协同发展进行理论研究和实践探索。

---

① 新华社. 政治局会议审议通过《京津冀协同发展规划纲要》[EB/OL]. http://news.qq.com/a/20150430/051776.htm, 2015-04-30.

一、国家层面对京津冀协同发展的目标定位

京津冀协同发展的全面实施是一个庞大的系统工程,因此,在国家对"京津冀协同发展战略"的顶层设计——《京津冀协同发展规划纲要》中,对三地的协同发展进行了近、中、远期的分层目标定位。

《规划纲要》指出:"京津冀协同发展的目标是:近期到 2017 年,有序疏解北京非首都功能取得明显进展,在符合协同发展目标且现实急需、具备条件、取得共识的交通一体化、生态环境保护、产业升级转移等重点领域率先取得突破,深化改革、创新驱动、试点示范有序推进,协同发展取得显著成效;中期到 2020 年,北京市常住人口控制在 2300 万人以内,北京'大城市病'等突出问题得到缓解;区域一体化交通网络基本形成,生态环境质量得到有效改善,产业联动发展取得重大进展。公共服务共建共享取得积极成效,协同发展机制有效运转,区域内发展差距趋于缩小,初步形成京津冀协同发展、互利共赢新局面;远期到 2030 年,首都核心功能更加优化,京津冀区域一体化格局基本形成,区域经济结构更加合理,生态环境质量总体良好,公共服务水平趋于均衡,成为具有较强国际竞争力和影响力的重要区域,在引领和支撑全国经济社会发展中发挥更大作用。"[①] 由此可见,京津冀协同发展是一项长期、综合的国家重大发展战略,需要有重点、分层次地逐步展开,同时,更需要社会各界力量的积极参与和共同推动。

二、国家层面对京津冀区域及三地的功能定位

(一)京津冀区域整体功能定位 [②]

科学的区域功能定位是推动京津冀协同发展战略顺利实施的重要前提和基本保障。国家京津冀协同发展战略的总体目标,决定了科学确定京津冀区域整体定位,必须要以疏解北京非首都功能,解决北京"大城市病"为基本出发点;必须立足京津冀区位特点和发展基础,充分发挥比较优势;必须依据区域资源环境承载能力和发展潜力,统筹考虑长远发展需要与可能;必须贯彻中央对京津冀协同发展的总体要求,体现其在全

---

① 国土资源局. 京津冀协同规划纲要(全文)[EB/OL]. http://www.hebqhdsgt.gov.cn/gtzyj/front/6048.htm, 2015-11-25.
② 本部分参考国家《京津冀协同发展规划纲要》中的相关部分节选.

国改革发展大局中的战略地位和独特作用。遵循以上指导思想,《京津冀协同发展规划纲要》中将京津冀区域整体定位为以下四个方面。

（1）打造成以首都为核心的世界级城市群。疏解北京非首都功能,优化首都核心功能,强化京津双城联动,近中期通过对北京、天津、石家庄沿线中小城市的改造和建设,提升区域性中心城市功能,培育一批集聚能力较强的重要节点城市,打造现代化新型首都圈,建设以首都为核心、生态环境良好、经济文化发达、社会和谐稳定的世界级城市群。

（2）打造成区域整体协同发展改革引领区。加强京津冀区域在政策体系、管理体制等方面的统筹协调与融合互动,加快破解制约协同发展的行政壁垒和制度障碍,促进生产要素自由流动,加快改革创新步伐,建立健全协同发展体制机制,推动建成环渤海地区合作发展的中心区,率先基本形成区域一体化发展新格局,为全国其他地区的协同发展发挥引领带动作用,提供可复制、可推广的经验。

（3）打造成全国创新驱动经济增长新引擎。充分利用京津冀三地的比较优势,大力实施创新驱动发展战略,坚持走内涵式发展道路,推进经济结构优化升级,进一步提高综合经济实力和国际竞争力,更好发挥对全国经济社会发展的重要支撑和引领带动作用。

（4）打造成生态修复环境改善示范区。以区域大气污染防治和水生态系统修复为重要突破口,推动经济发展、人口布局、资源开发与生态环境保护相协调,落实主体功能区制度,科学划定和严格执行生态保护红线,健全生态环境保护机制,推动绿色低碳发展,促进人与自然和谐相处,率先建立系统完整的生态文明制度体系。

（二）京津冀三省市各自的功能定位

为了使京津冀三省市的协同发展更加有序、顺畅,在国家对京津冀协同发展战略的顶层设计——《京津冀协同发展规划纲要》中对京津冀三地进行了各自的功能定位:"北京功能定位是:全国政治中心、文化中心、国际交往中心、科技创新中心。天津功能定位是:全国先进制造研发基地、北方国际航运核心区、金融创新运营示范区、改革开放先行区。河北省功能定位是:全国现代商贸物流重要基地、产业转型升级试验区、新型城镇化与城乡统筹示范区、京津冀生态环境支撑区。"[①]

---

① 国土资源局. 京津冀协同规划纲要（全文）[EB/OL]. http://www.hebqhdsgt.gov.cn/gtzyj/front/6048.htm, 2015-11-25.

三、京津冀城市群的空间格局

经国家组织有关部门进行反复研究论证,"京津冀最终确定了'功能互补、区域联动、轴向集聚、节点支撑'的布局思路,明确了以'一核①、双城②、三轴③、四区④、多节点⑤'为骨架,推动有序疏解北京非首都功能,构建以重要城市为支点,以战略性功能区平台为载体,以交通干线、生态廊道为纽带的网络型空间格局。"⑥

由此可见,《京津冀协同发展规划纲要》作为国家"京津冀协同发展战略"的顶层设计,已对京津冀协同发展的目标、定位、空间格局等进行了明确的规划与部署。《规划纲要》中既包括京津冀协同发展的总纲,又包括实施细则和具体名录;既有顶层设计纲要,又有具体的实施方案和路线图;并明确将交通一体化、生态环境保护、产业升级转移作为京津冀协同发展中率先突破的重点领域。由此,京津冀协同发展战略进入了全面实施阶段。从本质而言,京津冀协同发展并不是一个单纯的经济命题,而是一个复杂的社会变革命题。随着国家对京津冀协同发展战略推动力度的加大、步伐加快,依据《规划纲要》中对京津冀三省市的功能定位、空间格局以及协同发展目标的整体规划,京津冀三地的经济一体化、交通一体化、城市定位转型带来的人口布局调整等,都将对三地基础教育产生直接的影响。而基础音乐教育作为基础教育的一个重要组成部分,在京津冀协同发展战略的大背景下,无疑迎来了三地基础音乐教育协同发展的重大历史机遇,但同时也可能给三地基础音乐教育带来一些现实问题。

---

① "一核"即指北京,明确北京在京津冀区域发展中的核心地位。把有序疏解北京非首都功能、优化提升首都核心功能、解决北京"大城市病"问题作为京津冀协同发展的首要任务。
② "双城"是指北京、天津,即把北京和天津作为双枢纽,这是京津冀协同发展的主要引擎。要进一步强化京津联动,全方位拓展合作广度和深度,加快实现同城化发展,共同发挥高端引领和辐射带动作用。
③ "三轴"指的是京津、京保石、京唐秦三个产业发展带和城镇聚集轴。它们不仅是产业轴,还是城镇轴,以轴串点,以点带面,推动产业要素沿轴向集聚。这是疏解北京非首都功能、支撑京津冀协同发展的主体框架。
④ "四区"即四大功能分区,分别是中部核心功能区、东部滨海发展区、南部功能拓展区和西北部生态涵养区,每个功能区都有明确的空间范围和发展重点。
⑤ "多节点"即打造多个区域性中心城市,包括石家庄、唐山、保定、邯郸等区域性中心城市和张家口、承德、廊坊、秦皇岛、沧州、邢台、衡水等节点城市,重点是提高其城市综合承载能力和服务能力,有序推动产业和人口聚集。
⑥ 国土资源局. 京津冀协同规划纲要(全文)[EB/OL]. http://www.hebqhdsgt.gov.cn/gtzyj/front/6048.htm, 2015-11-25.

如何化解问题,化弊为利,紧抓时代机遇,寻求京津冀区域基础音乐教育的协同发展,是笔者在本书中着重进行的学术探讨。

第二节　"京津冀协同发展战略"为京津冀 基础音乐教育带来的时代机遇

一、交通一体化给三地基础音乐教育的协同发展带来便利条件

现代化交通网络体系是京津冀协同发展的骨骼系统和先行领域。在《京津冀协同发展规划纲要》中,将交通一体化、生态环境保护、产业升级转移三大重点领域作为京津冀协同发展战略实施的率先突破口。目前,京津冀区域已初步形成以铁路、公路、水运、航空为主的综合立体交通运输网络格局。根据《规划纲要》中关于交通一体化的实施细则,未来京津冀将重点形成京、津、石之间以及相邻城市之间"一小时交通圈"、主要城市与周边卫星城市之间"半小时通勤圈",提升区域整体交通承载能力。并在区域内实现公交一卡通、客运服务一票式、货运服务一单制等措施。交通的一体化进一步加强了京津冀三地之间的联系,京津冀"一小时交通圈"的打造为三地基础音乐教育的协同发展提供了便捷的交通条件,有利于三地基础音乐教育领域的协作与交流。

二、经济一体化给三地基础音乐教育的协同发展提供物质保障

京津冀经济一体化将最大限度地探寻京津冀三地的各自比较优势,寻求三地的利益共同点,努力实现城市错位发展。北京具有服务主导和科技创新主导的鲜明特征,如科技研发、文化创意、金融和现代信息居全国前列;天津最大优势在于现代制造优势和现代物流优势;河北最大优势在于资源优势和重化工业优势。推进三地产业的优化布局,实现产业布局的升级转型,有助于三地经济的均衡发展,缩小三地之间的经济差距。长期以来,京津冀基础音乐教育之所以发展不平衡,甚至差距很大,三地经济发展的不平衡是其重要的制约因素之一。因此,京津冀三地经济的一体化发展,将为三地基础音乐教育的协同发展提供良好的物质基础,有助于三地基础音乐教育的协同共进。

三、"网络型"城镇体系的建立为三地基础音乐教育资源的流动提供广阔空间

在国家"京津冀协同发展战略"中,明确将京津冀的城镇体系规划定位在重点推进北京非首都功能疏解、新城建设、区域副中心建设,打造"双核、多中心、网络型"的空间格局。这一新型城镇体系的打造,使京津冀城镇之间的联系和交往更为密切。一方面将北京的城市功能疏解与治理"大城市病"结合起来,向外疏解北京非首都功能;另一方面,将北京城市功能疏解与支持河北的大城市建设结合起来,把石家庄、保定、唐山、廊坊等建设成为区域副中心,同时,加快大都市周边的新城建设和河北的中小城市发展,最终实现京津冀"双核、多中心、网络型"的城镇空间格局。在以往,长期以来受我国行政区划分割的影响,京津冀三省市始终"各自为政",三地基础音乐教育资源要素更多的是在本地区内部流动,对外交流相对较少。在京津冀协同发展战略的大力推动下,京津冀"双核、多中心、网络型"城镇体系的建立,将为京津冀基础音乐教育资源要素在三地间的灵活流动提供更为通畅广阔的空间。

四、跨区域协调机制的建设为三地基础音乐教育的协同发展创造良好的协同环境

长期以来,京津冀三地一直在构筑各自的城市体系,市场化程度相对较低、行政干预力量较强,京津冀三地的行政壁垒、利益藩篱以及现行的分税制财政体制成为当前制约京津冀区域协同发展的羁绊。因此,健全京津冀省际协调机制,是落实京津冀协同发展战略的首要任务。当前,京津冀三地正在积极地构建跨省区域协调机制,包括探索建立横向协商、纵向协调、经济分享、成本分摊、生态补偿等多种协调机制,使京津冀地区的"诸侯经济"变成"命运共同体";同时,建立完善的相关配套政策,如建立横向的财政转移支付制度、共同发展基金等,为京津冀区域协同发展提供政策支持和制度保障。在国家京津冀协同发展战略的大力推动下,三地跨区域协调机制的建立及社会政策的合理对接,在客观上为京津冀三地基础音乐教育的协同发展创造了良好的协同发展环境。

五、京津冀教育领域的协同发展为三地基础音乐教育的协同发展奠定基础

自京津冀协同发展上升为重大国家战略以来,社会各领域都在进行着积极的探索。尽管当前在国家层面并未将京津冀教育一体化纳入率先突破的重点领域,没有从国家层面对京津冀教育协同发展做出整体规划和实施细则。但这并未影响京津冀三地政府及教育界自身推动京津冀三地教育协同发展的工作热情。在教育部、三地政府及教育主管部门、学校、社会教育集团等教育界各方力量的共同努力下,先后出台了一系列有关三地教育协同发展的政策文件并积极地进行着协同实践。如北京市与天津市签署了包括教育协作在内的《京津"1＋5"合作协议》、天津市与河北省签署了《推进教育协同发展合作框架协议》、北京市与河北省签署了《京冀两地教育协同发展对话与协作机制框架协议》、京津冀三地教育部门和教育督导部门共同签署了《京津冀教育督导协作机制框架协议》等。在教育协同发展的实践方面三地也进行着积极的探索,如北京广渠门中学在张家口康保县创办了"北京广渠门中学分校",北京教育科学研究院与唐山市教育局签署了《北京—唐山优质教育资源合作框架协议》,正式启动了"北京数字学校平台系统",北京八中在河北廊坊固安县建立了北京八中固安分校等。虽然目前在这些教育领域的协同发展实践中还并未涉及基础音乐教育的协同发展,但基础音乐教育作为教育领域的一个分支,随着京津冀教育协同发展的不断深化与推进,必将为京津冀基础音乐教育的协同发展奠定良好的基础。

此外,随着"京津冀协同发展战略"的全面实施,三地之间的联系、交流、协作更为紧密,这也加深了京津冀三地民众之间的沟通与交流,加强了三地民众区域一体化的意识,增强了区域凝聚力和向心力,为三地基础音乐教育的协同发展营造了良好的人文环境。由此可见,"京津冀协同发展战略"的整体推进,必将对京津冀三地政治、经济、文化、教育等各个领域产生深远影响。京津冀基础音乐教育在三地协同发展战略的大力推动下迎来了重大的历史发展机遇。

第三节 "京津冀协同发展战略"为京津冀基础音乐教育带来的严峻挑战

一、京津冀协同发展给三地地方音乐文化生态和地方传统音乐的传承带来挑战

中华民族有着五千年光辉灿烂的历史,其地方传统音乐类别丰富、分布广泛。地方传统音乐是产生于民间,根植于人们的日常生活与劳作,集中反映当地人民生产、生活的艺术表现形式。它是当地人民精神和情感的表达,是人民群众集体智慧的结晶。而传统音乐文化则是中华民族审美情趣下所产生的音乐以及它赖以存在的社会历史文化土壤和背景等因素。传统音乐文化的传承有赖于当地人民的生产方式、生活方式、文化生态土壤以及传统的教育传承方式等。京津冀地区同属京畿要地,长期以来受历史环境、政治环境等多方面因素的影响,京津冀三地形成了各具特点的文化特征。如长期以来北京形成的典型的皇城文化;天津形成的津门文化等。而音乐是人类文化的重要组成部分。由此,也形成了京津冀三地各具特色、丰富而多彩的地方传统音乐。然而,随着京津冀协同发展国家战略的全面推进和我国城市化进程的加快,京津冀一体化格局日趋形成,这将极大地促进京津冀三地的融合与共进,三地民众的生产、生活方式也将发生较大改变,这无疑会对三地传统音乐赖以生存和发展的音乐生态环境产生破坏性影响,不利于三地传统音乐的保护与传承,甚至会造成三地地方特色传统音乐的消亡。此外,随着社会现代化水平的提高、人们生产生活方式的改变,传统的"口传心授""师傅带徒弟"式的音乐传承方式逐渐淡出音乐教育舞台。随着国家对义务教育的大力普及,学校教育成为当今人们接受教育的主要方式和途径。在当前国家大力倡导弘扬中华优秀传统文化的今天,学校音乐教育本该肩负起促进传统音乐和传统音乐文化传承和发展的作用,但事实上,多年来尽管在很多专家学者的倡导推动下,学校音乐教育在地方传统音乐文化传承方面进行了积极的探索,但从当前的实际情况来看,却并未产生明显有效的根本性改观。因此,在地方传统音乐文化生态发生变化、传统的音乐传承方式濒临消失的今天,如何在京津冀区域一体化大格局中,既实现三地基础音乐教育的协同发展,又要防止过分融合带来的三地地方传统音乐生态环境的

破坏,重视并探讨学校音乐教育在传承和保护三地地方传统音乐文化方面如何发挥作用,以何种形式、何种途径发挥作用等一系列问题,是当前京津冀协同发展战略背景下,三地基础音乐教育协同发展面临的现实挑战。

二、京津冀协同发展给三地优质音乐教育资源的承载能力带来挑战

京津冀区域由于其特殊的区位条件,区域内包含着国家首都——北京和国家北方经济中心——天津两大直辖市和我国的人口大省——河北省,其区域教育规模庞大。据中华人民共和国国家统计局发布的《中国统计年鉴 2016》中数据显示:(见表 2-1)

表 2-1 2015 年京津冀小学与初中在校生和专任教师数

(单位:万人)

区域		小学				初中				合计
		城区	镇区	乡村	合计	城区	镇区	乡村	合计	
北京	学校数(所)	996			996	340			340	1336
	在校学生数	70.22	8.36	6.45	85.03	23.30	3.34	1.70	28.34	113.37
	专任教师	4.72	0.62	0.59	5.93	2.60	0.43	0.26	3.29	9.22
天津	学校数(所)	849			849	329			329	1178
	在校学生数	37.09	12.33	10.79	60.21	15.44	7.92	2.79	26.15	86.36
	专任教师	2.59	0.72	0.71	4.02	1.59	0.75	0.30	2.64	6.66
河北	学校数(所)	12126			12126	2378			2378	14504
	在校学生数	126.41	230.92	238.91	596.24	64.48	130.40	41.25	236.13	832.37
	专任教师	6.59	12.30	15.00	33.89	4.77	9.15	3.46	17.38	51.27
京津冀	学校数(所)	13971			13971	3047			3047	17018
	在校学生数	233.72	251.61	256.15	741.48	103.22	141.65	45.74	290.62	1032.10
	专任教师	13.90	13.64	16.30	43.84	8.96	10.33	4.02	23.31	67.15

资料来源:《中国统计年鉴 2016》,数据为保留小数点两位的近似数据。

2015 年京津冀区域中小学学校数为 17018 所,专任教师数为 67.15 万人,在校中小学生数为 1032.10 万人;其中,北京、天津、河北的中小学学校数分别为 1336 所、1178 所、14504 所,专任教师数分别为 9.22 万人、6.66 万人、51.27 万人,在校中小学生数分别为 113.37 万人、86.36 万人、832.37 万人。由此可见,在京津冀区域内,河北中小学学校数约是京津两地中小学学校总数的 5.77 倍,专任教师数是京津两地总数的 3.23 倍,在校中小学生数是京津两地总数的 4.17 倍。从三地基础教育受教育人口城镇乡分布比例来看(见表 2-2),北京在校小学生分布于城区、镇区、乡村学校的比例分别为 82.6%、9.8%、7.6%,在校中学生分布于城区、镇区、乡村学校的比例分别为 82.2%、11.8%、6.0%;天津在校小学生分布于城区、镇区、乡村学校的比例分别为 61.6%、20.5%、17.9%,在校中学生分布于城区、镇区、乡村学校的比例分别为 59.0%、30.3%、10.7%;河北在校小学生分布于城区、镇区、乡村学校的比例分别为 21.2%、38.7%、40.1%,在校中学生分布于城区、镇区、乡村学校的比例分别为 27.3%、55.2%、17.5%。由以上数据可以看出,目前京津冀区域中河北省基础教育规模庞大,是京津两地总数的几倍之多,并且多分布在经济相对落后的乡镇地区。在表 2-2 中可以看出,从受教育人口的分布来看,京津两地在校中小学生中 60% ～ 80% 集中于城区学校;而河北省在校中小学生中 70% 以上集中于乡村和镇区学校。这也充分体现了京津冀区域基础教育规模的庞大,及其在地区间、城乡间存在着较大差异。

表 2-2　2015 年京津冀小学与初中在校生和专任教师城镇乡分布比例（%）

区域		小学				初中			
		城区	镇区	乡村	合计	城区	镇区	乡村	合计
北京	在校学生数	82.6	9.8	7.6	100	82.2	11.8	6.0	100
	专任教师	79.6	10.5	9.9	100	79.0	13.1	7.9	100
天津	在校学生数	61.6	20.5	17.9	100	59.0	30.3	10.7	100
	专任教师	64.4	17.9	17.7	100	60.2	28.4	11.4	100
河北	在校学生数	21.2	38.7	40.1	100	27.3	55.2	17.5	100
	专任教师	19.4	36.3	44.3	100	27.4	52.7	19.9	100
京津冀	在校学生数	31.5	33.9	34.6	100	35.5	48.8	15.7	100
	专任教师	31.7	31.1	37.20	100	38.4	44.3	17.3	100

资料来源:《中国统计年鉴 2016》。

　　当前,在京津冀协同发展大背景下,面对京津冀区域教育发展的不平衡,专家、学者及社会各界共同将目光聚焦于发挥京津优质教育教学资源的引领和带动作用,以缩小河北与京津之间的教育差距。在前不久教育部与京津冀三地教育部门共同发布的《"十三五"时期京津冀教育协同发展专项工作计划》中,也明确提出:在京津冀基础教育合作领域,要"引导北京、天津优质中小学与河北中小学开展跨区域合作办学"[①]。但值得注意的是:在全国上下一片"缩小河北与京津差距,发挥京津辐射带动作用"呼声的热潮中,我们更应进行理性思考。仅从基础音乐教育而言,综观京津冀区域基础音乐教育目前的发展现状,全国范围内优质音乐教育资源在京津,尤其是北京,确实有所聚集,但优质的音乐教育教学资源毕竟是少数,是有限的,从以上对当前京津冀区域基础教育规模的客观分析来看,面对京津冀区域如此庞大的受教育人口规模,尤其是河北高出京津4倍的庞大的受教育群体,且大多集中在经济发展较为落后的乡镇地区,如何有效发挥京津有限的优质音乐教育资源的辐射引领作用?只是现行的京津与河北的合作办学,或对口帮扶,无异于杯水车薪。以京津有限的优质音乐教育资源带动河北高于京津几倍的受教育人口需求,是否会出现"小马拉大车"的尴尬局面?是否会引发河北基础音乐教育水平不仅未提高,反而拉低了京津的音乐教育水平?如何应对当前京津冀基础音乐教育优质教育资源承载能力面临的现实严峻挑战?在本书中,笔者将对现行的协同举措、实施建议等进行审视,并对以上问题进行着重的研究与探讨,以寻求科学、有效的京津冀基础音乐教育协同发展之路。

三、京津冀协同发展使三地基础音乐教育面临"马太效应"的挑战

　　马太效应(Matthew Effect),指的是一种两极分化现象,其突出特点是"好的越来越好,坏的越来越坏;强的越来越强,弱的越来越弱"。"马太效应"的名称来源于《圣经》中的一则寓言故事,在《圣经·马太福音》第25章中说道:"凡有的,还要加给他叫他多余;没有的,连他所有的也要夺过来。"[②] 由此引申出"马太效应"这一概念。1968年,美国学者罗伯特·莫顿(Robert K.Merton)最早提出"马太效应"这一术语,并将其归纳为:"任何个体、群体或地区,一旦在某一个方面(如金钱、名誉、地位等)

---

① 贾晓燕. 京津冀教育协同发展"十三五"专项工作计划发布[N].北京日报,2017-02-18.
② 资料来源:百度百科"马太效应"词条, http://baike.baidu.com/item/%E9%A9%AC%E5%A4%AA%E6%95%88%E5%BA%94/70100？sefr=enterbtn.

获得成功和进步,就会产生一种积累优势,就会有更多的机会取得更大的成功和进步。"①之后,"马太效应"被广泛应用于经济学、社会心理学、教育、金融等多个领域。

长期以来,受我国政治、经济、文化等多方面因素的影响,京津冀三地基础音乐教育的发展并不平衡,尤其是京津与河北之间、三地城市与乡村之间,无论是音乐教学环境、教学条件、学校重视程度、教师待遇、生源质量等各个方面都存在着很大差异。随着国家京津冀协同发展战略的全面实施,三地之间的行政壁垒逐渐被打破,跨省协调机制逐步建立、完善,加之三地"一小时交通圈"的打造,京津冀三地之间基础音乐教育领域的沟通、交流、合作、互动会出现前所未有的便利、频繁和密切。由此则容易导致"马太效应"的产生,即音乐教育水平较低地区的相对优质教育资源,如师资、生源等向音乐教育水平较高地区流动,从而使音乐教育水平较高地区的教学力量更加壮大,而音乐教育水平较低地区的音乐教学状况更加恶化,造成京津冀区域基础音乐教育差距的进一步加大。此外,京津冀基础音乐教育的协同发展是一个动态的过程,需要经过长期的摸索与探讨,它涉及三地基础音乐教育领域各方面教育要素的协同与协调。在京津冀基础音乐教育协同发展实施初期,参与协同发展的地区或学校音乐教育必然会进行各方面的调整与革新,同时也会面临着诸多新问题的出现,从而形成新的协同模式还未建立,但旧的教学模式已被打破的全新探索阶段。面对协同发展初期出现的各种问题,则容易产生"马太效应",即参与协同发展的地区或学校越改革探索越会发现问题,越出现问题则人们对于协同发展的热情和期望值越低,对协同发展越会出现抵触情绪。而暂时没有参与协同发展的学校却会显得更加风平浪静,一切如常,这无形中会影响京津冀基础音乐教育协同发展的进度和探索力度。因此,在京津冀协同发展大背景下,如何避免"马太效应"的产生,防患于未然,构建科学、合理、行之有效的京津冀基础音乐教育协同发展之路,是本书研究的重点问题。

总之,自京津冀协同发展上升为重大国家战略之后,在国家的大力推动下,社会各个领域都对"京津冀协同发展战略"做出了积极响应。然而,面对当前国内社会各界对京津冀协同发展战略的狂热追捧,作为教育研究者,我们更应保持理性思考,以客观辩证的眼光审视当前国家京津冀协同发展战略可能为三地基础音乐教育发展带来的时代机遇与现实挑战。以期及时、客观地发现、改进和解决京津冀区域一体化进程中存在或可能

---

① 资料来源:百度百科"马太效应"词条,http://baike.baidu.com/item/%E9%A9%A\nC%E5%A4%AA%E6%95%88%E5%BA%94/70100? sefr=enterbtn.

给三地基础音乐教育带来的各种现实问题,并为之寻求有效的解决思路与对策。同时,在紧抓机遇、化弊为利的基础上,对京津冀三地的基础音乐教育现状及其协同发展实践动态进行广泛而深入的调研、梳理,探讨构建京津冀基础音乐教育多边共赢、内部联动、整体协作的协同发展路径。

第三章 京津冀基础音乐教育现状调查与协同发展实践动态

第一节 京津冀基础音乐教育现状调查与分析

一、京津冀基础音乐教育现状调查概况说明

（一）调研说明

　　长期以来，受到我国行政区划的影响，京津冀三地基础音乐教育始终处于一种"各自为政""独立发展"的教育运作和发展模式。为了更好地研究"京津冀协同发展战略"背景下，三地基础音乐教育的协同发展路径，区域推动京津冀基础音乐教育的整体发展，笔者对京津冀三地的基础音乐教育现状进行了深入调研，力求更加全面、客观地呈现京津冀三地当前基础音乐教育的现实状况，挖掘京津冀区域内各地基础音乐教育的特点、优势及其现实需求，以寻求京津冀基础音乐教育系统中起支配、主导作用的核心要素，并将京津冀三地的比较优势与现实需求进行无缝对接，培养京津冀基础音乐教育协同发展的共生极，使京津冀区域基础音乐教育实现协同共进的动态平衡，真正实现三地基础音乐教育的优势互补、良性互动、互利共赢，建立京津冀基础音乐教育内部联动、长效畅通的发展机制。

　　基础音乐教育系统的构成要素较为复杂，其中最为重要的是参与教育的行为主体——人的要素。笔者以京津冀基础音乐教育领域内的行为主体——人为划分依据，纵向对教育体系内各个层面的行为主体进行调研，包括三地基础音乐教育的行政管理部门——教育厅（局）的相关领导、中小学校长、音乐教师、学生四个层面进行问卷、晤谈、测试等多种形式的实地调研，以期从多个侧面对京津冀三地的基础音乐教育现状及其发展

态势进行客观而深入的调查与分析。

　　笔者共设计了4份调查问卷、2份访谈提纲、2份学生音乐测试卷(中、小学生各1份)、1份中小学生音乐能力测评表。针对不同群体的特征,采用不同的调查方式。其中,对京津冀三地教育厅(局)相关领导采用约见晤谈法;对三地中小学校长、音乐教师均采用问卷与访谈相结合的调查方式;对三地中小学生采用问卷、访谈、实际音乐知识与能力测试相结合的调查方式。调查对象除三地教育部门相关领导外,其他群体均在京津冀三地随机抽取。为了更加全面地反映京津冀三地基础音乐教育的全貌,在随机抽取校长、教师、中小学生调查群体时,笔者在个人能力范围内,尽量将问卷均匀发放至京津冀三地的各个区、市。在抽取学生进行实际音乐知识与能力测试的学校时,为了更加清晰、客观地呈现当前京津冀三地城乡中小学生在音乐素质水平方面的差异,笔者着重抽取了三地城市教育水平较好的中小学校和三地农村较为落后地区的中小学校分别进行实地测试。考虑到当地学校的实际教学情况,参与本次调查的中小学生分别选取的是京津冀三地城乡八年级和五年级的学生,每班随机抽取30名学生参与问卷调查和音乐知识与能力的测试。

（二）问卷、测试卷发放情况

1. 教师问卷

（1）调查对象：京津冀三地中小学音乐教师。

（2）问卷发放情况：三地共发放教师问卷180份。

表 3-1　京津冀三地音乐教师调查问卷发放情况

调研分区	区域范围	教师问卷发放数量		共计	备注
北京	城区学校	中学	15	60	注:问卷发放为随机采样,但尽量考虑在各区之间的均匀分布。
		小学	15		
	农村学校	中学	15		
		小学	15		
天津	城区学校	中学	15	60	
		小学	15		
	农村学校	中学	15		
		小学	15		

续表

调研分区	区域范围	教师问卷发放数量		共计	备注
河北	城区学校	中学	15	60	
		小学	15		
	农村学校	中学	15		
		小学	15		
共计	城区学校	中学	90	180	
		小学			
	农村学校	中学	90		
		小学			

2. 中小学生问卷、测试卷

（1）调查对象：京津冀三地中学生、小学生。

（2）问卷发放情况：三地共发放中小学生问卷、测试卷、音乐能力测评表1059份。其中，中学生问卷、测试卷、音乐能力测评表各174份；小学生问卷、测试卷、音乐能力测评表各179份。

表3-2　京津冀三地中小学生问卷、测试卷发放情况

调研分区	区域范围	学生问卷、测试卷、音乐能力测评表发放数量		共计	备注
北京	城区学校	中学	30	114	注：受测试学校时间、条件所限，各班均随机抽取30名学生参与测试。表中不满30者，为当地学校该教学班的实际学生人数（全部参与测试）。
		小学	30		
	农村学校	中学	24		
		小学	30		
天津	城区学校	中学	30	120	
		小学	30		
	农村学校	中学	30		
		小学	30		
河北	城区学校	中学	30	119	
		小学	30		
	农村学校	中学	30		
		小学	29		

续表

调研分区	区域范围	学生问卷、测试卷、音乐能力测评表发放数量		共计	备注
共计	城区学校	中学	180	353	
		小学			
	农村学校	中学	173		
		小学			

3. 校长问卷

（1）调查对象：京津冀三地中小学校长。

（2）问卷发放情况：京津冀三地共发放校长问卷60份。

表3-3　京津冀三地校长问卷发放情况

调研分区	区域范围	校长问卷发放数量		共计	备注
北京	城区学校	中学	5	20	
		小学	5		
	农村学校	中学	5		
		小学	5		
天津	城区学校	中学	5	20	注：问卷发放为随机采样，但尽量考虑在各区之间的均匀分布。
		小学	5		
	农村学校	中学	5		
		小学	5		
河北	城区学校	中学	5	20	
		小学	5		
	农村学校	中学	5		
		小学	5		
共计	城区学校	中学	30	60	
		小学			
	农村学校	中学	30		
		小学			

二、京津冀基础音乐教育教师问卷调查与分析

受京津冀三省市自身经济、政治、文化等多方面因素的影响，长期以来,京津冀三地基础音乐教育的发展水平并不平衡,甚至差距很大。此次调查为了更加全面、深入地挖掘京津冀三地基础音乐教育的各方优势与不足,寻求协同发展路径,笔者着重对京津冀三地、城乡音乐教师进行调研。调研项目主要包括音乐教师的个人基本情况(如年龄、受教育程度、教龄等),所在学校音乐教学状况(如音乐教学的硬件配备、开课情况、领导重视程度、教材使用、教学方式、课外社团活动等),学校学生的音乐素质状况(如学生对音乐课的态度、学生的歌曲演唱水平、乐器演奏水平、识谱能力等),音乐教师的教学能力,音乐教师继续受教育状况,以及音乐教师对京津冀基础音乐教育协同发展的态度与认识等。

在本问卷中,1～3题为问卷分布的基本状况[参见附录一:《京津冀基础音乐教育协同发展状况调查(教师问卷)》]。本次调查共发放教师问卷180份,其中京、津、冀三地随机抽取城市音乐教师各30名,农村音乐教师各30名;按学校类别划分,随机抽取京津冀各地区中学音乐教师各30名,小学音乐教师各30名,问卷回收率100%。[问卷发放详情参见上部分内容(二)问卷、测试卷发放情况]

表3-4 京津冀三地音乐教师调查问卷总统计量

N	有效	180
	缺失	0

1. 您的学校所在地是哪里?

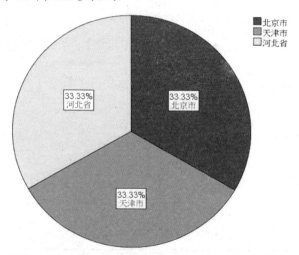

图3-1 京津冀三地音乐教师调查问卷地区分布比例图

2. 您的性别

表 3-5　京津冀三地音乐教师性别比例

1. 您的学校所在地是：_____ 省 _____ 市 _____ 区 / 县 _____ 乡 / 镇(如无"省"或"乡 / 镇"，请填写"无")			频率	百分比 /%	有效百分比 /%	累计百分比 /%
北京	有效	男	4	6.7	6.7	6.7
		女	56	93.3	93.3	100.0
		总计	60	100.0	100.0	
河北	有效	男	9	15.0	15.0	15.0
		女	51	85.0	85.0	100.0
		总计	60	100.0	100.0	
天津	有效	男	4	6.7	6.7	6.7
		女	56	93.3	93.3	100.0
		总计	60	100.0	100.0	

　　由表 3-5 可以看出，在京津冀基础音乐教育领域男性音乐教师与女性音乐教师的比例极不平衡，尤其北京与天津音乐教师的男女比例更为悬殊，这从侧面也体现出在对于中小学音乐教师职业的选择上，男性与女性有着明显差别。在京津冀协同发展的过程中，三地之间的行政壁垒逐渐打破，三地之间的交流与互动日益密切，而女性与男性相比，大多更倾向于对家庭的照顾和对工作环境相对稳定的心理需求，因此，无论是在客观体力精力上，还是在主观意愿上，女性对于地区之间的奔波往来、交流互动等都不如男性更加积极主动，这将不利于京津冀基础音乐教育协同发展的实质性推进。因此，在构建三地基础音乐教育的协同发展路径与举措时，要更加充分考虑到当前三地音乐教师的性别结构特征，更加关注女性音乐教师的现实需求与情感需求，从而保证京津冀基础音乐教育协同发展举措的现实可行性。

　　3. 您的年龄

表 3-6　京津冀三地音乐教师年龄结构

1. 您的学校所在地是：_____ 省 _____ 市 _____ 区 / 县 _____ 乡 / 镇(如无"省"或"乡 / 镇"，请填写"无")			频率	百分比 /%	有效百分比 /%	累计百分比 /%
北京	有效	20 ~ 30 岁	37	61.7	61.7	61.7
		31 ~ 40 岁	15	25.0	25.0	86.7

续表

1. 您的学校所在地是：_____ 省 ____ 市 _____ 区 / 县 _____ 乡 / 镇(如无"省"或"乡 / 镇",请填写"无")			频率	百分比 /%	有效百分比 /%	累计百分比 /%
		41 ~ 50 岁	6	10.0	10.0	96.7
		50 岁以上	2	3.3	3.3	100.0
		总计	60	100.0	100.0	
河北	有效	20 ~ 30 岁	16	26.7	26.7	26.7
		31 ~ 40 岁	29	48.3	48.3	75.0
		41 ~ 50 岁	14	23.3	23.3	98.3
		50 岁以上	1	1.7	1.7	100.0
		总计	60	100.0	100.0	
天津	有效	20 ~ 30 岁	26	43.3	43.3	43.3
		31 ~ 40 岁	13	21.7	21.7	65.0
		41 ~ 50 岁	19	31.7	31.7	96.7
		50 岁以上	2	3.3	3.3	100.0
		总计	60	100.0	100.0	

从以上统计结果可以看出,目前北京、天津、河北三省市的音乐教师在年龄分布上呈现年轻化趋势,40岁以下教师均占到各地总教师数的65%以上,甚至北京达到了86.7%。尤其北京、天津20 ~ 30岁的音乐教师分别占到两地总教师数的61.7%和43.3%;31 ~ 40岁的教师也分别占到25%和21.7%。而河北31 ~ 40岁的音乐教师最多,占到河北总教师数的48.3%;20 ~ 30岁的教师次之,占到总教师数的26.7%。三地音乐师资队伍的年轻化,对于推动京津冀三地基础音乐教育的协同发展有着积极意义。年轻教师在接受新事物、新理念方面有着较高的热情和激情,并且有着强烈的自我价值实现的愿望,因此,在求异、创新方面有着突出的优势。但是,从另一方面也可以看出,目前京津冀区域50岁以上音乐教师的比例很小,这可能与我国1977年恢复高考后音乐学科的招生规模有限有关。20世纪90年代以来,随着我国"高考扩招热"、"艺术招生热"等因素的影响,近年来毕业的大量音乐能力、教学能力有限的毕业生走上了中小学音乐教师的工作岗位。一方面新入职音乐教师本身的能力水平有限,另一方面,从教学传帮带角度而言,又缺乏有经验老教师的提携和指导,从而导致青年音乐教师音乐教学理论与实践能力、音乐教学经验双

低的现实困境。这也是目前制约基础音乐教育教学水平提高的一个重要因素。

4. 您的学历

表 3-7 京津冀三地音乐教师学历结构

1. 您的学校所在地是：_____ 省 _____ 市 _____ 区 / 县 _____ 乡 / 镇（如无"省"或"乡 / 镇"，请填写"无"）			频率	百分比 /%	有效百分比 /%	累计百分比 /%
北京	有效	3 大专	1	1.7	1.7	1.7
		4 本科	36	60.0	60.0	61.7
		5 硕士研究生	23	38.3	38.3	100.0
		总计	60	100.0	100.0	
河北	有效	2 中专	1	1.7	1.7	1.7
		3 大专	6	10.0	10.0	11.7
		4 本科	49	81.7	81.7	93.3
		5 硕士研究生	4	6.7	6.7	100.0
		总计	60	100.0	100.0	
天津	有效	2 中专	1	1.7	1.7	1.7
		4 本科	49	81.7	81.7	83.3
		5 硕士研究生	10	16.7	16.7	100.0
		总计	60	100.0	100.0	

表 3-8 京津冀三地音乐教师学历结构对比

方差同质性检验			
4. 您的学历			
Levene 统计	df1	df2	显著性
8.558	2	177	0.000

ANOVA							
				平方和	df	均方	F	显著性
4. 您的学历	组间	线性项	（组合）	5.644	2	2.822	11.726	0.000
			对比	5.633	1	5.633	23.406	0.000
			偏差	0.011	1	0.011	0.046	0.830
	组内			42.600	177	0.241		
	总计			48.244	179			

多重比较							
因变量	学校所在地	学校所在地	均值差（I−J）	标准误	显著性	95% 置信区间	
						下限	上限
4. 您的学历	LSD	3 北京	4 天津	0.2333	0.0896	0.010	0.057
			5 河北	0.4333	0.0896	0.000	0.257
		4 天津	3 北京	−0.2333	0.0896	0.010	−0.410
			5 河北	0.2000	0.0896	0.027	0.023
		5 河北	3 北京	−0.4333	0.0896	0.000	−0.610
			4 天津	−0.2000	0.0896	0.027	−0.377
	Tamhane	3 北京	4 天津	0.2333	0.0903	0.033	0.015
			5 河北	0.4333	0.0915	0.000	0.212
		4 天津	3 北京	−0.2333	0.0903	0.033	−0.452
			5 河北	0.2000	0.0868	0.067	−0.010
		5 河北	3 北京	−0.4333	0.0915	0.000	−0.655
			4 天津	−0.2000	0.0868	0.067	−0.410

（注：上限列数值依次为：0.410、0.610、−0.057、0.377、−0.257、−0.023、0.452、0.655、−0.015、0.410、−0.212、0.010）

通过以上方差分析,结果显示方差检验 $F=11.726$,相伴概率 $P=0.000 < 0.05$,故在 0.05 显著性水平上拒绝零假设而接受备择假设,认为京津冀三个地区至少有一个地区和其他两个地区存在明显差异,抑或三个地区之间都存在着显著差异。通过多重比较,结果显示在方差齐性检验中,Levene 统计量为 8.558,相伴概率 $P=0.000 < 0.05$,故三组数据方差不齐,应采用 Tamhane 法进行检验,检验结果表明,北京音乐教师的学历层次与天津、河北音乐教师的学历层次均存在显著差异;而天津与河北音乐教师之间的学历层次差异并不显著。统计数据结果显示,北京音乐教师中的硕士研究生学历者高达 38.3%,本科学历者占到 60%;而天津与河北的音乐教师学历还主要集中在本科,均占到各地区调研总教师数的 81.7%。由此可见,北京作为国家首都,在经济、文化、教育等方面的优势对于高学历者有着极大的吸引力,这也是一直以来,北京作为京津冀区域的中心城市,其虹吸效应凸显的主要原因。而京津冀协同发展战略的重点则是要将区域中心城市的虹吸效应转化为外溢、辐射效应,这将给京津冀基础音乐教育师资的均衡配置创造条件。

表3-9　京津冀地区城乡音乐教师学历结构

1.您的学校所在地是：_____省 _____市 _____区/县 _____乡/ 镇(如无"省"或"乡/镇",请填写"无")			频率	百分比 /%	有效百分比 /%	累计百分比 /%
城市	有效	2 中专	1	1.1	1.1	1.1
		3 大专	1	1.1	1.1	2.2
		4 本科	59	65.6	65.6	67.8
		5 硕士研究生	29	32.2	32.2	100.0
		总计	90	100.0	100.0	
乡村	有效	2 中专	1	1.1	1.1	1.1
		3 大专	6	6.7	6.7	7.8
		4 本科	75	83.3	83.3	91.1
		5 硕士研究生	8	8.9	8.9	100.0
		总计	90	100.0	100.0	

表3-10　京津冀地区城乡音乐教师学历结构对比

独立样本检定									
		方差方程的 Levene 检验		均值方程的 t 检验					
		F	Sig.	t	df	Sig. (双侧)	均值差值	标准误差值	差分的95% 置信区间
									下限	上限
4.您的学历	假设方差相等	27.709	0.000	3.876	178	0.000	0.289	0.075	0.142	0.436
	假设方差不相等			3.876	171.747	0.000	0.289	0.075	0.142	0.436

　　在以上独立样本 t 检验中,给出了方差齐性检验结果,以及 t 检验和校正 t 检验两种方法的检验结果。方差齐性检验(Levene 检验)结果显示 $F=27.709$,显著性概率 $P=0.000 < 0.05$,故方差不齐,应选择 t 检验结果中假设方差不相等一行的数据检验结果。经双尾 t 检验,$P=0.000 < 0.05$,说明两组数据的均值存在显著差异,故在 0.05 显著性水平上拒绝零假设,而接受备择假设,认为当前京津冀三地城市音乐教师与农村音乐教师在学历层次上存在明显不同。通过频数表可以看出,城市音乐教师中硕士研究生学历者占到城市调研总教师数的 32.2%,本科学历者占 65.6%;而

农村音乐教师的学历则以本科为主,占到农村调研总教师数的 83.3%,研究生学历者占 8.9%。然而,尽管京津冀三地城乡音乐教师的学历层次存在着明显的不同,但从整体而言,随着我国对素质教育的重视、对基础教育均衡发展的倡导,目前京津冀三地农村音乐教师的学历层次已有了很大提高,这将有利于三地基础音乐教育的均衡发展,有利于京津冀三地基础音乐教育的协同共进。

5. 您的教龄

表 3-11　京津冀三地音乐教师教龄结构

1.您的学校所在地是:_____省 _____市 _____区/县 _____乡/镇(如无"省"或"乡/镇",请填写"无")			频率	百分比/ %	有效百分比 /%	累计百分比 /%
北京	有效	0～5年	32	53.3	53.3	53.3
		6～10年	13	21.7	21.7	75.0
		11～20年	7	11.7	11.7	86.7
		21～30年	6	10.0	10.0	96.7
		30年以上	2	3.3	3.3	100.0
		总计	60	100.0	100.0	
河北	有效	0～5年	15	25.0	25.4	25.4
		6～10年	7	11.7	11.9	37.3
		11～20年	23	38.3	39.0	76.3
		21～30年	13	21.7	22.0	98.3
		30年以上	1	1.7	1.7	100.0
		总计	59	98.3	100.0	
	缺失	系统	1	1.7		
	总计		60	100.0		
天津	有效	0～5年	25	41.7	41.7	41.7
		6～10年	8	13.3	13.3	55.0
		11～20年	8	13.3	13.3	68.3
		21～30年	16	26.7	26.7	95.0
		30年以上	3	5.0	5.0	100.0
		总计	60	100.0	100.0	

　　在此次参与调研的音乐教师中,北京、天津0～5年教龄的音乐教师最多,分别占到53.3%和41.7%,这也与参与调研教师的学历层次分布相吻合。随着我国研究生培养规模的不断扩大,越来越多的硕士研究生在毕业后投身到基础音乐教育领域。他们更多的是选择经济发展好、教育水平高的北京、天津地区。而在河北调研的音乐教师中,11～20年教龄的教师最多,这也与国家在20世纪90年代扩大本科招生,提高教师学历层次的政策有关。由此可以看出,尽管京津两地音乐教师在学历层次上高于河北音乐教师,但河北音乐教师在入职时间、实际教学经验、学生管理经验等方面占有一定优势,这也为京津冀三地基础音乐教育协同发展的优势互补、需求对接提供了可能。就在笔者撰写本部分内容期间,恰逢收到本校博士生微信群发布的招聘信息:"中科院附属学校(小学、中学)拟招聘博士10余人和若干优秀硕士,地方政府能够解决进京指标和事业编制。招聘初步条件为:博士(不必限定是否有教师资格)、硕士(须有教师资格)。"由此,我们可以洞悉,中小学教师招聘现已逐渐将招聘对象开始锁定博士研究生学历层次。而随着高学历毕业生的不断入职,将有助于提高基础教育领域的教学科研水平,为基础教育领域注入新理念、新方法,从而促进基础教育的良性发展。

　　6.您的职称

表3-12　京津冀地区音乐教师职称结构

		频率	百分比/%	有效百分比/%	累计百分比/%
有效	一级	64	35.6	35.6	35.6
	二级	59	32.8	32.8	68.3
	高级	28	15.6	15.6	83.9
	其他	29	16.1	16.1	100.0
	总计	180	100.0	100.0	

　　在参加调研的音乐教师中,职称一级、二级的教师分别占到了35.6%和32.8%,其中高级职称占比最小,仅为15.6%。在与三地音乐教师的访谈交流中,多数教师都提到在学校评定职称时,音乐教师不受重视,甚至存在被歧视的问题。笔者在调研中发现,这在京津冀三地城市与农村学校几乎普遍存在。北京一所知名小学的音乐教师,曾给我们做过这样的估算,以此小学为例,仅音乐教师就有13名,而每年只给音乐组一个评职指标,名额紧张时甚至出现过直接让音乐教师让名额给主科任课教师的

情况,也就是说几乎平均 13 年才能轮到一次评职机会,该名音乐教师也已入职 10 年,但到目前为止还只是初级职称,该教师在访谈中与我们笑谈:"前面还排着好多教师呢,也只能慢慢熬年头了。"话语间,流露出了音乐老师的无奈与期盼。由此可见,京津冀音乐教师对于职称的晋升普遍存在期待与需求。

7. 您的职称结构

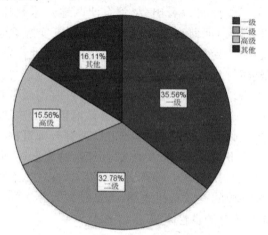

图 3-2　京津冀地区音乐教师职称结构

8. 您毕业于哪个学校?

表 3-13　京津冀地区音乐教师毕业院校类型

		频率	百分比 /%	有效百分比 /%	累计百分比 /%
有效	专业音乐学院	21	11.7	11.7	11.7
	师范大学音乐学院	88	48.8	49.2	60.9
	师范专科学校音乐学院(系)	16	8.9	8.9	69.8
	综合大学音乐学院(系)	49	27.2	27.4	97.2
	其他	5	2.8	2.8	100.0
	总计	179	99.4	100.0	
缺失	系统	1	0.6		
总计		180	100.0		

表 3-14 京津冀三地音乐教师毕业院校类型对比

方差同质性检验			
8. 您毕业于			
Levene 统计	df1	df2	显著性
12.201	2	176	0.000

ANOVA						
			平方和	df	均方	F	显著性
8. 您毕业于	组间	（组合）	4.014	2	2.007	1.401	0.249
		线性项 偏差	0.857	1	0.857	.598	0.440
		线性项 未加权	3.172	1	3.172	2.214	0.139
		线性项 加权	3.156	1	3.156	2.203	0.140
	组内		252.154	176	1.433		
	总计		256.168	178			

多重比较							
因变量		学校所在地	学校所在地	均值差（I-J）	标准误	显著性	95% 置信区间 下限	95% 置信区间 上限
8. 您毕业于	LSD	3	4	−0.0167	0.2185	0.939	−0.448	0.415
		3	5	−0.3266	0.2195	0.139	−0.760	0.107
		4	3	0.0167	0.2185	0.939	−0.415	0.448
		4	5	−0.3099	0.2195	0.160	−0.743	0.123
		5	3	0.3266	0.2195	0.139	−0.107	0.760
		5	4	0.3099	0.2195	0.160	−0.123	0.743
	Tamhane	3	4	−0.0167	0.2152	1.000	−0.540	0.507
		3	5	−0.3266	0.1909	0.247	−0.790	0.137
		4	3	0.0167	0.2152	1.000	−0.507	0.540
		4	5	−0.3099	0.2479	0.514	−0.910	0.291
		5	3	0.3266	0.19.9	0.247	−0.137	0.790
		5	4	0.3099	0.2479	0.514	−0.291	0.910

在多重比较表中,3 代表北京、4 代表天津、5 代表河北(以下各多重比较表中,3、4、5 指代地区皆与本题相同,不再另行赘述)。通过方差分析,结果显示方差检验 $F=1.401$,相伴概率 $P=0.249 > 0.05$,故在 0.05 显著性水平上保留零假设而拒绝备择假设,表明京津冀三地音乐教师在毕业院校类型上不存在明显差异。通过调研数据统计,当前京津冀三地音乐教师的毕业院校主要集中于师范大学音乐学院和综合大学音乐学院(系),分别占到调研总数的 49.2% 和 27.4%。

表 3-15　京津冀地区城乡音乐教师毕业院校类型对比

		\multicolumn{2}{l}{独立样本检定}							
		方差方程的 Levene 检验		均值方程的 t 检验					
		F	Sig.	t	df	Sig.(双侧)	均值差值	标准误差值	差分的 95% 置信区间	
									下限	上限
8.您毕业于	假设方差相等	47.308	0.000	−4.140	177	0.000	−0.711	0.172	−1.050	−0.372
	假设方差不相等			−4.149	154.064	0.000	−0.711	0.171	−1.049	−0.372

通过独立样本 t 检验,结果显示方差齐性检验中 $F=47.308$,显著性概率 $P=0.000 < 0.05$,方差不齐,故选择 t 检验结果中假设方差不相等一行的数据检验结果。t 检验结果中 $P=0.000 < 0.05$,因此,在 0.05 显著性水平上拒绝零假设,而接受备择假设,说明当前京津冀三地城市音乐教师与农村音乐教师的毕业院校类型存在明显不同。

9.贵校现有( )名音乐教师,其中专职音乐教师有( )名,兼职音乐教师有( )名

此题为开放性设问,由于三地调研学校为随机抽取,因此在学校规模上存在较大差异。故而,在音乐教师数量上也不尽相同,多者有 10 多位音乐教师,少者有 1 或 2 名音乐教师,更有甚者没有专职音乐教师,只有 1 或 2 名兼职音乐教师。对比三地、城乡音乐教师专兼职情况,目前调研到的京津冀三地城市中小学校全部为专职音乐教师,无兼职音乐教师;三地农村学校中,北京全部为专职音乐教师、无兼职音乐教师;天津与河北有兼职音乐教师,其中河北农村的音乐兼职教师数量相对较多。

10. 贵校是否有专门的音乐教室？

表 3-16　京津冀三地学校音乐教室拥有率

1.您的学校所在地是：_____省 _____市 _____区/县 _____乡/镇（如无"省"或"乡/镇"，请填写"无"）			频率	百分比/%	有效百分比/%	累计百分比/%
北京	有效	1 有	60	100.0	100.0	100.0
河北	有效	1 有	47	78.3	79.7	79.7
		2 没有	12	20.0	20.3	100.0
		总计	59	98.3	100.0	
	缺失	系统	1	1.7		
	总计		60	100.0		
天津	有效	1 有	59	98.3	98.3	98.3
		2 没有	1	1.7	1.7	100.0
		总计	60	100.0	100.0	

表 3-17　京津冀地区城乡学校音乐教室拥有率

			10. 贵校是否有专门的音乐教室？		
			有	没有	总计
1.您所在的学校是	市区学校	计数	90	0	90
		百分比	100.0%	0.0%	100.0%
	乡村学校	计数	76	13	89
		百分比	85.4%	14.6%	100.0%
总计		计数	166	13	179
		百分比	92.7%	7.3%	100.0%

表 3-18　京津冀地区城乡学校音乐教室拥有率对比

独立样本检定									
		方差方程的 Levene 检验		均值方程的 t 检验					
		F	Sig.	t	df	Sig.（双侧）	均值差值	标准误差值	差分的 95% 置信区间	
									下限	上限
10. 贵校是否有专门的音乐教室？	假设方差相等	32.770	0.000	-2.649	177	0.009	-0.101	0.038	-0.177	-0.026
	假设方差不相等			-2.639	121.639	0.009	-0.101	0.038	-0.177	-0.026

在以上频数表中,1代表有,即有专门的音乐教室;2代表没有,即没有专门的音乐教室。在参与调研的京津冀三地中小学校中,北京、天津、河北拥有专门音乐教室的拥有率分别为100%、98.3%、79.7%。通过独立样本 t 检验,结果显示方差齐性检验中 $F=32.770$,$P=0.000 < 0.05$,方差不齐,故选择 t 检验中假设方差不相等一行检验结果,其中,$P=0.009 < 0.05$,故在0.05显著性水平上拒绝零假设,接受备择假设,表明京津冀区域城市与农村中小学校专门音乐教室的拥有情况有所不同。这也体现了三地城乡之间在音乐教学条件上存在着差距。

11. 您的平均周课时量

表3-19　京津冀三地音乐教师平均周课时量对比

ANOVA							
			平方和	df	均方	F	显著性
11. 您的平均周课时量	组间	（组合）	1.478	2	0.739	1.005	0.368
		线性项 对比	1.200	1	1.200	1.632	0.203
		偏差	0.278	1	0.278	0.378	0.540
	组内		130.167	177	0.735		
	总计		131.644	179			

多重比较							
因变量		学校所在地	学校所在地	均值差（$I-J$)	标准误	显著性	95% 置信区间
							下限 / 上限
11. 您的平均周课时量	LSD	3	4	0.1833	0.1566	0.243	-0.126 / 0.492
			5	0.2000	0.1566	0.203	-0.109 / 0.509
		4	3	-0.1833	0.1566	0.243	-0.192 / 0.126
			5	0.0167	0.1566	0.915	-0.292 / 0.326
		5	3	-0.2000	0.1566	0.203	-0.509 / 0.109
			4	-0.0167	0.1566	0.915	-0.326 / 0.292
	Tamhane	3	4	0.1833	0.1626	0.598	-0.211 / 0.577
			5	0.2000	0.1584	0.505	-0.184 / 0.584
		4	3	-0.1833	0.1626	0.598	-.0577 / 0.211

多重比较							
因变量	学校所在地	学校所在地	均值差（*I-J*）	标准误	显著性	95% 置信区间	
						下限	上限
	Tamhane	5	5	0.0167	0.1484	0.999	−0.343	0.376
			3	−0.2000	0.1584	0.505	−0.584	0.184
			4	−0.0167	0.1484	0.999	−0.376	0.343

表 3-20　京津冀地区城乡音乐教师平均周课时量对比

独立样本检定									
		方差方程的 Levene 检验		均值方程的 *t* 检验					
		F	Sig.	*t*	df	Sig.（双侧）	均值差值	标准误差值	差分的 95% 置信区间	
									下限	上限
11.您的平均周课时量	假设方差相等	0.774	0.380	0.173	178	0.863	0.022	0.128	−0.231	0.275
	假设方差不相等			0.173	177.703	0.863	0.022	0.128	−0.231	0.275

　　在以上方差分析中,方差检验 $F=1.005$,相伴概率 $P=0.368 > 0.05$,说明三个组之间差异不显著,即京津冀三个地区的音乐教师在平均周课时量方面没有明显不同。通过独立样本 t 检验,结果显示方差齐性检验中 $F=0.774$,显著性概率 $P=0.380 > 0.05$,说明两样本方差之间不存在显著差异,方差具有齐性,应选择假设方差相等一行的 t 检验结果。t 检验中 $P=0.863 > 0.05$,表明两样本均值之间不存在显著差异,故在 0.05 显著性水平上接受零假设,认为京津冀区域城市音乐教师与农村音乐教师在平均周课时量方面没有明显不同。统计结果显示,当前京津冀三地音乐教师的平均周课时量大多为每周 10 ~ 20 节课。

12. 您认为贵校对音乐教育是否足够重视?

表 3-21　京津冀三地学校对音乐教育重视程度对比

ANOVA				平方和	df	均方	F	显著性
12. 您认为贵校对音乐教育是否足够重视?	组间	（组合）		2.500	2	1.250	1.963	0.143
		线性项	对比	1.875	1	1.875	2.945	0.088
			偏差	0.625	1	0.625	0.982	0.323
	组内			112.700	177	.637		
	总计			115.200	179			

多重比较							95% 置信区间	
因变量		学校所在地	学校所在地	均值差（I-J）	标准误	显著性	下限	上限
12. 您认为贵校对音乐教育是否足够重视?	LSD	3	4	−0.2500	0.1457	0.088	−0.538	0.038
			5	−0.2500	0.1457	0.088	−0.538	0.038
		4	3	−0.2500	0.1457	0.088	−0.038	0.538
			5	0.0000	0.1457	1.000	−0.288	0.288
		5	3	0.2500	0.1457	0.088	−0.038	0.538
			4	0.0000	0.1457	1.000	−0.288	0.288
	Tamhane	3	4	−0.2500	0.1423	225	−0.595	0.095
			5	−0.2500	0.1482	257	−0.609	0.109
		4	3	0.2500	0.1423	225	−0.095	0.595
			5	0.0000	0.1465	1.000	−0.355	0.355
		5	3	0.2500	0.1482	0.257	−0.109	0.609
			4	0.0000	0.1465	1.000	−0.355	0.355

表 3-22　京津冀地区城乡学校对音乐教育重视程度对比

独立样本检定									
		方差方程的 Levene 检验		均值方程的 t 检验					
		F	Sig.	t	df	Sig.（双侧）	均值差值	标准误差值	差分的 95% 置信区间	
									下限	上限
12. 您认为贵校对音乐教育是否足够重视？	假设方差相等	0.137	0.712	1.492	178	0.138	0.178	0.119	-0.057	0.413
	假设方差不相等			1.492	175.295	0.138	0.178	0.119	-0.057	0.413

从以上检验结果可以看出，在方差检验中 F=1.963，相伴概率 P=0.143 > 0.05，三组之间不存在显著差异，表明京津冀三个地区的中小学校在对音乐教育的重视程度上没有明显差别。由统计结果可以看出，京津冀三地中小学校对于音乐教育均呈现比较重视的状态。通过独立样本 t 检验，在方差齐性检验中 F=0.137，显著性概率 P=0.712 > 0.05，故两样本方差之间不存在显著差异，方差具有齐性，因此，应选择 t 检验中假设方差相等一行的检验结果，其中，t=1.492，P=0.138 > 0.05，说明两样本均值之间没有显著差异，即京津冀区域城市中小学校与农村中小学校在对于音乐教育的重视程度上没有明显不同。由此也可以看出，多年来在国家对于素质教育的大力倡导下，基础音乐教育作为素质教育的主要途径与手段，其课程价值已越来越被人们所认识和重视。

13. 贵校多长时间上一次音乐课？

表 3-23　京津冀三地学校音乐课上课频率对比

ANOVA							
				平方和	df	均方	F	显著性
13. 贵校多长时间上一次音乐课？	组间	（组合）		8.100	2	4.050	4.546	0.012
		线性项	对比	6.075	1	6.075	6.818	0.010
			偏差	2.025	1	2.025	2.273	0.133
	组内			157.700	177	0.891		
	总计			165.800	179			

多重比较							
因变量		学校所在地	学校所在地	均值差（I–J）	标准误	显著性	95% 置信区间	
							下限	上限
13. 贵校多长时间上一次音乐课?	LSD	3	4	0.0000	0.1723	1.000	−0.340	0.340
			5	−0.4500	0.1723	0.010	−0.790	−0.110
		4	3	0.0000	0.1723	1.000	−0.340	0.340
			5	−0.4500	0.1723	0.010	−0.790	−0.110
		5	3	0.4500	0.1723	0.010	0.110	0.790
			4	0.4500	0.1723	0.010	0.110	0.790
	Tamhane	3	4	0.0000	0.1484	1.000	−0.359	0.359
			5	−0.4500	0.1831	0.046	−0.894	−0.006
		4	3	0.0000	0.1484	1.000	−0.359	0.359
			5	−0.4500	0.1831	0.046	−0.849	−0.006
		5	3	0.4500	0.1831	0.046	0.006	0.894
			4	0.4500	0.1831	0.046	0.006	0.894

表 3-24 京津冀地区城乡学校音乐课上课频率对比

独立样本检定		方差方程的 Levene 检验		均值方程的 t 检验						
		F	Sig.	t	df	Sig.（双侧）	均值差值	标准误差值	差分的 95% 置信区间	
									下限	上限
13. 贵校多长时间上一次音乐课?	假设方差相等	1.290	0.258	1.085	178	0.279	0.156	0.143	−0.127	0.439
	假设方差不相等			1.085	167.962	0.280	0.156	0.143	−0.128	0.439

　　以上检验结果显示,方差检验 F=4.546,相伴概率 P=0.012 < 0.05,因此,在 0.05 显著性水平上拒绝零假设,接受备择假设,认为京津冀三个地区之间在音乐课上课频率方面存在显著差异。通过多重比较,可以看出北京与天津在音乐课的上课频率方面,没有显著差异,但北京与河北、天津与河北之间的音乐课上课频率存在明显差异。北京与天津均以一周两次音乐课居多,而河北是以一周一次音乐课居多。通过独立样本t检验,

结果显示 $P=0.279 > 0.05$，表明京津冀区域城市与农村学校之间的上课频率没有明显不同。从学校类型区分，三地小学与中学上课频率存在着显著差异。小学大多以一周两次课居多，而中学大部分是一周一次音乐课。这也与中学的课业负担更重，受中考制约有着直接关系。

14. 贵校的音乐课程是否有被其他课程占用的情况？

表 3-25　京津冀三地学校音乐课被占课率情况对比

ANOVA							
			平方和	df	均方	F	显著性
14. 贵校的音乐课程是否有被其他课程占用的情况？	组间	（组合）	1.445	2	0.723	1.543	0.217
		线性项 偏差	1.198	1	1.198	2.559	0.111
		线性项 未加权	0.252	1	0.252	0.539	0.464
		线性项 加权	0.247	1	0.247	0.527	0.469
	组内		81.954	175	0.468		
	总计		83.399	177			

多重比较								
因变量		学校所在地	学校所在地	均值差（I–J）	标准误	显著性	95% 置信区间	
							下限	上限
14. 贵校的音乐课程是否有被其他课程占用的情况？	LSD	3	4	0.1282	0.1255	0.308	−0.119	0.376
		3	5	−0.0921	0.1255	0.464	−0.340	0.156
		4	3	−0.1282	0.1255	0.308	−0.376	0.119
		4	5	−0.2203	0.1255	0.082	−0.469	0.028
		5	3	0.0921	0.1255	0.464	−0.156	0.340
		5	4	0.2203	0.1260	0.082	−0.028	0.469
	Tamhane	3	4	0.1282	0.1235	0.659	−0.171	0.428
		3	5	−0.0921	0.1307	0.861	−0.409	0.224
		4	3	−0.1282	0.1235	0.659	−0.428	0.171
		4	5	−0.2203	0.1223	0.207	−0.517	0.076
		5	3	0.0921	0.1307	0.861	−0.224	0.409
		5	4	0.2203	0.1223	0.207	−0.076	0.517

表 3-26　京津冀地区城乡学校音乐课被占课率情况对比

独立样本检定									
		方差方程的 Levene 检验		均值方程的 t 检验					
		F	Sig.	t	df	Sig.（双侧）	均值差值	标准误差值	差分的95%置信区间	
									下限	上限
14.贵校的音乐课程是否有被其他课程占用的情况？	假设方差相等	0.575	0.449	−2.418	176	0.017	−0.245	0.102	−0.446	−0.045
	假设方差不相等			−2.415	173.523	0.017	−0.245	0.102	−0.446	−0.045

　　从以上检验结果可以看出，京津冀三地城市与农村学校在音乐课被占课方面没有明显不同，基本都处于偶尔被占课或从不会被占课的情况。这也反映出目前音乐课程在基础教育领域中的地位有所提升，尤其是在农村学校，以往音乐课程开设不规范，经常被占课的状况已有明显的改观。

　　15.贵校目前的班容量平均是多少？

表 3-27　京津冀三地学校班级容量

1.您的学校所在地是：_____ 省 _____ 市 _____ 区/县 _____ 乡/镇（如无"省"或"乡/镇"，请填写"无"）			频率	百分比 /%	有效百分比 /%	累计百分比 /%
北京	有效	30人左右	47	78.3	78.3	78.3
		50人左右	9	15.0	15.0	93.3
		其他	4	6.7	6.7	100.0
		总计	60	100.0	100.0	
河北	有效	30人左右	10	16.7	16.7	16.7
		50人左右	35	58.3	58.3	75.0
		80人左右	8	13.3	13.3	88.3
		其他	7	11.7	11.7	100.0

续表

1. 您的学校所在地是：_____ 省 _____ 市 _____ 区 / 县 _____ 乡 / 镇(如无 "省"或"乡 / 镇",请填写"无")		频率	百分比 /%	有效百分比 /%	累计百分比 /%
	总计	60	100.0	100.0	
天津 有效	30 人左右	33	55.0	55.0	55.0
	50 人左右	12	20.0	20.0	75.0
	其他	15	25.0	25.0	100.0
	总计	60	100.0	100.0	

表 3-28 京津冀地区城乡学校班级容量对比

独立样本检定									
		方差方程的 Levene 检验		均值方程的 t 检验					
		F	Sig.	t	df	Sig.(双侧)	均值差值	标准误差值	差分的 95% 置信区间
									下限 / 上限
15. 贵校目前的班容量平均是多少?	假设方差相等	8.611	0.004	-0.995	178	0.321	-0.156	0.156	-0.464 / 0.153
	假设方差不相等			-0.995	166.841	0.321	-0.156	0.156	-0.464 / 0.153

从以上频数表中,可以看出,目前在班容量方面,北京与天津没有明显的不同,都是以 30 人左右的班容量居多,分别占到各地调研学校数的 78.3% 和 55%；而北京与河北、天津与河北之间存在明显差异。河北班容量以 50 人左右居多,占到河北总调研学校数的 58.3%；80 人左右的大班容量占到 13.3%。通过独立样本 t 检验,结果显示三地城市与农村学校在班容量方面不存在显著差异。当然,这与三地教育主管部门对学校班容量的相关规定有着直接关系。但音乐作为一门情感的艺术,在教学过程中需要学生更多的参与和体验,因此大班容量教学不利于学生音乐课程的实践与参与,对学校音乐课程的教学成效有所影响。

16. 贵校音乐教学配备的设备器材有哪些(可多选):

A	交互式电子白板	H	钢琴	P	小军鼓
B	交互式教学触摸一体机	I	电子钢琴	Q	多音鼓
C	多媒体设备	J	电子琴	R	竖笛
D	录音机	K	手风琴	S	陶笛
E	指挥台	L	口风琴	T	葫芦丝
F	合唱台	M	脚踏风琴	U	吉他
G	音乐教学挂图	N	成套打击乐器(如:响板、双响筒、碰铃、三角铁、沙锤、小锣、堂鼓、钹等)	V	其他(请填写)
O	大军鼓				

本题中的设备选项是笔者根据国家教育部下发的文件《教育部关于发布〈小学音乐教学器材配备标准〉等四个教育行业标准的通知》(教育部文件教体艺〔2016〕2号)(见附录十一)中,国家对小学音乐教学器材配备标准和初中音乐教学器材配备标准的相关规定,设计的硬件配备调查题目,以此来观测当前京津冀三地城市学校与农村学校在音乐教学器材配备上是否均已达到国家标准,以及三地之间、城乡之间在硬件配备上是否存在差异,以及差异程度等。调查结果显示,目前京津冀三地中小学校在音乐教学的器材配备上整体情况较好,器材配备率较高的分别为钢琴(占调研总学校数的91.1%)、多媒体设备(占调研总学校数的88.8%)、成套打击乐器(占调研总学校数的85.5%)、音乐教学挂图(占调研总学校数的63.1%)、交互式电子白板(占调研总学校数的62.6%);其次为电子琴、手风琴、小军鼓、大军鼓、录音机、合唱台的配备率也均占到调研总学校数的50%以上;在其他乐器中配备率相对较高的是电子钢琴(37.4%)、竖笛(33.5%)、口风琴(30.7%)、吉他(30.7%)等。其中,配备率差异较大的是交互式教学触摸一体机和合唱台。由调查结果可以看出,从目前京津冀三地中小学校音乐教学的器材配备上看,已基本达到国家的相关标准,但在某些器材的配备上,北京、天津学校与河北学校之间还存在着一定的差距,三地城市学校与农村学校之间差距较大。而且在与教师的访谈交流中,笔者了解到,尤其是在农村学校,尽管音乐教学的器材配备看似基本达标,但在完成相关部门的达标检查后,实际已有很多设备都因失修而不能正常使用;而在有些城市学校,教师也说到,所在学校非常重视音乐教育,并且经费较充裕,因此在音乐教学的器材配备上严格按照国家教育部标准进行配备,但由于学校音乐教师能力有限,有些乐器

学校现有音乐教师并不会演奏,因此不少乐器买来后连包装都没有拆封,一直被闲置在仓库。这不禁引发了笔者的思考,长期以来,随着国家对素质教育越来越重视,国家对于音体美方面的教育财政投入逐年增加,但实际的教学水平却没有得到显著提高。仅从音乐学科来看,甚至出现学生上了6年小学、3年初中,到小学毕业、初中毕业时,竟然唱不了一首完整的歌曲,对于五线谱、简谱全然不认识的状况,并且此种情况还不在少数。作为教育工作者,笔者不禁思考,教育的问题到底出在了哪里?从教育经济学的视角出发,国家逐年增加的教育财政投入,其教育收益在哪里?仅从音乐教学的器材配备状况来看,国家通过政府行为下达音乐教学的器材配备标准,其立意和出发点是好的,并且在改善音乐教学的硬件配备上确实也起到了积极的促进作用,改善了学校音乐教学条件,为学生提供了更加优越的音乐学习环境。但在推行的过程中,教育部与各地教育部门、教育部门与学校行政管理层、学校管理层与音乐教师、音乐教师与学生之间纵向各个群体间的沟通与协商意识淡薄,"长官意识"较强,导致国家教育财政的投入并没有真正投入到最需要的地方,甚至出现大量的资金浪费。并且受社会风气的影响,有些学校管理者出现职业倦怠,存在"应付差事""应对检查"的思想与行为,并未真正认识到改善音乐教学硬件配备对音乐教育教学效果的重要影响。因此,在构建京津冀基础音乐教育协同发展的实施路径中,应更加重视国家教育财政投入所产出的教育效益,建立相关的长效、监管机制,同时还要建立纵向各个教育群体间畅通的沟通、协商机制,加大音乐教育的实施主体——音乐教师的话语权,避免"行政长官意志",从音乐教学的实践出发,以切实提高三地基础音乐教育水平为导向。

17. 贵校现在使用的是哪个出版社的音乐教材?

本次调研结果显示,目前京津冀三地中小学校在音乐教材的选择上较为多样(见图3-3与表3-29),区域内主要以人音版、人教版、河北版和湘艺版四个版本教材为主。

表3-29　京津冀三地各版本音乐教材使用情况

			17. 贵校现在使用的是哪个出版社的音乐教材?					
			无教材	人音版	人教版	花城版	河北版	湘艺版	总计
地区	北京市	计数	3	49	8	0	0	0	60
		地区内的百分比/%	5.0	81.7	13.3	0.0	0.0	0.0	100.0

续表

			17. 贵校现在使用的是哪个出版社的音乐教材？					
			无教材	人音版	人教版	花城版	河北版	湘艺版	总计
天津市	计数		1	50	3	6	0	0	60
	地区内的百分比 /%		1.7	83.3	5.0	10.0	0.0	0.0	100.0
河北省	计数		2	4	17	0	21	16	60
	地区内的百分比 /%		3.3	6.7	28.3	0.0	35.0	26.7	100.0
总计	计数		6	103	28	6	21	16	180
	地区内的百分比 /%		3.3	57.2	15.6	3.3	11.7	8.9	100.0

其中,北京学校主要使用的是人音版教材和人教版教材,其使用率分别为 81.7% 和 13.3%。天津学校主要以人音版、花城版教材为主,分别占到 83.3% 和 10%。河北主要使用的是河北版、人教版和湘艺版,其比例分别为 35%、28.3% 和 26.7%,其中,河北版主要集中于石家庄、秦皇岛、廊坊地区的学校,人教版石家庄学校使用得较多,湘艺版主要集中在邢台、邯郸地区学校。由此可见,音乐教材的选择上呈现地区化特征,这与各地教育部门在教材选择上的指导意见直接相关。

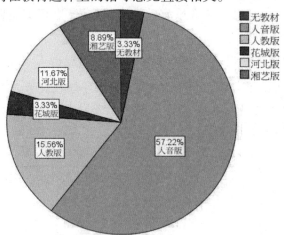

图 3-3　京津冀地区各版本音乐教材使用情况

18. 贵校音乐课的教学内容

表 3-30　京津冀三地学校音乐课教学内容对比

ANOVA				平方和	df	均方	F	显著性
18.贵校音乐课的教学内容	组间	（组合）		0.459	2	0.230	0.913	0.403
		线性项	偏差	0.206	1	0.206	0.820	0.366
			未加权	0.255	1	0.255	1.015	0.315
			加权	0.253	1	0.253	1.007	0.317
	组内			44.018	175	0.252		
	总计			44.478	177			

多重比较							95% 置信区间	
因变量		学校所在地	学校所在地	均值差（I-J）	标准误	显著性	下限	上限
18.贵校音乐课的教学内容	LSD	3	4	0.0260	0.0920	0.778	−0.155	0.207
			5	−0.0927	0.0920	0.315	−0.274	0.089
		4	3	−0.0260	0.0920	0.778	−0.207	0.155
			5	−0.1186	0.0923	0.201	−0.301	0.064
		5	3	0.0927	0.0920	0.315	−0.089	0.274
			4	0.1186	0.0923	0.201	−0.064	0.301
	Tamhane	3	4	0.0260	0.0920	0.989	−0.197	0.249
			5	−0.0927	0.0920	0.680	−0.316	0.130
		4	3	−0.0260	0.0920	0.989	−0.249	0.197
			5	−0.1186	0.0922	0.489	−0.342	0.105
		5	3	0.0927	0.0920	0.680	−0.130	0.316
			4	0.1186	0.0922	0.489	−0.105	0.342

表 3-31　京津冀地区城乡学校音乐课教学内容对比

独立样本检定									
		方差方程的 Levene 检验		均值方程的 t 检验						
		F	Sig.	t	df	Sig.（双侧）	均值差值	标准误差值	差分的95%置信区间	
									下限	上限
18. 贵校音乐课的教学内容	假设方差相等	0.403	0.527	1.809	176	0.072	0.135	0.075	−0.012	0.282
	假设方差不相等			1.809	175.954	0.072	0.135	0.075	−0.012	0.282

通过以上方差分析和独立样本 t 检验,结果显示在音乐课的教学内容方面,京津冀三地城市与农村学校之间没有明显的不同,除个别农村学校没有音乐教材之外,其他学校均是根据国家要求,按照教材的内容进度,并结合本校学生实际制定教学内容。这也体现了自 2001 年新课改以来,经过十多年的教改实践,基础音乐教育在课程内容方面已进入系统、规范的发展轨道。

19. 贵校是否有音乐校本教材?

表 3-32　京津冀三地学校音乐校本教材使用情况

1.您的学校所在地是：_____ 省 _____ 市 _____ 区/县 _____ 乡/镇(如无"省"或"乡/镇",请填写"无")			频率	百分比/%	有效百分比/%	累计百分比/%
北京	有效	1 有	20	33.3	33.3	33.3
		2 没有	40	66.7	66.7	100.0
		总计	60	100.0	100.0	
河北	有效	1 有	31	51.7	51.7	51.7
		2 没有	29	48.3	48.3	100.0
		总计	60	100.0	100.0	
天津	有效	1 有	34	56.7	56.7	56.7
		2 没有	26	43.3	43.3	100.0
		总计	60	100.0	100.0	

表3-33 京津冀地区城乡学校音乐校本教材使用情况对比

独立样本检定									
		方差方程的 Levene 检验		均值方程的 t 检验						
		F	Sig.	t	df	Sig.（双侧）	均值差值	标准误差值	差分的95%置信区间	
									下限	上限
19.贵校是否有音乐校本教材?	假设方差相等	1.113	0.293	−0.744	178	0.458	−0.056	0.075	−0.203	0.092
	假设方差不相等			−0.744	177.993	0.458	−0.056	0.075	−0.203	0.092

从以上频数表中可以看出,目前京津冀三地在音乐校本教材方面都有所涉及,其中,北京有音乐校本教材的学校有33.3%,天津学校有56.7%,河北学校有51.7%。通过独立样本 t 检验,结果显示京津冀三地城市学校与农村学校在音乐校本教材开发使用方面没有明显差别。

20. 贵校学生是否喜欢上音乐课?

表3-34 京津冀地区中小学生对音乐课的喜好程度

		频率	百分比/%	有效百分比/%	累计百分比/%
有效	非常喜欢	109	60.6	60.6	60.6
	比较喜欢	63	35.0	35.0	95.6
	一般	8	4.4	4.4	100.0
	总计	180	100.0	100.0	

在本次调研的京津冀中小学校中,学生非常喜欢音乐课的占到总调研学校数的60.6%,比较喜欢音乐课的占到35%,不太喜欢和很不喜欢音乐课的比例为0。在是否喜欢音乐课项目中,京津冀三地之间、城乡之间不存在显著差异。

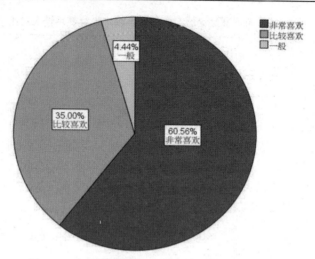

图 3-4　京津冀地区中小学生对音乐课的喜好程度

21. 贵校学生是否能够完整、有表情地演唱歌曲？

表 3-35　京津冀三地中小学生演唱水平对比

ANOVA								
				平方和	df	均方	*F*	显著性
21. 贵校学生是否能够完整、有表情地演唱歌曲？	组间	组合		0.400	2	0.200	0.646	0.525
		线性项	对比	0.300	1	0.300	0.969	0.326
			偏差	0.100	1	0.100	0.323	0.571
	组内			54.800	177	0.310		
	总计			55.200	179			

多重比较							
因变量		学校所在地	学校所在地	均值差（*I–J*）	标准误	显著性	95% 置信区间
							下限
21. 贵校学生是否能够完整、有表情地演唱歌曲？	LSD	3	4	0.0000	0.1016	1.000	−0.200
			5	−0.1000	0.1016	0.326	−0.300
		4	3	0.0000	0.1016	1.000	−0.200

续表

多重比较							
因变量	学校所在地	学校所在地	均值差（I–J）	标准误	显著性	95% 置信区间	
						下限	上限
		5	−0.1000	0.1016	0.326	−0.300	0.100
	5	3	0.1000	0.1016	0.326	−0.100	0.300
		4	0.1000	0.1016	0.326	−0.100	0.300
	3	4	0.0000	0.0949	1.000	−0.230	0.230
		5	−0.1000	0.1074	0.730	−0.360	0.160
Tamhane	4	3	0.0000	0.949	1.000	−0.230	0.230
		5	−0.1000	0.1021	0.698	−0.347	0.147
	5	3	0.1000	0.1074	0.730	−0.160	0.360
		4	0.1000	0.1021	0.698	−0.147	0.347

表 3-36　京津冀地区城乡中小学生演唱水平对比

独立样本检定									
		方差方程的 Levene 检验		均值方程的 t 检验					
		F	Sig.	t	df	Sig.（双侧）	均值差值	标准误差值	差分的 95% 置信区间	
									下限	上限
21. 贵校学生是否能够完整、有表情地演唱歌曲？	假设方差相等	0.149	0.700	−0.536	178	0.593	−0.044	0.083	−0.208	0.119
	假设方差不相等			−0.536	177.983	0.593	−0.044	0.083	−0.208	0.119

　　通过以上方差分析与独立样本 t 检验,结果显示京津冀三地城市与农村学生在歌曲演唱水平方面没有显著差异。调研学校音乐教师均表示

本校大多数学生能够完整、有表情地演唱歌曲。

需要说明的是：本问卷中第21题～25题是笔者根据《义务教育音乐课程标准（2011年版）》中音乐课程四大领域的课程内容进行设计的，涵盖了感受与欣赏、表现、创造、音乐与相关文化四大领域内容，旨在了解京津冀三地、城市与农村中小学生对音乐课程内容的掌握情况及实际音乐能力水平。但考虑到本校教师与学生之间的情感倾向性，及教师在主观认识上的差异性等，为了更加客观、真实地呈现京津冀区域城市与农村中小学生的音乐素质水平与差异，笔者还专门设计了中小学生问卷和中小学生音乐知识与能力测试卷，对三地城市与农村中小学生进行实地的音乐能力测试（测试结果与分析见本章第三部分内容）。这样，一方面可以更加客观、真实地了解三地城乡中小学生的音乐能力水平与差异，另一方面，也可以以此来验证音乐教师对学生音乐实际能力的认知是否准确，有无偏差等。

22. 贵校学生是否会演奏乐器？

表3-37　京津冀三地中小学生演奏乐器水平

1. 您的学校所在地是：_____省 _____市 _____区/县 _____乡/镇（如无"省"或"乡/镇"，请填写"无"）			频率	百分比/%	有效百分比/%	累计百分比/%
北京	有效	1 全部都会	3	5.0	5.0	5.0
		2 大多数学生会	23	38.3	38.3	43.3
		3 少数学生会	32	53.3	53.3	96.7
		4 基本都不会	2	3.3	3.3	100.0
		总计	60	100.0	100.0	
河北	有效	1 全部都会	2	3.3	3.4	3.4
		2 大多数学生会	17	28.3	28.8	32.2
		3 少数学生会	35	58.3	59.3	91.5
		4 基本都不会	5	8.3	8.5	100.0
		总计	59	98.3	100.0	
	缺失	系统	1	1.7		
	总计		60	100.0		
天津	有效	2 大多数学生会	16	26.7	26.7	26.7
		3 少数学生会	40	66.7	66.7	93.3
		4 基本都不会	4	6.7	6.7	100.0
		总计	60	100.0	100.0	

表 3-38　京津冀地区城乡中小学生演奏乐器水平对比

独立样本检定								
		方差方程的 Levene 检验		均值方程的 t 检验					
		F	Sig.	t	df	Sig.（双侧）	均值差值	标准误差值	差分的 95% 置信区间	
									下限	上限
22.贵校学生是否会演奏乐器？	假设方差相等	5.673	0.018	−3.264	177	0.001	−0.298	0.091	−0.479	−0.118
	假设方差不相等			−3.265	176.920	0.001	−0.298	0.091	−0.479	−0.118

从对音乐教师的调查结果来看，京津冀三地学生在乐器演奏能力方面没有明显差异，其中，北京水平相对较好，少数学生会演奏乐器的占 53.3%、大多数学生会演奏乐器的占 38.3%；而河北与天津水平相当。通过独立样本 t 检验，结果显示城市与农村学生在乐器演奏方面存在着明显的差异。

23.贵校学生能够准确地识唱乐谱吗？

表 3-39　京津冀三地中小学生识唱乐谱水平

1.您的学校所在地是：＿＿＿＿省 ＿＿＿市 ＿＿＿区/县 ＿＿＿乡/镇(如无"省"或"乡/镇"，请填写"无")			频率	百分比 /%	有效百分比 /%	累计百分比 /%
北京	有效	1 全部可以	5	8.3	8.3	8.3
		2 大多数学生可以	35	58.3	58.3	66.7
		3 少数学生可以	17	28.3	28.3	95.0
		4 基本都做不到	3	5.0	5.0	100.0
		总计	60	100.0	100.0	
河北	有效	1 全部可以	3	5.0	5.0	5.0
		2 大多数学生可以	21	35.0	35.0	40.0
		3 少数学生可以	29	48.3	48.3	88.3
		4 基本都做不到	7	11.7	11.7	100.0
		总计	60	100.0	100.0	

1.您的学校所在地是：_____省_____市_____区/县_____乡/镇（如无"省"或"乡/镇"，请填写"无"）			频率	百分比/%	有效百分比/%	累计百分比/%
天津	有效	1 全部可以	1	1.7	1.7	1.7
		2 大多数学生可以	20	33.3	33.3	35.0
		3 少数学生可以	34	56.7	56.7	91.7
		4 基本都做不到	5	8.3	8.3	100.0
		总计	60	100.0	100.0	

表 3-40 京津冀地区城乡中小学生识唱乐谱水平对比

独立样本检定									
		方差方程的 Levene 检验		均值方程的 t 检验					
		F	Sig.	t	df	Sig.（双侧）	均值差值	标准误差值	差分的95%置信区间	
									下限	上限
23. 贵校学生能够准确地识唱乐谱吗？	假设方差相等	0.456	0.500	−2.637	178	0.009	−0.278	0.105	−0.486	−0.070
	假设方差不相等			−2.637	177.790	0.009	−0.278	0.105	−0.486	−0.070

调查结果显示，京津冀三地学生在识唱乐谱方面存在显著差异。其中，北京学生水平最好，大多数学生能够识唱乐谱的占58.3%、少数学生能够识唱乐谱的占28.3%；天津与河北学生的水平不存在显著差异，少数学生能够识唱乐谱的比重最大，分别占到56.7%和48.3%。城市与农村学生识唱乐谱的水平存在显著差异。

24.贵校学生能够准确地感受并理解音乐所表达的情绪与内涵吗？

表 3-41 京津冀三地中小学生音乐感受力水平

1.您的学校所在地是：_____省_____市_____区/县_____乡/镇（如无"省"或"乡/镇"，请填写"无"）			频率	百分比/%	有效百分比/%	累计百分比/%
北京	有效	1 全部可以	7	11.7	11.7	11.7
		2 大多数学生可以	38	63.3	63.3	75.0

1. 您的学校所在地是：_____ 省 _____ 市 _____ 区/县 _____ 乡/镇（如无"省"或"乡/镇"，请填写"无"）			频率	百分比/%	有效百分比/%	累计百分比/%
		3 少数学生可以	15	25.0	25.0	100.0
		总计	60	100.0	100.0	
河北	有效	1 全部可以	4	6.7	6.7	6.7
		2 大多数学生可以	34	56.7	56.7	63.3
		3 少数学生可以	22	36.7	36.7	100.0
		总计	60	100.0	100.0	
天津	有效	1 全部可以	5	8.3	8.3	8.3
		2 大多数学生可以	42	70.0	70.0	78.3
		3 少数学生可以	13	21.7	21.7	100.0
		总计	60	100.0	100.0	

表 3-42　京津冀地区城乡中小学生音乐感受力水平对比

独立样本检定								
		方差方程的 Levene 检验		均值方程的 t 检验				
		F	Sig.	t	df	Sig.（双侧）	均值差值	标准误差值	差分的95%置信区间	
									下限	上限
24. 贵校学生能够准确地感受并理解音乐所表达的情绪与内涵吗？	假设方差相等	0.866	0.353	-1.034	178	0.303	-0.089	0.086	-0.259	0.081
	假设方差不相等			-1.034	172.041	0.303	-0.089	0.086	-0.259	0.081

　　从以上两表可以看出，京津冀三地学生在感受与理解音乐所表达的情绪与内涵方面水平相似，参与调研的音乐教师均认为学校大多数学生能够准确感受并理解音乐所表达的情绪与内涵。城市与农村学生在该项目上不存在显著差异。

25.贵校学生能够进行简单的音乐编创吗?

表 3-43　京津冀三地中小学生音乐编创水平

1.您的学校所在地是: _____ 省 _____ 市 _____ 区/县 _____ 乡/镇(如无"省"或"乡/镇",请填写"无")			频率	百分比/%	有效百分比/%	累计百分比/%
北京	有效	1 全部可以	4	6.7	6.7	6.7
		2 大多数学生可以	22	36.7	36.7	43.3
		3 少数学生可以	29	48.3	48.3	91.7
		4 基本都做不到	5	8.3	8.3	100.0
		总计	60	100.0	100.0	
河北	有效	1 全部可以	2	3.3	3.3	3.3
		2 大多数学生可以	12	20.0	20.0	23.3
		3 少数学生可以	29	48.3	48.3	71.7
		4 基本都做不到	17	28.3	28.3	100.0
		总计	60	100.0	100.0	
天津	有效	2 大多数学生可以	19	31.7	31.7	31.7
		3 少数学生可以	38	63.3	63.3	95.0
		4 基本都做不到	3	5.0	5.0	100.0
		总计	60	100.0	100.0	

表 3-44　京津冀地区城乡中小学生音乐编创水平对比

		独立样本检定								
		方差方程的 Levene 检验		均值方程的 t 检验						
		F	Sig.	t	df	Sig.(双侧)	均值差值	标准误差值	差分的95%置信区间	
									下限	上限
25.贵校学生能够进行简单的音乐编创吗?	假设方差相等	4.827	0.029	-3.178	178	0.002	-0.333	0.105	-0.540	-0.126
	假设方差不相等			-3.178	176.987	0.002	-0.333	0.105	-0.540	-0.126

从以上表中可以看出,在音乐编创水平方面,京津冀三地学生不存在显著差异,被调研教师均认为学校少数学生可以进行简单的音乐编创。而城市与农村学生在编创水平方面差异显著。

26.贵校是否有课外音乐社团?

表3-45　京津冀三地学校课外音乐社团拥有率

1.您的学校所在地是:＿＿＿省＿＿＿市＿＿＿区/县＿＿＿乡/镇(如无"省"或"乡/镇",请填写"无")			频率	百分比/%	有效百分比/%	累计百分比/%
北京	有效	1 有	60	100.0	100.0	100.0
河北	有效	1 有	46	76.7	76.7	76.7
		2 没有	14	23.3	23.3	100.0
		总计	60	100.0	100.0	
天津	有效	1 有	55	91.7	91.7	91.7
		2 没有	5	8.3	8.3	100.0
		总计	60	100.0	100.0	

调查结果显示,在被调研的京津冀中小学校中,北京学校全部拥有课外音乐社团;天津课外音乐社团拥有率为91.7%,河北为76.7%。其中,天津、河北地区没有课外音乐社团的学校大多为该地区农村学校。

27.贵校有下列哪些课外音乐社团?

表3-46　京津冀三地学校课外音乐社团开展情况

学校所在地		回应		观察值百分比/%
		N	百分比/%	
北京	第 27 题(A.学校合唱队)	57	2.7	95.0
	第 27 题(B.学校管乐队)	40	1.9	66.7
	第 27 题(C.学校舞蹈队)	47	2.2	78.3
	第 27 题(D.音乐兴趣小组)	34	1.6	56.7
	第 27 题[E.其他(请根据学校实际情况填写)]	8	0.4	13.3
天津	第 27 题(A.学校合唱队)	51	2.8	85.0
	第 27 题(B.学校管乐队)	9	0.5	15.0
	第 27 题(C.学校舞蹈队)	36	2.0	60.0

学校所在地		回应		观察值
		N	百分比/%	百分比/%
	第27题(D.音乐兴趣小组)	26	1.4	43.3
	第27题[E.其他(请根据学校实际情况填写)]	10	0.5	16.7
河北	第27题(A.学校合唱队)	39	2.2	65.0
	第27题(B.学校管乐队)	11	0.6	18.3
	第27题(C.学校舞蹈队)	33	1.9	55.0
	第27题(D.音乐兴趣小组)	17	1.0	28.3
	第27题[E.其他(请根据学校实际情况填写)]	9	0.5	15.0

调查结果显示,在京津冀拥有课外音乐社团的学校中,北京、天津、河北均是以建立学校合唱队、学校舞蹈队、音乐兴趣小组、学校管乐队为主,此外三地学校还依据本地区及学校的自身优势建立了一些特色社团,如京剧团、民乐团、燕赵音乐社团等。三地在音乐社团方面唯一有所区别的是,北京学校对于管乐的重视,在调研的北京学校中,1.9%的学校拥有管乐团,而在天津、河北学校中仅有0.5%和0.6%拥有管乐团,这一方面与地方教育主管部门的地方政策、导向有关,另外,也与地方经济状况有着直接关系。

28.贵校音乐课的教学形式有哪些?

表3-47　京津冀三地学校音乐课教学形式对比

学校所在地		回应		观察值
		N	百分比/%	百分比/%
北京	第28题(A.本校音乐教师的课堂教学)	57	2.7	95.0
	第28题(B.邀请专家、民间艺人等校内授课)	26	1.2	43.3
	第28题(C.带领学生外出参加校外音乐文化活动)	26	1.2	43.3
	第28题(D.带领学生外出观摩学习)	20	0.9	33.3
天津	第28题(A.本校音乐教师的课堂教学)	51	2.8	85.0
	第28题(B.邀请专家、民间艺人等校内授课)	9	0.5	15.0
	第28题(C.带领学生外出参加校外音乐文化活动)	10	0.5	16.7

学校所在地		回应		观察值百分比/%
		N	百分比/%	
	第28题（D.带领学生外出观摩学习）	4	0.2	6.7
河北	第28题（A.本校音乐教师的课堂教学）	53	3.0	88.3
	第28题（B.邀请专家、民间艺人等校内授课）	12	0.7	20.0
	第28题（C.带领学生外出参加校外音乐文化活动）	16	0.9	26.7
	第28题（D.带领学生外出观摩学习）	2	0.1	3.3
	第28题[E.其他（请写出）]	2	0.1	3.3

　　调查结果显示，在京津冀三地音乐课程的教学形式方面，三地均以本校音乐教师的课堂教学为主，但北京与天津、河北两地相比，明显呈现出教学形式的多样化趋向，邀请专家、民间艺人等进行校内授课、带领学生外出参加校外音乐文化活动、带领学生外出观摩学习的机会更多，这对于激发学生学习音乐的兴趣、开阔学生的视野有着促进作用。而天津与河北学校在教学形式方面没有明显的差别，教学形式比较单一。

29.贵校音乐课程的考试形式

表3-48　京津冀三地学校音乐课考试形式对比

学校所在地		回应		观察值百分比/%
		N	百分比/%	
北京	第29题（A.笔试答卷）	36	1.7	60.0
	第29题（B.演唱、演奏）	56	2.6	93.3
	第29题（C.班级音乐会）	18	0.8	30.0
天津	第29题（A.笔试答卷）	12	0.7	20.0
	第29题（B.演唱、演奏）	42	2.3	70.0
	第29题（C.班级音乐会）	31	1.7	51.7
	第29题（D.其他（请填写））	4	0.2	6.7

学校所在地		回应		观察值
		N	百分比 /%	百分比 /%
河北	第 29 题（A. 笔试答卷）	18	1.0	30.0
	第 29 题（B. 演唱、演奏）	45	2.5	75.0
	第 29 题（C. 班级音乐会）	18	1.0	30.0
	第 29 题 [D. 其他（请填写）]	9	0.5	15.0

调查结果显示，在音乐课的考试形式方面，北京以演唱、演奏、笔试答卷为主；天津以演唱、演奏、班级音乐会为主；河北以演唱、演奏和笔试答卷、班级音乐会为主。三地在音乐课程的考评形式上没有明显不同。

30. 您喜欢音乐教师的职业吗？

表 3-49　京津冀地区音乐教师对本职业的喜欢程度

		频率	百分比 /%	有效百分比 /%	累计百分比 /%
有效	非常喜欢	100	55.6	55.9	55.9
	比较喜欢	68	37.8	38.0	93.9
	一般	10	5.6	5.6	99.4
	不太喜欢	1	0.6	0.6	100.0
	总计	179	99.4	100.0	
缺失	系统	1	0.6		
总计		180	100.0		

通过上表可以看出，京津冀音乐教师普遍喜欢自己的本职工作。其中，55.9% 的教师表示非常喜欢音乐教师职业，38% 的教师表示比较喜欢音乐教师职业，不喜欢音乐教师职业的比率为 0.6%。

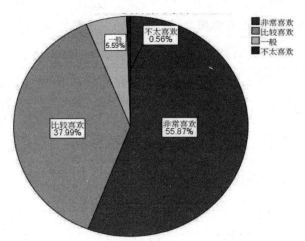

图 3-5　京津冀地区音乐教师对本职业的喜欢程度

31. 如果可以重新选择,您还会继续从事音乐教师职业吗?

表 3-50　京津冀地区音乐教师对本职业的选择态度

		频率	百分比 /%	有效百分比 /%	累计百分比 /%
有效	会	143	79.4	79.9	79.9
	不确定	30	16.7	16.8	96.6
	不会	6	3.3	3.4	100.0
	总计	179	99.4	100.0	
缺失	系统	1	0.6		
总计		180	100.0		

在参与调研的音乐教师中,79.9% 的教师表示如果有重新选择职业的机会,自己还会继续选择音乐教师职业;16.8% 的教师表示不确定自己会如何选择;只有 3.4% 的教师表示自己不会再从事音乐教师职业。由此可以看出,三地音乐教师对自己职业的热爱。作为基础音乐教育实施的行为主体,教师对于职业的热爱,是推动基础音乐教育发展的积极动力和重要因素。

32. 您对目前自己承担的教学任务量感觉如何?

表 3-51　京津冀三地音乐教师教学工作量对比

1.您的学校所在地是:＿＿省＿＿市＿＿区/县＿＿乡/镇(如无"省"或"乡/镇",请填写"无")			频率	百分比/%	有效百分比/%	累计百分比/%
北京	有效	1 教学任务量过重	11	18.3	18.3	18.3
		2 教学任务量比较重	30	50.0	50.0	68.3
		3 对自己目前教学任务量很满意	19	31.7	31.7	100.0
		总计	60	100.0	100.0	
河北	有效	1 教学任务量过重	5	8.3	8.3	8.3
		2 教学任务量比较重	20	33.3	33.3	41.7
		3 对自己目前教学任务量很满意	34	56.7	56.7	98.3
		4 教学任务量较轻	1	1.7	1.7	100.0
		总计	60	100.0	100.0	
天津	有效	1 教学任务量过重	9	15.0	15.3	15.3
		2 教学任务量比较重	26	43.3	44.1	59.3
		3 对自己目前教学任务量很满意	24	40.0	40.7	100.0
		总计	59	98.3	100.0	
	缺失	系统	1	1.7		
	总计		60	100.0		

表 3-52　京津冀地区城乡音乐教师教学工作量对比

独立样本检定									
	方差方程的Levene 检验		均值方程的 t 检验						
	F	Sig.	t	df	Sig.(双侧)	均值差值	标准误差值	\multicolumn{2}{c}{差分的95%置信区间}
								下限	上限
假设方差相等	1.390	0.240	-3.048	177	0.003	-0.316	0.104	-0.521	-0.112

续表

独立样本检定									
		方差方程的 Levene 检验		均值方程的 t 检验					
		F	Sig.	t	df	Sig.（双侧）	均值差值	标准误差值	差分的95%置信区间
									下限 / 上限
32.您对目前自己承担的教学任务量感觉如何？	假设方差不相等			−3.049	176.996	0.003	−0.316	0.104	−0.521 −0.112

在教学任务量方面,参与调研的音乐教师中北京、天津教师认为自己教学任务量比较重的人数最多,分别占本地区调研总教师数的50%和44.1%,而河北教师认为对自己目前教学任务量很满意的人数最多,占本地区调研总教师数的56.7%。通过独立样本 t 检验,结果显示城市与农村音乐教师在对自己教学任务量的主观态度方面存在明显不同。由此可以看出,音乐教学水平越高的地区,音乐教师的教学任务量越重,这其中除了教师正常的课堂教学工作之外,还包含了相当一部分隐形工作量,如课外音乐社团的指导、参加比赛的训练和组织工作等等。

33. 您对目前自己的工资待遇是否满意？

表 3-53　京津冀三地音乐教师对现有工资待遇的满意度对比

1. 您的学校所在地是：_____ 省 _____ 市 _____ 区 / 县 _____ 乡 / 镇（如无"省"或"乡 / 镇",请填写"无"）			频率	百分比 /%	有效百分比 /%	累计百分比 /%
北京	有效	2 基本满意	28	46.7	46.7	46.7
		3 一般	15	25.0	25.0	71.7
		4 不太满意	16	26.7	26.7	98.3
		5 很不满意	1	1.7	1.7	100.0
		总计	60	100.0	100.0	
河北	有效	1 很满意	4	6.7	6.8	6.8

续表

1. 您的学校所在地是：_____省 ____ 市 _____ 区 / 县 _____ 乡 / 镇(如无"省"或"乡 / 镇",请填写"无")			频率	百分比 /%	有效百分比 /%	累计百分比 /%
河北	有效	2 基本满意	15	25.0	25.4	32.2
		3 一般	13	21.7	22.0	54.2
		4 不太满意	22	36.7	37.3	91.5
		5 很不满意	5	8.3	8.5	100.0
		总计	59	98.3	100.0	
	缺失	系统	1	1.7		
	总计		60	100.0		
天津	有效	1 很满意	2	3.3	3.4	3.4
		2 基本满意	25	41.7	42.4	45.8
		3 一般	15	25.0	25.4	71.2
		4 不太满意	12	20.0	20.3	91.5
		5 很不满意	5	8.3	8.5	100.0
		总计	59	98.3	100.0	
	缺失	系统	1	1.7		
	总计		60	100.0		

表 3-54　京津冀地区城乡音乐教师对现有工资待遇的满意度对比

独立样本检定									
		方差方程的 Levene 检验		均值方程的 t 检验					
						Sig.（双侧）	均值差值	标准误差值	差分的 95% 置信区间	
		F	Sig.	t	df				下限	上限
33. 您对目前自己的工资待遇是否满意?	假设方差相等	1.841	0.177	0.299	176	0.766	0.046	0.154	−0.258	0.350
	假设方差不相等			0.298	172.117	0.766	0.046	0.154	−0.258	0.350

对于工资待遇,参与此次调研的音乐教师中北京、天津的教师选择基本满意的人数最多,分别占各地区调研总教师数的46.7%和42.4%;而河北音乐教师中选择不太满意的人数最多,占到该地区总调研教师数的37.3%。与上题对照,可以看出,在绩效工资改革之后,音乐学科在学校是否受到重视、音乐教师教学工作量的多少,与音乐教师的工资待遇直接挂钩。这对教师工作积极性的调动有着极大的促进作用。

34. 贵校在晋级评优时对音乐教师和其他文化课教师的态度

表3-55 京津冀三地学校对音乐教师的态度

1.您的学校所在地是:_____省_____市_____区/县_____乡/镇(如无"省"或"乡/镇",请填写"无")			频率	百分比/%	有效百分比/%	累计百分比/%
北京	有效	1 相同	33	55.0	55.0	55.0
		2 音乐教师地位低于其他文化课教师	27	45.0	45.0	100.0
		总计	60	100.0	100.0	
河北	有效	1 相同	36	60.0	60.0	60.0
		2 音乐教师地位低于其他文化课教师	21	35.0	35.0	95.0
		3 音乐教师地位高于其他文化课教师	1	1.7	1.7	96.7
		4 其他	2	3.3	3.3	100.0
		总计	60	100.0	100.0	
天津	有效	1 相同	28	46.7	46.7	46.7
		2 音乐教师地位低于其他文化课教师	32	53.3	53.3	100.0
		总计	60	100.0	100.0	

表3-56 京津冀地区城乡学校对音乐教师的态度对比

独立样本检定									
		方差方程的Levene检验		均值方程的 t 检验					
		F	Sig.	t	df	Sig.(双侧)	均值差值	标准误差值	差分的95%置信区间	
									下限	上限
	假设方差相等	0.374	0.542	4.664	178	0.000	0.378	0.081	0.218	0.538

续表

独立样本检定									
	方差方程的 Levene 检验		均值方程的 t 检验						
	F	Sig.	t	df	Sig.（双侧）	均值差值	标准误差值	差分的95%置信区间	
								下限	上限
34.贵校在晋级评优时对音乐教师和其他文化课教师的态度	假设方差不相等		4.664	177.900	0.000	0.378	0.081	0.218	0.538

表 3–57　京津冀地区城乡学校对音乐教师的态度

1.您的学校所在地是：＿＿＿＿省＿＿＿市＿＿＿区/县＿＿＿乡/镇（如无"省"或"乡/镇"，请填写"无"）			频率	百分比 /%	有效百分比 /%	累计百分比 /%
城市	有效	1 相同	31	34.4	34.4	34.4
		2 音乐教师地位低于其他文化课教师	58	64.4	64.4	98.9
		4 其他	1	1.1	1.1	100.0
		总计	90	100.0	100.0	
乡村	有效	1 相同	66	73.3	73.3	73.3
		2 音乐教师地位低于其他文化课教师	22	24.4	24.4	97.8
		3 音乐教师地位高于其他文化课教师	1	1.1	1.1	98.9
		4 其他	1	1.1	1.1	100.0
		总计	90	100.0	100.0	

在学校对音乐教师的态度上，参与调研的音乐教师中北京、河北教师认为学校对待音乐教师与其他主科教师待遇相同的人数最多，分别占到本地区的55%和60%；而天津教师中认为学校对音乐教师的待遇低于主科教师的人数最多，占到本地区的53.3%。这也反映出三个地区在对待音乐教师态度上是有所差异的。通过独立样本 t 检验，结果显示城市与农村学校对待音乐教师态度方面存在明显不同。64.4%的城市音乐教

师认为自己在学校的地位低于其他主科教师；而农村教师中的73.3%认为学校对待音乐教师与其他主科教师的态度相同。这可能也与城市音乐教师在自我价值实现方面有着更高的需求有关。

35. 贵校评价音乐教师的工作业绩主要考察哪些方面？

表3-58　京津冀三地学校评价音乐教师工作业绩的主要考察内容

学校所在地		响应		个案数的百分比/%
		N	百分比/%	
北京	第35题（A.课堂教学）	47	26.0	78.3
	第35题（B.课外活动）	46	25.4	76.7
	第35题（C.指导比赛获奖）	54	29.8	90.0
	第35题（D.科研成果）	34	18.8	56.7
	总计	181	100.0	301.7
天津	第35题（A.课堂教学）	44	26.3	74.6
	第35题（B.课外活动）	33	19.8	55.9
	第35题（C.指导比赛获奖）	59	35.3	100.0
	第35题（D.科研成果）	30	18.0	50.8
	第35题[E.其他（请写出）]	1	0.6	1.7
	总计	167	100.0	283.1
河北	第35题（A.课堂教学）	53	35.3	88.3
	第35题（B.课外活动）	32	21.3	53.3
	第35题（C.指导比赛获奖）	42	28.0	70.0
	第35题（D.科研成果）	22	14.7	36.7
	第35题[E.其他（请写出）]	1	0.7	1.7
	总计	150	100.0	250.0

从以上调研结果可以看出，在对音乐教师工作业绩考察方面，北京、天津学校更多的是注重比赛获奖，其次是课堂教学、课外活动、科研成果；而河北学校则是课堂教学居首位，其次是比赛获奖、课外活动、科研成果。这也从侧面解释了前面北京、天津音乐教师认为自己教学工作量较重，而河北教师则对自己教学工作量较满意的重要原因之一。由于音乐专业的学科特殊性，北京、天津音乐教师的工作量负担与河北相比更多的是来自参加比赛的课外指导与训练，以及希望在比赛中获得更好成绩

的心理压力。

36. 您最希望在哪些方面的待遇有所改善？

A. 提高工资待遇　　B. 减轻工作量　　C. 有更多外出学习深造的机会
D. 职称评定时的政策倾斜　　E. 其他(请写出)＿＿＿＿＿＿＿＿

本题为排序题,调研结果显示,京津冀三地音乐教师在希望获得待遇改善方面,都将提高工资待遇放在了首位,减轻工作量放在了第二位;北京、天津教师将外出进修放在了第三位、职称评定放在了第四位;而河北教师则将职称评定放在了第三位,外出进修放在了第四位。这可能也与京津冀三地音乐师资队伍的结构有关。北京、天津教师中随着硕士研究生的大量入职,音乐教师年龄年轻化,因此年轻教师更希望得到更多外出学习提高的机会,因为入职时间较短,而对职称评定并没有太多概念。而从前面的调研结果,可以得知,参与此次调研的河北音乐教师中,年龄在 30 ~ 40 岁的教师最多,随着就业时间的增长,音乐教师的学习动力、学习欲望有所衰减,而更加注重与自己工资待遇等直接挂钩的职称评定。这也体现了不同年龄段音乐教师在需求与关注点方面的差异。在三地基础音乐教育的协同发展中,挖掘不同地区、不同年龄段教师的现实需求与自身优势,进行互通对接,激发音乐教师对三地基础音乐教育协同发展的热情与激情,这将是三地基础音乐教育协同共进的强大推动力。

37. 您了解《全日制义务教育音乐课程标准(实验稿)》吗？

表 3-59　京津冀地区音乐教师对《课程标准（实验稿）》的了解程度

		频率	百分比 /%	有效百分比 /%	累计百分比 /%
有效	非常了解	38	21.1	21.5	21.5
	基本了解	109	60.6	61.6	83.1
	了解一点	27	15.0	15.3	98.3
	不了解	3	1.7	1.7	100.0
	总计	177	98.3	100.0	
缺失	系统	3	1.7		
总计		180	100.0		

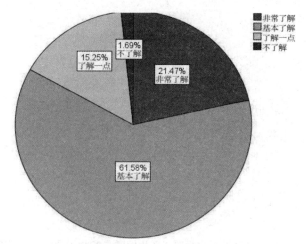

图 3-6　京津冀地区音乐教师对《课程标准（实验稿）》的了解程度

　　在调研的京津冀音乐教师中,有 61.6% 的教师对《全日制义务教育音乐课程标准(实验稿)》基本了解,21.5% 的教师非常了解。调研结果显示,三地城市音乐教师与农村音乐教师在对实验稿课标的了解程度方面没有明显差异。这说明我国 21 世纪音乐课程改革在京津冀地区的实施状况还是比较良好的。

　　38. 您了解《义务教育音乐课程标准(2011 年版)》吗?

表 3-60　京津冀地区音乐教师对《课程标准（2011 年版）》的了解程度

		频率	百分比 /%	有效百分比 /%	累计百分比 /%
有效	非常了解	43	23.9	24.2	24.2
	基本了解	112	62.2	62.9	87.1
	了解一点	19	10.6	10.7	97.8
	不了解	4	2.2	2.2	100.0
	总计	178	98.9	100.0	
缺失	系统	2	1.1		
总计		180	100.0		

　　参加此次调研的京津冀音乐教师,对于《义务教育音乐课程标准（2011 年版）》的了解程度与对《全日制义务教育音乐课程标准(实验稿)》的了解程度基本相同。由此可以看出,京津冀区域音乐教师对于基础音乐教育领域的新理念、新动态的跟进还是有其自身区域优势的。

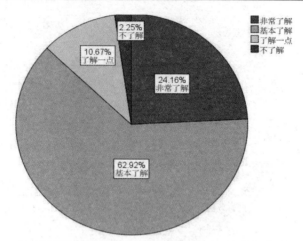

图 3-7　京津冀地区音乐教师对《课程标准（2011 年版）》的了解程度

39. 您了解《音乐课程标准》的途径有哪些？

表 3-61　京津冀三地音乐教师了解《音乐课程标准》的途径

学校所在地		回应		观察值百分比 /%
		N	百分比 /%	
北京	第 39 题（A. 自己研读学习）	51	2.4	85.0
	第 39 题（B. 通过学校组织学习）	37	1.7	61.7
	第 39 题（C. 通过省市教研员传达）	32	1.5	53.3
	第 39 题（D. 通过参加教师培训学习）	47	2.2	78.3
	第 39 题（E. 通过教育专家讲座学习）	24	1.1	40.0
天津	第 39 题（A. 自己研读学习）	40	2.2	66.7
	第 39 题（B. 通过学校组织学习）	19	1.0	31.7
	第 39 题（C. 通过省市教研员传达）	24	1.3	40.0
	第 39 题（D. 通过参加教师培训学习）	33	1.8	55.0
	第 39 题（E. 通过教育专家讲座学习）	22	1.2	36.7
河北	第 39 题（A. 自己研读学习）	33	1.9	55.0
	第 39 题（B. 通过学校组织学习）	25	1.4	41.7
	第 39 题（C. 通过省市教研员传达）	19	1.1	31.7
	第 39 题（D. 通过参加教师培训学习）	39	2.2	65.0
	第 39 题（E. 通过教育专家讲座学习）	20	1.1	33.3

调查结果显示,京津冀三地音乐教师了解《音乐课程标准》的途径基本相同,主要是通过自己研读学习和参加教师培训。这也提示我们,在京津冀基础音乐教育的协同发展中,应更加注重探寻多样、有效的教师学习新理念、新知识的途径与方式。

40. 您认为《音乐课程标准(2011年版)》适合你们的地区和学校吗?

表 3-62　京津冀地区音乐教师对《音乐课程标准（2011年版）》的认可程度

		频率	百分比 /%	有效百分比 /%	累计百分比 /%
有效	很合适	31	17.2	18.3	18.3
	基本合适	132	73.4	78.1	96.4
	不合适	6	3.3	3.6	100.0
	总计	169	93.9	100.0	
缺失	系统	11	6.1		
总计		180	100.0		

在参加调研的京津冀音乐教师中,78.1%的音乐教师认为现行《音乐课程标准》基本适合本地区和学校情况,18.3%的教师认为很适合本地区和学校情况。这充分说明了,我国基础音乐教育领域经过十多年音乐课程的改革与探索,现行《义务教育音乐课程标准(2011年版)》已在一线音乐教师中得到了广泛的认可。

41. 您认为自己目前的教学水平和能力可以适应课标要求吗?

表 3-63　京津冀三地音乐教师教学能力与水平自评

		频率	百分比 /%	有效百分比 /%	累计百分比 /%
有效	可以	122	67.8	72.2	72.2
	勉强可以	39	21.7	23.1	95.3
	不能,需要提高	8	4.4	4.7	100.0
	总计	169	93.9	100.0	
缺失	系统	11	6.1		
总计		180	100.0		

表 3-64　京津冀地区城乡音乐教师教学能力与水平自评

| | | | 41.您认为自己目前的教学水平和能力可以适应课标要求? | | | 总计 |
			可以	勉强可以	不能,需要提高	
3.您所在的学校	市区学校	计数	68	20	2	90
		百分比/%	75.6%	22.2%	2.2%	100.0%
	乡村学校	计数	54	19	6	79
		百分比/%	68.4%	24.1%	7.6%	100.0%
总计		计数	122	39	8	169
		百分比/%	72.2%	23.1%	4.7%	100.0%

调查结果显示,京津冀三地音乐教师中 72.2% 的教师认为自己的教学水平和能力可以适应课标要求;23.1% 的教师认为勉强可以适应。在城乡音乐教师中,75.6% 的城市音乐教师和 68.4% 的农村音乐教师认为自己的教学能力可以适应课标要求。这说明京津冀区域音乐教师素质的总体水平较高,这也是有效实施京津冀基础音乐教育协同发展的有利条件。

42.您认为一名优秀的音乐教师在课堂上应具备以下哪些能力?

A.教学理论　B.音乐理论知识　C.音乐演唱技能　D.乐器演奏技能
E.教学研究能力　F.语言表达能力　G.与学生的沟通能力
H.其他方面(请写出)_____

该题是一道排序题,统计结果显示,京津冀三地城市音乐教师与农村音乐教师在对教师应具备的能力方面的认识完全相同。其排序顺序均为教学理论、音乐理论知识、音乐演唱技能、乐器演奏技能、教学研究能力、语言表达能力、与学生的沟通能力。

43.您认为您在教学中具备哪些优势?

表 3-65　京津冀三地音乐教师具备的各自优势

| 学校所在地 | | 回应 | | 观察值百分比/% |
		N	百分比/%	
	第43题(A.教学理论)	36	1.7	60.0

学校所在地		回应		观察值百分比/%
		N	百分比/%	
北京	第43题（B. 音乐理论知识）	49	2.3	81.7
	第43题（C. 音乐演唱技能）	50	2.4	83.3
	第43题（D. 乐器演奏技能）	42	2.0	70.0
	第43题（E. 教学研究能力）	37	1.7	61.7
	第43题（F. 语言表达能力）	43	2.0	71.7
	第43题（G. 与学生的沟通能力）	46	2.2	76.7
	第43题（H. 其他方面,请写出）	2	0.1	3.3
天津	第43题（A. 教学理论）	28	1.5	46.7
	第43题（B. 音乐理论知识）	43	2.3	71.7
	第43题（C. 音乐演唱技能）	37	2.0	61.7
	第43题（D. 乐器演奏技能）	29	1.6	48.3
	第43题（E. 教学研究能力）	23	1.3	38.3
	第43题（F. 语言表达能力）	37	2.0	61.7
	第43题（G. 与学生的沟通能力）	44	2.4	73.3
	第43题（H. 其他方面,请写出）	2	0.1	3.3
河北	第43题（A. 教学理论）	36	2.0	60.0
	第43题（B. 音乐理论知识）	44	2.5	73.3
	第43题（C. 音乐演唱技能）	49	2.8	81.7
	第43题（D. 乐器演奏技能）	36	2.0	60.0
	第43题（E. 教学研究能力）	25	1.4	41.7
	第43题（F. 语言表达能力）	43	2.4	71.7
	第43题（G. 与学生的沟通能力）	52	2.9	86.7

　　在参与本次调研的音乐教师中,北京音乐教师认为自己在教学中具备的优势排在前三位的是音乐演唱技能、音乐理论知识和与学生的沟通能力;天津音乐教师认为自己具备的优势排在前三位的是与学生的沟通能力、音乐理论知识、音乐演唱技能和语言表达能力;河北音乐教师认为自己具备的优势排在前三位的是与学生的沟通能力、音乐演唱技能和音

乐理论知识。由此可以看出,三地音乐教师在自身具备的教学优势方面基本相同,有利于三地基础音乐教育协同发展中教师的交流与共进。

44.入职以来,您参加过有关音乐教学的培训吗?

表3-66　京津冀三地音乐教师参加培训情况对比

ANOVA				平方和	df	均方	F	显著性
44.入职以来,您参加过有关音乐教学的培训吗?	组间	（组合）		13.766	2	6.883	19.978	0.000
		线性项	偏差	1.235	1	1.235	3.586	0.060
			未加权	12.492	1	12.492	36.259	0.000
			加权	12.531	1	12.531	36.371	0.000
	组内			60.363	176	0.345		
	总计			74.402	178			

多重比较							95% 置信区间	
因变量		学校所在地	学校所在地	均值差（I–J）	标准误	显著性	下限	上限
44.入职以来,您参加过有关音乐教学的培训吗?	LSD	3	4	0.5000	0.1072	0.000	0.289	0.711
			5	0.6480	0.1076	0.000	0.436	0.860
		4	3	−0.5000	0.1072	0.000	−0.711	−0.289
			5	0.1480	0.1076	0.171	−0.064	0.360
		5	3	−0.6480	0.1076	0.000	−0.860	−0.436
			4	−0.1480	0.1076	0.171	−0.360	0.064
	Tamhane	3	4	0.5000	0.0958	0.000	0.268	0.732
			5	0.6480	0.1088	0.000	0.384	0.912
		4	3	−0.5000	0.0958	0.000	−0.732	−0.268
			5	0.1480	0.1175	0.508	−0.137	0.433
		5	3	−0.6480	0.1088	0.000	−0.912	−0.384
			4	−0.1480	0.1175	0.508	−0.433	0.137

表3-67　京津冀地区城乡音乐教师参加培训情况对比

独立样本检定									
		方差方程的Levene检验		均值方程的 t 检验					
		F	Sig.	t	df	Sig.（双侧）	均值差值	标准误差值	差分的95%置信区间
									下限
44.入职以来,您参加过有关音乐教学的培训吗?	假设方差相等	0.189	0.664	2.415	177	0.017	0.230	0.095	0.042
	假设方差不相等			2.415	174.716	0.017	0.230	0.095	0.042

以上检验结果显示,京津冀三地音乐教师在参加音乐教学培训方面有着明显差异。其中,北京与天津、河北两地差异显著,北京音乐教师中经常参加培训的人数最多,占该地区总调研教师数的78.3%;而天津、河北音乐教师中,偶尔参加培训的人数最多,分别占到本地区总调研教师数的60%和50%。城市音乐教师与农村音乐教师在参加培训方面也存在显著差异。城市音乐教师中经常参加培训的人数最多,占城市总教师数的55.6%;而农村音乐教师中偶尔参加培训的人数最多,占农村总教师数的47.8%。

45.您接受继续音乐教育培训的形式有哪些?

表3-68　京津冀三地音乐教师接受培训的主要形式

学校所在地		回应		观察值百分比 /%
		N	百分比 /%	
北京	第45题（A.集中面授）	52	2.5	86.7
	第45题（B.远程网络培训）	21	1.0	35.0
	第45题（C.同行观摩交流）	55	2.6	91.7
天津	第45题（A.集中面授）	43	2.3	71.7
	第45题（B.远程网络培训）	27	1.5	45.0
	第45题（C.同行观摩交流）	37	2.0	61.7
	第45题（A.集中面授）	29	1.6	48.3

续表

学校所在地		回应		观察值
		N	百分比 /%	百分比 /%
河北	第45题（B. 远程网络培训）	35	2.0	58.3
	第45题（C. 同行观摩交流）	36	2.0	60.0
	第45题（D. 其他，请写出）	2	0.1	3.3

以上调查结果显示，北京、天津音乐教师接受音乐教育培训的形式主要集中于面授和同行观摩交流；而河北音乐教师接受培训的形式主要是远程网络培训和同行观摩交流。

46. 您任职学校对教师接受继续音乐教育培训的态度是怎样的？

表3-69　京津冀地区学校对音乐教师接受培训的态度

		频率	百分比 /%	有效百分比 /%	累计百分比 /%
有效	积极鼓励	76	42.2	46.6	46.6
	比较支持	69	38.3	42.3	89.0
	一般	18	10.0	11.0	100.0
	总计	163	90.6	100.0	
缺失	系统	17	9.4		
总计		180	100.0		

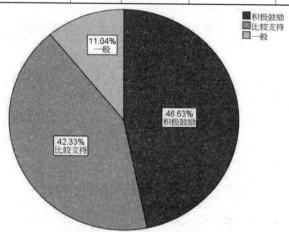

图3-8　京津冀地区学校对音乐教师接受培训的态度

调查结果显示,京津冀三地46.6%的学校积极鼓励音乐教师参加培训,42.3%的学校比较支持音乐教师参加培训。在调研的学校中没有不支持教师参加培训的学校。京津冀三地城市与农村学校在对待教师参加培训的态度上没有明显不同。这也体现了京津冀区域内学校对于音乐教师参加培训的态度总体呈现积极状态。

47. 您认为参加培训对您的教学是否有帮助?

表3-70　京津冀地区音乐教师对以往教师培训的评价

		频率	百分比/%	有效百分比/%	累计百分比/%
有效	有很大帮助	119	66.1	72.1	72.1
	有一定帮助	46	25.6	27.9	100.0
	总计	165	91.7	100.0	
缺失	系统	15	8.3		
总计		180	100.0		

在参加调研的京津冀音乐教师中,认为培训对于自己帮助很大的占调研总教师数的72.1%;认为培训对自己有一些帮助的占27.9%。认为培训对自己帮助很少或没有帮助的教师数为0。因此,在京津冀基础音乐教育协同发展中,还要继续加大发挥教师培训对教师专业水平的提高与帮助作用。

48. 您最希望自己在以下哪些方面得到提升?

A. 学习新的教学方法　B. 掌握新的教学理念　C. 提高专业技能

D. 了解本领域前沿信息　E. 其他(请写出)_____

该题为排序题,通过数据统计显示,北京与天津音乐教师在希望自己提升的方面基本相同,其排序顺序为掌握新的教学理念、了解本领域前沿信息、提高专业技能、学习新的教学方法;而河北教师与北京、天津的选择有所差异,其排序顺序为提高专业技能、掌握新的教学理念、学习新的教学方法、了解本领域前沿信息。由此可以看出,京津冀三地音乐教师在专业提升方面有着不同的现实需求。

49. 对于贵校的音乐教育教学情况,您认为还应该在哪些方面进一步提高?

表 3-71　京津冀三地学校在音乐教育教学方面有待提高之处

学校所在地		回应		观察值
		N	百分比 /%	百分比 /%
北京	第 49 题(A.学校重视)	38	1.8	63.3
	第 49 题(B.资金的支持)	45	2.1	75.0
	第 49 题(C.教学设备支持)	45	2.1	75.0
	第 49 题(D.教师教学水平的提升)	42	2.0	70.0
天津	第 49 题(A.学校重视)	32	1.7	53.3
	第 49 题(B.资金的支持)	38	2.1	63.3
	第 49 题(C.教学设备支持)	41	2.2	68.3
	第 49 题(D.教师教学水平的提升)	39	2.1	65.0
河北	第 49 题(A.学校重视)	30	1.7	50.0
	第 49 题(B.资金的支持)	37	2.1	61.7
	第 49 题(C.教学设备支持)	46	2.6	76.7
	第 49 题(D.教师教学水平的提升)	33	1.9	55.0

在参与调研的音乐教师中,北京、天津、河北音乐教师认为自己学校需要进一步提高的方面完全相同,均将资金的支持和教学设备的支持放在前两位。这也体现了京津冀区域基础音乐教育在某些方面的同质特性,也是区域推动京津冀基础音乐教育协同发展的现实基础。

50. 您认为,贵校目前在音乐教育方面是否有自身特色?

表 3-72　京津冀地区音乐教师对本校音乐教育自身特色的认识

		频率	百分比 /%	有效百分比 /%	累计百分比 /%
有效	没有	150	83.3	83.3	83.3
	有特色	30	16.7	16.7	100.0
	总计	180	100.0	100.0	

在调查的京津冀音乐教师中,83.3%的教师认为自己学校的音乐教育没有特色;16.7%的教师认为自己学校的音乐教育有特色,其中北京音乐教师认为自己学校音乐教育有特色的居多,其特色音乐教育包括创办管乐戏曲小组、自创编舞、建立名师音乐工作室、自创韵律操等。

51. 贵校所在地区是否有地方特色传统音乐资源?

表3-73　京津冀地区音乐教师对本地地方特色传统音乐资源的认识

		频率	百分比/%	有效百分比/%	累计百分比/%
有效	没有	164	91.1	91.6	91.6
	有	15	8.3	8.4	100.0
	总计	179	99.4	100.0	
缺失	系统	1	0.6		
总计		180	100.0		

以上调查结果显示,91.6%的音乐教师认为本地区没有地方特色传统音乐资源,8.4%的教师认为本地区有地方特色传统音乐资源,如京剧、河北梆子、河北昌黎的地秧歌、吹歌、威县乱弹等。但据笔者了解,京津冀地区地域广袤,在广大民间蕴含着大量丰富而多彩的地方特色传统音乐,但从调查结果来看,当前京津冀三地的地方传统音乐并没有引起三地音乐教师的足够重视,三地音乐教师开发和传承本地特色传统音乐的意识淡薄。因此,在京津冀基础音乐教育的协同发展中应更加注重对三地宝贵区域音乐资源的共同挖掘、开发和传承。

52. 您认为地方传统音乐资源是否应该在音乐课教学中呈现?

表3-74　京津冀地区音乐教师对在音乐课教学中融入地方传统音乐资源的认识

		频率	百分比/%	有效百分比/%	累计百分比/%
有效	是	163	90.6	91.1	91.1
	否	9	5.0	5.0	96.1
	无所谓	7	3.9	3.9	100.0
	总计	179	99.4	100.0	
缺失	系统	1	0.6		
总计		180	100.0		

在调研的音乐教师中,91.1% 的教师认为音乐课教学中应该呈现地方传统音乐资源。这为京津冀基础音乐教育协同发展中区域开发地方传统音乐资源奠定了良好的基础。

53.您在课堂上是否引进过本地区传统音乐资源?

表 3-75　京津冀三地音乐教师在课堂教学中融入本地区传统音乐资源的情况

		频率	百分比 /%	有效百分比 /%	累计百分比 /%
有效	没有	147	81.7	82.6	82.6
	引进过	31	17.2	17.4	100.0
	总计	178	98.9	100.0	
缺失	系统	2	1.1		
总计		180	100.0		

在参与本次调研的音乐教师中,82.6% 的教师没有在课堂上引进过本地区的传统音乐资源;17.4% 的教师引进过本地区传统音乐资源。这说明当前在京津冀区域基础音乐课堂教学中对本地区地方传统音乐资源的引进还非常匮乏,但已有部分教师开始践行基础音乐课堂传承地方传统音乐的教学实践。在与三地音乐教师进行访谈交流时,有不少教师表示,其实教师本人很清楚也很认可保护和传承地方传统音乐的重要性,但就是不知该怎样与自己的音乐课堂教学相融合,加之音乐教师日常的工作量也比较大,很难再有精力、有时间去进行教学创新。这无疑为我们提出了一个现实问题,即一线音乐教师作为基础音乐教育的具体实施者,有着很多具体工作要做,其体力、精力、时间确实有限,分身乏术。作为教育研究者,我们在提出新的教学理念、教学设想的同时,是否也应将一些新理念、新观点的具体实施路径尽可能详细地设计出具体可行、具有现实可操作性的方案,以指导帮助一线教师具体实行。而不仅仅是将一个个新的理念、理论抛给一线教师,让其自己再去研究实施方法。这对于工作量本就沉重的音乐教师而言无疑又是一种负担,久而久之,面对繁重的日常教学工作,教师只能退而求其次,尽管思想上对某些问题的重要性有所认识,但并无法付诸实践。一个个新理念、新观点只能成为"空对空"的一种理论、一种"乌托邦幻想"。这是值得我们教育研究者深思的一个客观现实问题。

54. 您和学校是否组织学生参加过当地的传统音乐文化活动?

表 3-76　京津冀三地中小学生参加当地传统音乐文化活动的情况

		频率	百分比/%	有效百分比/%	累计百分比/%
有效	参加过	20	11.1	11.2	11.2
	没参加过	126	70.0	70.8	82.0
	本地无此类活动	32	17.8	18.0	100.0
	总计	178	98.9	100.0	
缺失	系统	2	1.1		
总计		180	100.0		

在本次调研的音乐教师中,70.8% 的教师没有组织学生参加过当地的传统音乐文化活动;11.2% 的教师组织学生参加过地方传统音乐活动,包括当地的一些民俗活动、音乐节活动等。京津冀区域地处燕赵大地,历史文化悠久,拥有着丰富多彩、独具特色的燕赵音乐文化,但目前的开发状况并不理想。在京津冀基础音乐教育协同发展的研究中,笔者将着重对三地特色传统音乐文化的挖掘和传承进行探讨和研究,以期成为京津冀三地基础音乐教育协同共进的发展共生极。

55. 贵校学生是否对当地传统音乐感兴趣?

表 3-77　京津冀三地中小学生对当地传统音乐的态度对比

ANOVA				平方和	df	均方	F	显著性
55.贵校学生是否对当地传统音乐感兴趣?	组间	（组合）		4.045	2	2.022	2.543	0.082
		线性项	偏差	0.592	1	0.592	0.744	0.390
			未加权	3.425	1	3.425	4.307	0.039
			加权	3.453	1	3.453	4.342	0.039
	组内			135.984	171	0.795		
	总计			140.029	173			

多重比较								
因变量		学校所在地	学校所在地	均值差（$I-J$）	标准误	显著性	95% 置信区间	
							下限	上限
	LSD	3	4	−0.2952	0.1657	0.077	−0.622	0.032
			5	−0.3408	0.1642	0.039	−0.665	−0.017

多重比较							
因变量		学校所在地	学校所在地	均值差（I–J）	标准误	显著性	95% 置信区间	
							下限	上限
55. 贵校学生是否对当地传统音乐感兴趣?	LSD	4	3	0.2952	0.1657	0.077	−0.032	0.622
		4	5	−0.0456	0.1671	0.785	−0.375	0.284
		5	3	0.3408	0.1642	0.039	0.017	0.665
		5	4	0.0456	0.1671	0.785	−0.284	0.375
	Tamhane	3	4	−0.2952	0.1547	0.167	−0.670	0.080
		3	5	−0.3408	0.1663	0.123	−0.744	0.062
		4	3	0.2952	0.1547	0.167	−0.080	0.670
		4	5	−0.0456	0.1764	0.992	−0.473	0.382
		5	3	0.3408	0.1633	0.123	−0.062	0.744
		5	4	0.0456	0.1764	0.992	−0.382	0.473

表 3–78　京津冀地区城乡中小学生对当地传统音乐的态度对比

独立样本检定									
		方差方程的 Levene 检验		均值方程的 t 检验					
		F	Sig.	t	df	Sig.（双侧）	均值差值	标准误差值	差分的 95% 置信区间	
									下限	上限
55. 贵校学生是否对当地传统音乐感兴趣?	假设方差相等	1.640	0.202	0.321	172	0.749	0.044	0.137	−0.226	0.314
	假设方差不相等			0.320	168.874	0.749	0.044	0.137	−0.226	0.314

　　通过方差分析可以看出,北京和天津学生在对本地传统音乐感兴趣程度方面没有明显差异,选择"一般"的人数最多;而河北学生对本地传统音乐感兴趣的程度较高,选择"比较感兴趣"的人数最多。这从一定程度上也表明了传统音乐的传承是需要一定社会文化生态土壤的。随着我国经济的发展、城市化进程的加快,北京和天津作为我国两个现代化程度较高的城市,其现代化、快节奏的生活方式充斥着城市居民的方方面面,地方传统音乐的生态环境已被破坏殆尽。城市内中小学生已经很难接触

到当地正宗的传统音乐文化,因此对于传统音乐的兴趣"一般"也就不难理解了。而河北省作为农业大省,其现代化程度发展有限,尤其在河北广阔农村的田间地头,还经常能够听到老人们在耕作、休闲时哼唱着当地的小曲、民歌,在婚丧嫁娶、节日庆典时还经常能够看到当地的传统仪式、听到当地的传统音乐,因此,相较于北京、天津的中小学生,河北中小学生可能有更多的机会接触到当地的传统音乐文化,对于他们来说,当地的传统音乐更加贴近他们的生活,因此对于传统音乐比较感兴趣也是情理之中。由此可见,在京津冀基础音乐教育的协同发展中,应更加注重京津冀三地地方传统音乐生态的保护,区域推动三地地方传统音乐的开发与传承。

56. 贵校是否邀请过校外音乐家进行课堂音乐教学?

表 3-79　京津冀三地学校邀请校外音乐家进行课堂教学的情况

		频率	百分比 /%	有效百分比 /%	累计百分比 /%
有效	邀请过	65	36.1	36.3	36.3
	没邀请过	114	63.3	63.7	100.0
	总计	179	99.4	100.0	
缺失	系统	1	0.6		
	总计	180	100.0		

调查结果显示,在参与调研的京津冀音乐教师中,有 63.7% 的教师表示没有邀请过校外音乐家进行课堂教学;36.3% 的教师表示邀请过音乐家进行课堂教学。其中,邀请过音乐家进行课堂教学的学校,主要集中于北京、天津的城市学校,以北京城市学校最多。而三地农村学校均未邀请过音乐家进行课堂教学。这可能也与学校的财政状况有着直接关系,北京、天津城市学校的经费比较充裕,通常由学校出资聘请音乐家进行课堂教学。

57. 贵校是否邀请过校外音乐家进行课外音乐活动指导?

表 3-80　京津冀三地学校邀请校外音乐家进行课外音乐活动指导的情况

		频率	百分比 /%	有效百分比 /%	累计百分比 /%
有效	邀请过	97	53.9	53.9	53.9
	没邀请过	83	46.1	46.1	100.0
	总计	180	100.0	100.0	

表 3-81　京津冀三地学校邀请校外音乐家进行课外音乐活动指导情况对比

ANOVA							
			平方和	df	均方	F	显著性
57. 贵校是否邀请过校外音乐家进行课外音乐活动指导？	组间	（组合）	2.878	2	1.439	6.086	0.003
		线性项 对比	2.408	1	2.408	10.186	0.002
		线性项 偏差	0.469	1	0.469	1.985	0.161
	组内		41.850	177	0.236		
	总计		44.728	179			

多重比较								
因变量		学校所在地	学校所在地	均值差（I-J）	标准误	显著性	95% 置信区间	
							下限	上限
57. 贵校是否邀请过校外音乐家进行课外音乐活动指导？	LSD	3	4	−0.2500	0.0888	0.005	−0.425	−0.075
		3	5	−0.2833	0.0888	0.002	−0.459	−0.108
		4	3	0.2500	0.0888	0.005	0.075	0.425
		4	5	−0.0333	0.0888	0.708	−0.209	0.142
		5	3	0.2833	0.0888	0.002	0.108	0.459
		5	4	0.0333	0.0888	0.708	−0.142	0.209
	Tamhane	3	4	−0.2500	0.0875	0.015	−0.462	−0.038
		3	5	−0.2833	0.0872	0.005	−0.495	−0.072
		4	3	0.2500	0.0875	0.015	0.038	0.462
		4	5	−0.0333	0.0915	0.977	−0.255	0.188
		5	3	0.2833	0.0872	0.005	0.072	0.495
		5	4	0.0333	0.0915	0.977	−0.188	0.255

　　在调研的音乐教师中,53.9% 的教师表示该校邀请过校外音乐家进行课外音乐活动指导;46.1% 表示没有邀请过。通过方差分析可以看出,在邀请校外音乐家进行课外音乐活动指导方面,北京与天津、河北存在着明显差异,邀请过校外音乐家进行课外音乐活动指导的学校大部分集中在北京地区;而天津与河北之间没有显著差异。这也与北京教育部门的地方政策导向有关。据资料显示,北京市教委早在 20 世纪 80 年代初期就开始筹建学生乐团,1988 年提出建立金帆乐团,至今北京市大部分中学都建立了自己的学生乐团。仅以北京地区中学生管乐团为例,2007 年

北京市中小学艺术节规定参赛曲目均为指挥专业五级以上水平。在市教委的大力倡导和推动下,北京市中小学的音乐课外社团广泛开展,其社团水平较高。对比调研中对三地学生实际音乐能力的测试结果,可以看出乐团活动的开展对于学生音乐素质与能力的提高有着明显的促进作用。因此,在京津冀基础音乐教育的协同发展中,天津、河北应着重借鉴北京的成功经验,从而缩小三地之间的差距,实现区域内的整体协同。

58. 您对当前国家京津冀协同发展战略的了解程度如何?

表 3-82 京津冀三地音乐教师对当前国家京津冀协同发展战略的了解程度

		频率	百分比 /%	有效百分比 /%	累计百分比 /%
有效	关注	21	11.7	11.7	11.7
	知道一些	104	57.8	58.1	69.8
	不了解	54	30.0	30.2	100.0
	总计	179	99.4	100.0	
缺失	系统	1	0.6		
总计		180	100.0		

从调研音乐教师对当前国家京津冀协同发展战略的了解程度来看,58.1% 的教师知道一些;30.2% 的教师表示不了解。在基础音乐教育领域,教师是音乐教学的主导和直接实施者,音乐教师对国家协同发展战略的了解程度以及区域协同意识对于京津冀基础音乐教育的协同发展有着重要影响。因此,在京津冀基础音乐教育协同发展工作的推进中,强化三地教师的区域一体意识,帮助教师真正认识到区域协同发展的重要性和紧迫性,是当前推进京津冀基础音乐教育协同发展的重要环节。

59. 贵校在京津冀基础音乐教育协同发展方面有何举措?

表 3-83 京津冀三地学校在基础音乐教育领域的协同发展状况

		频率	百分比 /%	有效百分比 /%	累计百分比 /%
有效	无举措	157	87.3	92.9	92.9
	有举措	12	6.7	7.1	100.0
	总计	169	93.9	100.0	
缺失	系统	11	6.1		
总计		180	100.0		

调研结果显示,92.9%的教师表示其所在学校目前在京津冀基础音乐教育协同发展方面没有举措;7.1%的教师表示学校在三地基础音乐教育协同发展方面有举措。但在仅有的12所有举措的学校中,笔者进行了进一步的调研发现,目前在这些有协同举措的学校中,基本是以三地学校管理层之间的联谊为主,有些已签署合作协议,并挂牌办学,但到目前为止,并未采取实质性的协同行动,并未涉及地区间具体学科的协同发展。

60. 您对京津冀基础音乐教育协同发展的个人观点是怎样的?

表 3-84　京津冀三地音乐教师对基础音乐教育协同发展的态度对比

ANOVA				平方和	df	均方	F	显著性
60. 您对京津冀基础音乐教育协同发展的个人观点是怎样的?	组间	（组合）		0.455	2	0.228	0.624	0.537
		线性项	偏差	0.211	1	0.211	0579	0.448
			未加权	0.246	1	0.246	0.675	0.412
			加权	0.244	1	0.244	0.669	0.414
	组内			63.798	175	0.365		
	总计			64.253	177			

多重比较								
因变量		学校所在地	学校所在地	均值差（$I-J$）	标准误	显著性	95% 置信区间	
							下限	上限
60. 您对京津冀基础音乐教育协同发展的个人观点是怎样的?	LSD	3	4	−0.0277	0.1107	0.803	−0.246	0.191
			5	0.0910	0.1107	0.412	−0.128	0.309
		4	3	0.0277	0.1107	0.803	−0.191	0.246
			5	0.1186	0.1112	0.287	−0.101	0.338
		5	3	−0.0910	0.1107	0.412	−0.309	0.128
			4	−0.1186	0.1112	0.287	−0.338	0.101
	Tamhane	3	4	−0.0277	0.1138	0.993	−0.303	0.248
			5	0.0910	0.1130	0.807	−0.183	0.365
		4	3	0.0277	0.1138	0.993	−0.248	0.303
			5	0.1186	0.1052	0.598	−0.136	0.373
		5	3	−0.0910	0.1130	0.807	−0.365	0.183
			4	−0.1186	0.1052	0.598	−0.373	0.136

表 3-85　京津冀地区城乡音乐教师对基础音乐教育协同发展的态度对比

独立样本检定									
		方差方程的 Levene 检验		均值方程的 t 检验					
		F	Sig.	t	df	Sig.（双侧）	均值差值	标准误差值	差分的 95% 置信区间	
									下限	上限
60.您对京津冀基础音乐教育协同发展的个人观点是怎样的？	假设方差相等	0.043	0.836	2.657	176	0.009	0.236	0.089	0.061	0.411
	假设方差不相等			2.657	174.723	0.009	0.236	0.089	0.061	0.411

从以上检验结果,可以看出京津冀三地的城市与农村音乐教师之间对京津冀基础音乐教育协同发展的个人观点基本相同,主要集中于非常支持和比较支持两个等级。这对于区域推动京津冀基础音乐教育的协同发展是一个有利条件,可以为三地基础音乐教育的协同共进提供良好的人文环境和智力支持。

61. 据您了解,贵校所在地区在京津冀基础音乐教育协同发展方面有何实践进展?

表 3-86　京津冀三地学校在基础音乐教育领域的协同发展实践进展

		频率	百分比 /%	有效百分比 /%	累计百分比 /%
有效	无进展	89	49.4	51.4	51.4
	有进展	9	5.0	5.2	56.6
	不太清楚	75	41.7	43.4	100.0
	总计	173	96.1	100.0	
缺失	系统	7	3.9		
总计		180	100.0		

在参与调研的音乐教师中,对本地区在京津冀基础音乐教育协同发展方面的实践进展不清楚的占 43.4%,无进展的占 51.4%。这也和前面教师对于国家京津冀协同发展战略的了解程度相吻合。由此可以看出,在当前京津冀协同发展上升为国家重大战略的背景下,社会各领域都在

积极地寻求区域协同发展之路,而与之形成鲜明对比的是,基础教育领域的一线教师却对此不甚了解。教育作为推动社会经济发展的强大动力,理应在"京津冀协同发展战略"中主动发挥助力和增力,这需要教育领域各界人士的主动参与和积极配合。因此,在探寻京津冀基础音乐教育协同发展之路的进程中,强化音乐教师对"京津冀协同发展战略"的认识,激发音乐教师主动投身区域教育的协同发展,提高音乐教育的行为主体——教师的主动性和积极性,对于全面推进三地基础音乐教育协同发展有着重要作用。

62. 您认为,贵校在音乐教育方面与京津冀其他地区相比具有哪些自身优势?

表3-87　京津冀三地学校在音乐教育方面的各自优势

学校所在地		回应		观察值
		N	百分比 /%	百分比 /%
北京	第62题(A. 没有优势)	17	0.8	28.3
	第62题(B. 资金充足)	17	0.8	28.3
	第62题(C. 优质师资)	35	1.7	58.3
	第62题(D. 先进的教学理念)	33	1.6	55.0
	第62题(E. 优质的硬件设施)	31	1.5	51.7
	第62题(F. 可提供教改基地)	15	0.7	25.0
	第62题(G. 当地特色传统音乐文化,如有,请将当地传统音乐文化名称简要写出)	4	0.2	6.7
天津	第62题(A. 没有优势)	21	1.1	35.0
	第62题(B. 资金充足)	9	0.5	15.0
	第62题(C. 优质师资)	25	1.4	41.7
	第62题(D. 先进的教学理念)	23	1.3	38.3
	第62题(E. 优质的硬件设施)	18	1.0	30.0
	第62题(F. 可提供教改基地)	11	0.6	18.3
	第62题(G. 当地特色传统音乐文化,如有,请将当地传统音乐文化名称简要写出)	1	0.1	1.7
	第62题(A. 没有优势)	20	1.1	33.3

学校所在地		回应		观察值
		N	百分比/%	百分比/%
河北	第62题(B.资金充足)	6	0.3	10.0
	第62题(C.优质师资)	27	1.5	45.0
	第62题(D.先进的教学理念)	23	1.3	38.3
	第62题(E.优质的硬件设施)	15	0.8	25.0
	第62题(F.可提供教改基地)	15	0.8	25.0
	第62题(G.当地特色传统音乐文化,如有,请将当地传统音乐文化名称简要写出)	1	0.1	1.7

在参与调研的音乐教师中,京津冀三地音乐教师认为自己学校的优势几乎相同。北京排在前三位的是优质师资、先进教学理念、优质的硬件设施;天津与河北排在前三位的完全相同,都是优质师资、先进教学理念、没有优势。这可能与长期以来,受我国行政区划的影响,京津冀三地基础音乐教育始终处于一种"各自为政"的状态,三地之间缺乏一定的沟通与了解,在各自"一亩三分地"中,与本地区学校相比,具有一些优势,但缺乏对另外两省市的了解与认识。因此,要推进三地的协同发展,有必要加强三地之间的沟通与交流,做到"知己知彼",才能更好地对接三省市的优势与需求,真正实现优势互补、互利共赢。

63.贵校在音乐教育方面最希望得到哪些提升?

表3-88 京津冀三地学校在音乐教育方面的现实需求

学校所在地		回应		观察值
		N	百分比/%	百分比/%
北京	第63题(A.资金支持)	37	1.7	61.7
	第63题(B.先进教育理念引领)	48	2.3	80.0
	第63题(C.优质师资共享)	51	2.4	85.0
	第63题(D.教学场地、设备等共享)	37	1.7	61.7
天津	第63题(A.资金支持)	40	2.2	66.7
	第63题(B.先进教育理念引领)	51	2.8	85.0

学校所在地		回应		观察值
		N	百分比 /%	百分比 /%
	第63题(C.优质师资共享)	47	2.6	78.3
	第63题(D.教学场地、设备等共享)	30	1.6	50.0
	第63题(E.其他(请写出))	2	0.1	3.3
河北	第63题(A.资金支持)	42	2.4	70.0
	第63题(B.先进教育理念引领)	47	2.7	78.3
	第63题(C.优质师资共享)	51	2.9	85.0
	第63题(D.教学场地、设备等共享)	42	2.4	70.0

调查结果显示,京津冀三地音乐教师对于本校在音乐教育方面最希望得到的提升又不约而同地集中于先进教育理念的引领和优质师资的共享两个方面,集中体现了三地在音乐教育方面的现实需求。

通过以上两方面的调研结果显示,笔者认识到,受长期以来三地"各自为政"发展模式的影响,三地基础音乐教育领域缺乏必要的沟通与交流,没有对比也就没有对自身的正确认识。目前,就三地音乐教师而言,对自己学校和地区在音乐教育方面的优势与需求并没有准确而客观的认识,因此,要切实实现京津冀基础音乐教育的协同发展,首要任务是要加强三地基础音乐教育领域各层面的沟通与交流,全面、客观地了解京津冀三地基础音乐教育整体系统中各要素存在的优势与现实需求,才能更好、更有效地进行对接,使基础音乐教育系统连接成整体,形成内部联动、长效畅通的协同发展共同体。

64. 您认为,京津冀基础音乐教育协同发展的最大难点在哪里?

此题为开放式设问,在得到的反馈中,三地音乐教师认为对于京津冀基础音乐教育协同发展的最大难点主要集中在:三地差距巨大,很难协同;三地学生水平不同,无法实施统一标准;三地使用教材不同,程度各异;三地要协同,首先要得到三地教育部门的认同等。从教师对此题的回答中,笔者洞悉到目前在三地音乐教师中,对于三地协同发展的理解还存在偏差,有些教师甚至还认为三地的协同发展,就是三地基础音乐教育要实现"大一统",以同一标准衡量三地的所有学校。因此,笔者认为,在音乐教师中加大、加深对国家"京津冀协同发展战略"的解读、对京津冀基础音乐教育协同发展的解读是当务之急,也是影响三地基础音乐教育协同发展是否能够顺利开展的重要因素。

65. 如果可能的话,在京津冀基础音乐教育的协同发展中,您愿意到京津冀其他地区进行短期互换交流教学工作吗?

表3-89 京津冀三地音乐教师对跨地区短期互换交流教学的态度

1.您的学校所在地是:_____省____市_____区/县_____乡/镇(如无"省"或"乡/镇",请填写"无")			频率	百分比/%	有效百分比/%	累计百分比/%
北京	有效	1 不愿意	6	10.0	10.0	10.0
		2 愿意	28	46.7	46.7	56.7
		3 不确定,依互换交流教学的待遇和相关政策而定	10	16.7	16.7	73.3
		4 可以接受本省域/市域内的互换交流	6	10.0	10.0	83.3
		5 可以接受短期的跨区域互换交流	10	16.7	16.7	100.0
		总计	60	100.0	100.0	
天津	有效	1 不愿意	5	8.3	8.5	8.5
		2 愿意	24	40.0	40.7	49.2
		3 不确定,依互换交流教学的待遇和相关政策而定	21	35.0	35.6	84.7
		4 可以接受本省域/市域内的互换交流	2	3.3	3.4	88.1
		5 可以接受短期的跨区域互换交流	7	11.7	11.9	100.0
		总计	59	98.3	100.0	
	缺失	系统	1	1.7		
	总计		60	100.0		
河北	有效	1 不愿意	7	11.7	11.9	11.9
		2 愿意	24	40.0	40.7	52.5
		3 不确定,依互换交流教学的待遇和相关政策而定	15	25.0	25.4	78.0
		4 可以接受本省域/市域内的互换交流	3	5.0	5.1	83.1

1.您的学校所在地是：＿＿省＿＿市＿＿区/县＿＿乡/镇(如无"省"或"乡/镇"，请填写"无")		频率	百分比/%	有效百分比/%	累计百分比/%
	5 可以接受短期的跨区域互换交流	7	11.7	11.9	94.9
	6 其他	3	5.0	5.1	100.0
	总计	59	98.3	100.0	
缺失	系统	1	1.7		
总计		60	100.0		

统计结果显示,京津冀三地城市音乐教师与农村音乐教师在能否接受到京津冀其他地区进行短期互换交流工作的态度没有明显差异。参与调研的京津冀音乐教师中,愿意接受三地互换交流的人数最多,其次是不确定、依互换交流教学的待遇和相关政策而定。由此可见,京津冀三地音乐教师对于区域内短期流动的态度还是比较积极的,这是京津冀基础音乐教育协同发展的一个有利因素。

三、京津冀中小学生音乐素质调查与分析

(一)调查情况说明

在国家教育部制定的《义务教育音乐课程标准(2011 年版)》[以下简称《课程标准(2011 年版)》]中,明确规定:"音乐课程是我国九年义务教育阶段面向全体学生开设的一门必修课程。"[1] 音乐教育开展得如何,其评判标准为是否实现了对学生的培养,是否实现了音乐课程的课程目标。"课程目标是学校课程价值的具体性体现,是课程阶段性、特殊性的结果显示。"[2] 我国《课程标准(2011 年版)》中,明确将音乐课程的总目标制定为:"学生通过音乐课程学习和参与丰富多样的艺术实践活动,探究、发现、领略音乐的艺术魅力,培养学生对音乐的持久兴趣,涵养美感,

[1] 教育部.义务教育音乐课程标准(2011 年版)[M].北京:北京师范大学出版社,2012:2.
[2] 王耀华,王安国,吴斌主编.义务教育音乐课程标准(2011 年版)解读[M].北京:北京师范大学出版社,2012:97.

和谐身心,陶冶情操,健全人格。学习并掌握必要的音乐基础知识和基本技能,拓展文化视野,发展音乐听觉与欣赏能力、表现能力和创造能力,形成基本的音乐素养。丰富情感体验,培养良好的审美情趣和积极乐观的生活态度,促进身心的健康发展。"[1] 可以说,音乐课程的目标是音乐课程价值的体现,是音乐教育所要实现的最终结果。因此,无论是学校管理层的重视、音乐教师教学水平的提高,还是学校音乐教学软硬件条件的改善等,其最终目的都是为实现音乐课程目标服务的,为培养学生的音乐素养,健全人格,促进学生的身心健康发展而服务的。

因此,为了更加客观、真实地了解京津冀三地中小学生的音乐受教育状况与差异,以及三地学生的实际音乐素质与能力水平,更有的放矢构建京津冀基础音乐教育的协同发展路径,笔者随机在北京、天津、河北三省市的城市与农村地区分别抽取了中学、小学各1所,即北京城区中学1所、小学1所;北京农村中学1所、小学1所;天津城区中学1所、小学1所;天津农村中学1所、小学1所;河北城区中学1所、小学1所;河北农村中学1所、小学1所,共12所学校,对学生进行了实地问卷调查和音乐知识与能力测试。受当地学校条件和京津冀三省市各地区学校班容量条件所限,笔者分别在每个学校随机抽取30名学生进行问卷调查和音乐知识与能力测试。为了更好地体现学校音乐教育的成效,同时,又不影响调查学校毕业班的教学进度,本次调查对象选取的是经过一定时间学校音乐教育而又非中小学毕业班的,小学五年级学生和初中二年级(即八年级)学生。

本次调查共发放中小学生问卷、音乐知识与能力测试卷720份,回收706份,回收率为98.1%。本次中小学调查问卷、音乐知识与能力测试卷的设计,均依据国家教育部颁布的《课程标准(2011年版)》中,对五年级和八年级音乐课程学段目标的相关内容而设定。问卷主要是对学生的主观学习态度及对三地中小学校的音乐课教学状况进行调查;学生的音乐知识与能力测试卷主要是对三地学生的实际音乐素养和音乐能力进行调查,本测试共分为两部分内容:包括笔试答卷(主要调查学生对本学段音乐知识与常识的掌握情况)和学生的现场表演(主要包括演唱、演奏、识谱三方面内容)。目的是调研当前京津冀三地城市与农村中小学生的实际音乐素质与能力是否达到课标要求,抑或有何差距,以及三地之间中小学生的音乐素质与能力有何差距。同时,以三地学生实际音乐能力测试的客观结果,与通过教师问卷间接了解到的三地学生的音乐素质与能力

---

[1]　教育部.义务教育音乐课程标准(2011年版)[M].北京:北京师范大学出版社,2012:8.

水平进行对比,以此来对照京津冀音乐教师对学生学情的认知是否准确、客观,这也将有助于今后三地音乐教师更好地开展教学。

本次调研中,中小学生问卷的调研项目主要包括:中小学生对音乐及音乐课的主观态度、学生的音乐素质与能力水平、学生对音乐课堂教学内容、教学形式的喜好、学生参加课外音乐社团及校外音乐学习情况等。音乐知识与能力测试中的笔答试卷主要包括教育部《课程标准(2011年版)》中对五年级和八年级学段音乐课程在感受与欣赏、表现、创造、音乐与相关文化四个领域的相关内容进行设题。音乐知识与能力测试中的现场表演主要包括:1.演唱一首音乐课本上自己最喜欢的歌。2.任选自己喜欢的一种乐器演奏自己最拿手的乐曲。3.任选简谱或五线谱谱例进行乐谱识唱。其中,识唱谱例是由调研组根据教育部《课程标准(2011年版)》中对五年级和八年级学段识读乐谱的相关要求提前进行筛选准备,并由中小学生现场随机抽取进行识唱。通过以上的多项调查,对京津冀三地中小学生在音乐方面的受教育情况,以及其具备的实际音乐素养与能力水平进行全面立体式客观呈现。

(二)京津冀中小学生问卷调查与分析

教育部制定的《课程标准(2011年版)》中根据学生不同年龄段心理发展水平和对音乐认知特点的不同,对不同学段音乐课程的目标和课程内容进行了细化。鉴于此,笔者依据《课程标准(2011年版)》中对八年级和五年级音乐课程目标和课程内容的相关规定,分别设计了中学生问卷和小学生问卷。其中,调研项目相同,但具体设问有所不同。

表 3-90　京津冀中小学生调查问卷总统计量

N	有效	353
	缺失	0

1. 你平时喜欢听音乐吗?

表 3-91　京津冀地区中小学生对音乐的喜爱程度

		频率	百分比 /%	有效百分比 /%	累计百分比 /%
有效	喜欢	297	84.1	84.1	84.1
	一般	53	15.0	15.0	99.2
	不喜欢	3	0.8	0.8	100.0
	总计	353	100.0	100.0	

表 3-92 京津冀三地中小学生对音乐喜爱程度的对比

ANOVA					
	平方和	df	均方	F	显著性
组之间	0.910	2	0.455	2.935	0.054
组内	54.229	350	0.155		
总计	55.139	352			

表 3-93 京津冀地区城乡中小学生对音乐喜爱程度的对比

独立样本检定									
		方差方程的 Levene 检验		均值方程的 t 检验					
		F	Sig.	t	df	Sig.（双侧）	均值差值	标准误差值	差分的 95% 置信区间	
									下限	上限
1.你平时喜欢听音乐吗？	假设方差相等	6.645	0.010	−1.370	351	0.172	−0.058	0.042	−0.140	0.025
	假设方差不相等			−1.367	345.295	0.172	−0.058	0.042	−0.141	0.025

　　以上调查结果显示,在参与调研的京津冀中小学生中,84.1% 的学生平时喜欢听音乐。通过方差分析与独立样本 t 检验,结果显示京津冀三地之间、城市中小学生与农村中小学生之间在对于音乐的喜爱程度上不存在明显差异。这说明音乐作为人类最古老、最具感染力的艺术形式之一,其自身的内在特性,对于中小学生有着天然的吸引力。这是我们更好地开展基础音乐教育的有利前提。

　　2. 你最喜欢听以下哪类音乐?

表 3-94 京津冀三地中小学生喜欢的音乐类型

		频率	百分比 /%	有效百分比 /%	累计百分比 /%
有效	流行音乐	244	69.1	78.0	78.0
	中国民族民间音乐	27	7.6	8.6	86.6
	外国古典乐	10	2.8	3.2	89.8

续表

	频率	百分比 /%	有效百分比 /%	累计百分比 /%
少儿歌曲	14	4.0	4.5	94.2
其他	18	5.1	5.8	100.0
总计	313	88.7	100.0	
缺失　系统	40	11.3		
总计	353	100.0		

表 3-95　京津冀三地中小学生喜欢音乐类型的对比

ANOVA				
	平方和	df	均方	F	显著性
组之间	5.673	2	2.836	2.240	0.108
组内	392.512	310	1.266		
总计	398.185	312			

表 3-96　京津冀地区城乡中小学生喜欢音乐类型的对比

独立样本检定									
		方差方程的 Levene 检验		均值方程的 t 检验					
		F	Sig.	t	df	Sig.（双侧）	均值差值	标准误差值	差分的 95% 置信区间
									下限 / 上限
2. 你最喜欢听以下哪类音乐?	假设方差相等	3.899	0.049	−1.135	311	0.257	−0.145	0.128	−0.396　0.106
	假设方差不相等			−1.128	294.517	0.260	−0.145	0.128	−0.398　0.108

　　在参与调研的京津冀三地中小学生中,78% 的学生表示喜欢流行音乐,喜欢中国民族民间音乐的学生仅占 8.6%。通过方差分析和独立样本 t 检验,结果显示京津冀三地城市与农村中小学生在喜爱的音乐类型方面没有显著差异。在京津冀基础音乐教育的协同发展中,如何加强三地学生对地方传统音乐的喜爱,培养学生对地方传统音乐的学习兴趣,是需要深入研究和探讨的重点问题。

3. 你喜欢上音乐课吗?

表 3-97　京津冀三地中小学生对学校音乐课的态度

		频率	百分比 /%	有效百分比 /%	累计百分比 /%
有效	喜欢	300	85.0	85.5	85.5
	无所谓	49	13.9	14.0	99.4
	不喜欢	2	0.6	0.6	100.0
	总计	351	99.4	100.0	
缺失	系统	2	0.6		
总计		353	100.0		

在参与调研的京津冀中小学生中,85.5% 的学生表示喜欢上音乐课。在对于音乐课的喜爱程度上,京津冀三地城市与农村中小学生之间不存在显著差异。这也与中小学生对于音乐这种艺术形式天然的喜爱有着直接关系。

4. 你喜欢上音乐课的原因

表 3-98　京津冀三地中小学生喜欢上音乐课的原因

			小学中学		总计
			小学	中学	
北京	第4题(1对音乐感兴趣)	计数	37	35	72
		百分比在 小学 中学 内	43.5%	33.0%	
	第4题(2音乐老师上课有趣)	计数	13	30	43
		百分比在 小学 中学 内	15.3%	28.3%	
	第4题(3可调节紧张的学习生活)	计数	23	38	61
		百分比在 小学 中学 内	27.1%	35.8%	
	第4题(4想成为音乐家)	计数	9	2	11
		百分比在 小学 中学 内	10.6%	1.9%	

续表

| | | | 小学中学 | | 总计 |
			小学	中学	
	第4题（5其他,请写出）	计数	3	1	4
		百分比在 小学中学 内	3.5%	0.9%	
	总计	计数	85	106	191
天津	第4题（1对音乐感兴趣）	计数	50	33	83
		百分比在 小学中学 内	43.1%	34.7%	
	第4题（2音乐老师上课有趣）	计数	32	22	54
		百分比在 小学中学 内	27.6%	23.2%	
	第4题（3可调节紧张的学习生活）	计数	27	37	64
		百分比在 小学中学 内	23.3%	38.9%	
	第4题（4想成为音乐家）	计数	4	3	7
		百分比在 小学中学 内	3.4%	3.2%	
	第4题（5其他,请写出）	计数	3	0	3
		百分比在 小学中学 内	2.6%	0.0%	
	总计	计数	116	95	211
河北	第4题（1对音乐感兴趣）	计数	31	36	67
		百分比在 小学中学 内	42.5%	38.3%	
	第4题（2音乐老师上课有趣）	计数	9	15	24
		百分比在 小学中学 内	12.3%	16.0%	
	第4题（3可调节紧张的学习生活）	计数	21	27	48
		百分比在 小学中学 内	28.8%	28.7%	

			小学中学		总计
			小学	中学	
河北	第4题（4想成为音乐家）	计数	11	13	24
		百分比在 小学中学 内	15.1%	13.8%	
	第4题（5其他，请写出）	计数	1	3	4
		百分比在 小学中学 内	1.4%	3.2%	
总计		计数	73	94	167

通过对喜欢上音乐课的中小学生进行调研,结果显示京津两地中学生喜欢上音乐课的原因最多集中于认为音乐课可以调节紧张的学习生活,其次是对音乐感兴趣;河北中学生喜欢上音乐课的原因最多集中于对音乐感兴趣,其次是认为音乐课可以调节紧张的学习生活。而京津冀三地小学生喜欢上音乐课的原因基本一致,都是源于对音乐感兴趣,其次是认为音乐课可以调节紧张的学习生活。这可能也与中学生受中考制度影响,与小学生相比课业负担更重,更希望获得精神上的放松有关。但从整体来看,目前京津冀三地中小学生对音乐课的喜爱还仅仅停留在音乐课的宽松课堂氛围对紧张日常学习的调节和对音乐自发的热爱层面,对于音乐课程的目标与课程价值的认知有所缺失。

5. 你不喜欢上音乐课的原因

表3-99 京津冀三地中小学生不喜欢上音乐课的原因

		响应		个案数的百分比/%
		N	百分比/%	
$不喜欢上音乐课的原因[a]	第5题（1对音乐没兴趣）	8	22.9	26.7
	第5题（2音乐老师上课没意思）	6	17.1	20.0
	第5题（3音乐课上学的东西太难了）	10	28.6	33.3
	第5题（4不喜欢音乐课上学的内容）	9	25.7	30.0
	第5题（5其他,请写出）	2	5.7	6.7
总计		35	100.0	116.7
a. 二分法组值为1时进行制表。				

通过对京津冀中小学生不喜欢上音乐课的原因进行调查,结果表明其中 28.6% 的学生认为音乐课上学的东西太难了,25.7% 的学生表示不喜欢音乐课学习的内容,22.9% 的学生表示对音乐没兴趣,17.1% 的学生认为音乐课教师上课没意思。由此,也为我们改进京津冀三地的基础音乐教学指明了方向,在音乐课的教学内容,以及教学内容难易程度的把握上,需要音乐教师的进一步斟酌。

6. 你们音乐课上的学习内容有哪些?

表 3-100　京津冀三地学校音乐课的教学内容

			地区			总计
			北京市	天津市	河北省	
$ 音乐课学习内容 a	第 6 题(1 唱歌)	计数	72	101	88	261
		百分比在地区内	41.4%	44.5%	54.3%	
	第 6 题(2 乐器演奏)	计数	22	17	8	47
		百分比在地区内	12.6%	7.5%	4.9%	
	第 6 题(3 欣赏)	计数	64	98	56	218
		百分比在地区内	36.8%	43.2%	34.6%	
	第 6 题(4 创作)	计数	14	10	4	28
		百分比在地区内	8.0%	4.4%	2.5%	
	第 6 题(5 其他,请写出)	计数	2	1	6	9
		百分比在地区内	1.1%	0.4%	3.7%	
总计		计数	174	227	162	563

从表 3-100 的统计结果可以看出,目前京津冀三地中小学音乐课上的学习内容大体相同,都主要以唱歌和欣赏为主,乐器演奏和创作涉及得较少。在乐器演奏方面,北京优于天津,天津优于河北。这也与在上一节教师问卷中提到的,与地方教育部门的倾向政策有关,如北京金帆乐团的组建等。

7. 你识唱五线谱的程度

表 3-101　京津冀地区中小学生五线谱识唱水平

		频率	百分比 /%	有效百分比 /%	累计百分比 /%
有效	很流利识唱	50	14.2	14.2	14.2
	会识唱但不太流利	182	51.6	51.9	66.1
	不会识唱	119	33.7	33.9	100.0
	总计	351	99.4	100.0	
缺失	系统	2	0.6		
总计		353	100.0		

表 3-102　京津冀三地中小学生五线谱识唱水平对比

ANOVA					
	平方和	df	均方	F	显著性
组之间	24.404	2	12.202	32.407	0.000
组内	131.032	348	0.377		
总计	155.436	350			

多重比较							
因变量: 7. 你识唱五线谱的程度							
	(I)地区	(J)地区	均值差 (I-J)	标准误	显著性	95% 置信区间	
						下限	上限
LSD（L）	北京市	天津市	-0.553*	0.080	0.000	-0.71	-0.39
		河北省	-0.576*	0.081	0.000	-0.73	-0.42
	天津市	北京市	0.553*	0.080	0.000	0.39	0.71
		河北省	-0.023	0.080	0.771	-0.18	0.13
	河北省	北京市	0.576*	0.081	0.000	0.42	0.73
		天津市	0.023	0.080	0.771	-0.13	0.18
Tamhane	北京市	天津市	-0.553*	0.082	0.000	-0.75	-0.36
		河北省	-0.576*	0.083	0.000	-0.78	-0.38
	天津市	北京市	0.553*	0.082	0.000	0.36	0.75

续表

多重比较						
因变量：7. 你识唱五线谱的程度						
（I）地区	（J）地区	均值差（I−J）	标准误	显著性	95% 置信区间	
					下限	上限
	河北省	−0.023	0.076	0.987	−0.21	0.16
河北省	北京市	0.576*	0.083	0.000	0.38	0.78
	天津市	0.023	0.076	0.987	−0.16	0.21
*. 均值差的显著性水平为 0.05。						

表 3-103　京津冀地区城乡中小学生五线谱识唱水平对比

独立样本检定									
		方差方程的 Levene 检验		均值方程的 t 检验					
		F	Sig.	t	df	Sig.（双侧）	均值差值	标准误差值	差分的 95% 置信区间
									下限
7. 你识唱五线谱的程度	假设方差相等	3.710	0.055	−5.178	349	0.000	−0.356	0.069	−0.491
	假设方差不相等			−5.190	347.027	0.000	−0.356	0.069	−0.490

（上限）：3.710/0.055 行为 −0.221；347.027 行为 −0.221

在参与调研的京津冀中小学生中，会识唱五线谱但不太流利的学生人数最多，占总调研人数的 51.9%；不会识唱五线谱的人数次之，占 33.9%；能够流利识唱的人数最少，仅占 14.2%。通过方差分析，结果显示北京中小学生与天津、河北中小学生在识读五线谱的程度方面存在着明显差异，北京中小学生的识读程度优于天津、河北中小学生；而天津与河北中小学生之间不存在显著差异。这也与京津冀三地学校的教学特点有关，在调研中笔者注意到，北京多数学校采用的是五线谱教学，而天津与河北采用简谱教学的学校居多。加之北京课外乐团活动开展得较好，因此北京中小学生在五线谱的识唱能力上水平相对较高。通过独立样本 t 检验，结果显示在五线谱识唱程度上，城市中小学生与农村中小学生之间存在显著差异，城市中小学生的识读能力优于农村中小学生。

8. 你识唱简谱的程度

表 3-104　京津冀地区中小学生简谱识唱水平

		频率	百分比 /%	有效百分比 /%	累计百分比 /%
有效	很流利识唱	78	22.1	22.3	22.3
	会识唱但不太流利	165	46.7	47.1	69.4
	不会识唱	107	30.3	30.6	100.0
	总计	350	99.2	100.0	
缺失	系统	3	0.8		
总计		353	100.0		

表 3-105　京津冀三地中小学生简谱识唱水平对比

			8. 你识唱简谱的程度			总计
			很流利识唱	会识唱但不太流利	不会识唱	
地区	北京市	计数	46	47	18	111
		百分比在地区内	41.4%	42.3%	16.2%	100.0%
	天津市	计数	11	68	41	120
		百分比在地区内	9.2%	56.7%	34.2%	100.0%
	河北省	计数	21	50	48	119
		百分比在地区内	17.6%	42.0%	40.3%	100.0%
总计		计数	78	165	107	350
		百分比在地区内	22.3%	47.1%	30.6%	100.0%

表 3-106　京津冀地区城乡中小学生简谱识唱水平对比

独立样本检定										
		方差方程的 Levene 检验		均值方程的 t 检验						
		F	Sig.	t	df	Sig.（双侧）	均值差值	标准误差值	差分的95% 置信区间	
									下限	上限
8. 你识唱简谱的程度	假设方差相等	18.962	0.000	-6.196	348	0.000	-0.455	0.074	-0.600	-0.311
	假设方差不相等			-6.174	334.849	0.000	-0.455	0.074	-0.601	-0.310

以上结果显示,在参与调查的京津冀中小学生中,47.1%的学生表示会识唱简谱但不太流利,30.6%的学生不会识唱简谱,22.3%的学生能够很流畅地识唱简谱。通过数据统计,结果显示北京中小学生识唱简谱的能力明显高于天津与河北中小学生。独立样本 t 检验结果显示,三地城市与农村中小学生在识读简谱方面存在着显著差异,城市中小学生水平明显高于农村中小学生。

9. 你最喜欢以下哪种学习识谱的方式?

表 3-107　京津冀三地中小学生喜欢的识谱学习方式

		频率	百分比/%	有效百分比/%	累计百分比/%
有效	老师教,学生跟唱	153	43.3	43.5	43.5
	在演奏乐器、合唱、游戏等实际操作中学习识唱	159	45.1	45.2	88.7
	自己跟琴学唱	36	10.2	10.2	98.9
	其他	4	1.1	1.1	100.0
	总计	352	99.7	100.0	
缺失	系统	1	0.3		
总计		353	100.0		

以上调查结果显示,在演奏乐器、合唱、游戏等实际操作中学习识谱是京津冀中小学生最喜欢的学习识谱方式;其次是老师教、学生跟唱,分别占总调研人数的45.2%和43.5%。这也为音乐教师教授识谱提供了很好的教学思路。

10. 你在音乐课上是否根据歌曲或乐曲进行过简单的艺术表演活动?（八年级问卷）;（你在音乐课上是否参加过有情节的音乐表演活动?（如:儿童歌舞剧等）（五年级问卷）

表 3-108　京津冀三地学校音乐课教学中表现领域教学内容的开展情况

			10. 你在音乐课上是否根据歌曲或乐曲进行过简单的艺术表演活动?（你在音乐课上是否参加过有情节的音乐表演活动?如:儿童歌舞剧等）		总计
			表演过	没表演过	
地区	北京市	计数	53	61	114
		百分比在地区内	46.5%	53.5%	100.0%

续表

			10. 你在音乐课上是否根据歌曲或乐曲进行过简单的艺术表演活动？（你在音乐课上是否参加过有情节的音乐表演活动？如：儿童歌舞剧等）		总计
			表演过	没表演过	
地区	天津市	残差	7.8	−7.8	
		计数	65	55	120
		百分比在地区内	54.2%	45.8%	100.0%
	河北省	残差	17.4	−17.4	
		计数	22	97	119
		百分比在地区内	18.5%	81.5%	100.0%
		残差	−25.2	25.2	
总计		计数	140	213	353
		百分比在地区内	39.7%	60.3%	100.0%

表 3-109　京津冀地区城乡学校音乐课教学中表现领域教学内容的开展情况

			10. 你在音乐课上是否根据歌曲或乐曲进行过简单的艺术表演活动？（你在音乐课上是否参加过有情节的音乐表演活动？如：儿童歌舞剧等）		总计
			表演过	没表演过	
市区农村	市区	计数	96	84	180
		百分比在市区农村内	53.3%	46.7%	100.0%
		残差	24.6	−24.6	
	乡村	计数	44	129	173
		百分比在市区农村内	25.4%	74.6%	100.0%
		残差	−24.6	24.6	
总计		计数	140	213	353
		百分比在市区农村内	39.7%	60.3%	100.0%

· 137 ·

10 ~ 11题是根据《课程标准（2011年版）》中对八年级和五年级不同学段音乐课程内容的相关要求进行设定的,其设问不同,但观测目的相同。

其中,第10题是根据《课程标准（2011年版）》中对音乐课程内容的第二领域——表现领域的相关内容进行设定。通过数据统计,结果显示在《课程标准（2011年版）》要求的表现领域的综合性艺术表演方面,京津冀三地之间存在着明显的差异。与河北相比,北京、天津更加注重音乐课堂上表现领域相关内容的实施。而在城乡之间,城市学校在该方面明显优于农村学校。由此,也体现了京津冀三地之间、城乡之间在音乐教学方面的明显差距。

11. 你在音乐课上是否即兴编唱过生活短句或诗词短句？（你在音乐课上依据歌曲编创过舞蹈或音乐情景剧吗？）

表3-110　京津冀三地学校音乐课教学中创造领域教学内容的开展情况

			11. 你在音乐课上是否即兴编唱过生活短句或诗词短句？（你在音乐课上依据歌曲编创过舞蹈或音乐情景剧吗？）		总计
			编唱过	没编唱过	
地区	北京市	计数	21	93	114
		百分比在地区内	18.4%	81.6%	100.0%
		残差	-8.1	8.1	
	天津市	计数	52	67	119
		百分比在地区内	43.7%	56.3%	100.0%
		残差	21.6	-21.6	
	河北省	计数	17	102	119
		百分比在地区内	14.3%	85.7%	100.0%
		残差	-13.4	13.4	
总计		计数	90	262	352
		百分比在地区内	25.6%	74.4%	100.0%

表 3-111　京津冀地区城乡学校音乐课教学中创造领域教学内容的开展情况

			11.你在音乐课上是否即兴编唱过生活短句或诗词短句？（你在音乐课上依据歌曲编创过舞蹈或音乐情景剧吗？）		总计
			编唱过	没编唱过	
市区农村	市区	计数	75	105	180
		百分比在 市区农村 内	41.7%	58.3%	100.0%
		残差	29.0	−29.0	
	乡村	计数	15	157	172
		百分比在 市区农村 内	8.7%	91.3%	100.0%
		残差	−29.0	29.0	
总计		计数	90	262	352
		百分比在 市区农村 内	25.6%	74.4%	100.0%

本题是根据《课程标准(2011年版)》中对音乐课程内容的第三领域——创造领域的相关内容进行设定的。通过数据统计,结果显示目前京津冀三地在音乐编创方面的教学都有所欠缺,相比较而言,天津稍好于北京和河北。这是今后在三地基础音乐教育的协同发展中需注重加强的教学内容。

12. 你最喜欢音乐课上的哪种教学形式？

A. 老师讲,学生听　B. 歌曲演唱　C. 乐器演奏　D. 音乐情景剧

E. 音乐游戏　F. 其他(请写出)＿＿＿＿＿＿＿＿

本题是一道排序题,需要学生对音乐课上的教学方式按照从最喜欢到不喜欢的顺序进行排序。调查结果显示,京津冀三地学生的总体排序顺序是音乐游戏、音乐情景剧、歌曲演唱、乐器演奏、老师讲,学生听。由此可以看出,中小学生最喜欢的音乐学习方式是亲身地参与、体验,他们更渴望参与到音乐实践中,这对三地音乐教师的教学方式提出了更高的要求。

13. 你参加学校的课外音乐社团了吗？

表 3-112　京津冀三地中小学生参加学校课外音乐社团情况对比

ANOVA				
	平方和	df	均方	F	显著性
组之间	2.375	2	1.187	6.350	0.002

续表

ANOVA					
组内	65.250	349	0.187		
总计	67.625	351			

多重比较							
因变量：13. 你参加学校的课外音乐社团了吗？							
	(*I*)地区	(*J*)地区	均值差(*I*–*J*)	标准误	显著性	95% 置信区间	
						下限	上限
LSD（L）	北京市	天津市	–0.055	0.057	0.329	–0.14	0.06
		河北省	–0.196*	0.057	0.001	–0.31	–0.08
	天津市	北京市	0.055	0.057	0.329	–0.06	0.17
		河北省	–0.140*	0.056	0.013	–0.25	0.03
	河北省	北京市	0.196*	0.057	0.001	0.08	0.31
		天津市	0.140*	0.056	0.013	0.03	0.25
Tamhane	北京市	天津市	–0.055	0.060	0.735	–0.20	0.09
		河北省	–0.196*	0.054	0.001	–0.33	–0.07
	天津市	北京市	0.055	0.060	0.735	–0.09	0.20
		河北省	–0.140*	0.055	0.034	–0.27	–0.01
	河北省	北京市	0.196*	0.054	0.001	0.07	0.33
		天津市	0.140*	0.055	0.034	0.01	0.27
*. 均值差的显著性水平为 0.05。							

表 3–113　京津冀地区城乡中小学生参加学校课外音乐社团情况对比

独立样本检定										
		方差方程的 Levene 检验		均值方程的 *t* 检验						
		F	Sig.	*t*	df	Sig.（双侧）	均值差值	标准误差值	差分的 95% 置信区间	
									下限	上限
	假设方差相等	23.082	0.000	–3.010	350	0.003	–0.139	0.046	–0.230	–0.048

独立样本检定									
		方差方程的 Levene 检验		均值方程的 t 检验					
		F	Sig.	t	df	Sig.（双侧）	均值差值	标准误差值	差分的95%置信区间	
									下限	上限
13. 你参加学校的课外音乐社团了吗？	假设方差不相等			−3.019	347.012	0.003	−0.139	0.046	−0.230	−0.049

通过方差分析，方差检验中 $F=6.350$，相伴概率 $P=0.002 < 0.05$，表明京津冀三地中小学生在参加课外音乐社团方面存在显著差异。多重比较结果显示，北京与天津之间不存在显著差异，北京与河北之间、天津与河北之间差异显著。通过独立样本 t 检验，结果显示三地城市中小学生与农村中小学生在参加课外音乐社团方面存在显著差异。由此可见，目前在京津冀区域北京与天津的城市学校中，课外音乐社团的开展情况普遍良好，而在三地农村地区的学校中课外音乐社团活动还比较欠缺。

14. 你在校外课余时间学过唱歌吗？

表3-114　京津冀三地中小学生在校外学习唱歌情况对比

ANOVA					
	平方和	df	均方	F	显著性
组之间	0.558	2	0.279	1.637	0.196
组内	59.646	350	0.170		
总计	60.204	352			

通过方差分析和独立样本 t 检验，结果显示京津冀三地中小学生在校外课余时间学习唱歌的情况没有显著差异；城市与农村中小学生在校外学习唱歌的情况差异显著。这也反映出，随着城市经济的快速发展，城市居民越来越注重精神生活的丰富，越来越多的城市学生在课外参加各种音乐特长班，这无疑成为城市学校音乐教育的有益补充，但对于农村中小学生来说，由于受到客观条件所限，学校音乐教育成为农村大部分学生接受音乐教育的唯一途径。因此，我们应更加注重农村学校音乐教育教

学水平的提高,为农村学生创造更加优质的音乐教育环境。

表 3-115 京津冀地区城乡中小学生在校外学习唱歌情况对比

独立样本检定										
		方差方程的 Levene 检验		均值方程的 t 检验						
		F	Sig.	t	df	Sig.（双侧）	均值差值	标准误差值	差分的95%置信区间	
									下限	上限
14.你在校外课余时间学过唱歌吗？	假设方差相等	6.027	0.015	−1.220	351	0.223	−0.054	0.044	−0.140	0.033
	假设方差不相等			−1.222	350.135	0.222	−0.054	0.044	−0.140	0.033

15. 你在校外课余时间学习过乐器吗?

表 3-116 京津冀三地中小学生在校外学习乐器情况

			15.你在校外课余时间学习过乐器吗?		总计
			学过	没学过	
地区	北京市	计数	71	41	112
		百分比在 地区 内	63.4%	36.6%	100.0%
	天津市	计数	17	103	120
		百分比在 地区 内	14.2%	85.8%	100.0%
	河北省	计数	24	95	119
		百分比在 地区 内	20.2%	79.8%	100.0%
总计		计数	112	239	351
		百分比在 地区 内	31.9%	68.1%	100.0%

表 3-117 京津冀三地中小学生在校外学习乐器情况对比

ANOVA					
	平方和	df	均方	F	显著性
组之间	16.520	2	8.260	48.114	0.000
组内	59.742	348	0.172		
总计	76.262	350			

多重比较							
因变量：15. 你在校外课余时间学习过乐器吗？							
	（I）地区	（J）地区	均值差（$I–J$)	标准误	显著性	95% 置信区间	
						下限	上限
LSD（L）	北京市	天津市	−0.492*	0.054	0.000	−0.60	−0.39
		河北省	−0.432*	0.055	0.000	−0.54	−0.32
	天津市	北京市	0.492*	0.054	0.000	0.39	0.60
		河北省	0.060	0.054	0.264	−0.05	0.17
	河北省	北京市	0.432*	0.055	0.000	0.32	0.54
		天津市	−0.060	0.054	0.264	−0.17	0.05
Tamhane	北京市	天津市	−0.492*	0.056	0.000	−0.63	−0.36
		河北省	−0.432*	0.059	0.000	−0.57	−0.29
	天津市	北京市	0.492*	0.056	0.000	0.36	0.63
		河北省	0.060	0.049	0.526	−0.06	0.18
	河北省	北京市	0.432*	0.059	0.000	0.29	0.57
		天津市	−0.060	0.049	0.526	−0.18	0.06
*. 均值差的显著性水平为 0.05。							

表 3–118　京津冀地区城乡中小学生在校外学习乐器情况对比

独立样本检定									
		方差方程的 Levene 检验		均值方程的 t 检验					
		F	Sig.	t	df	Sig.（双侧）	均值差值	标准误差值	差分的 95% 置信区间	
									下限	上限
15. 你在校外课余时间学习过乐器吗？	假设方差相等	71.649	0.000	−4.433	349	0.000	−0.215	0.049	−0.311	−0.120
	假设方差不相等			−4.450	341.026	0.000	−0.215	0.048	−0.310	−0.120

以上检验结果显示，京津冀三地中小学生在校外学习乐器的情况存在显著差异，北京明显优于天津、河北。在被调研的北京中小学生中，63.4% 的学生在校外学过乐器，而天津、河北只有 14.2% 和 20.2% 的中小

学生学过乐器。城市与农村中小学生在校外学习乐器的情况也存在显著差异。众所周知,乐器的学习对于提高学生音准、节奏、识谱能力等有着很大帮助。因此,这也从侧面解释了前面在对三地学生进行识谱能力调研时,北京中小学生水平明显高于天津与河北中小学生的原因之一。

16. 你学习的乐器是什么?

本题是一道开放式设问,调研结果显示,在本次参与调研的学过乐器的中小学生中,70% 学习的是钢琴,此外还有学生学习的是大提琴、小提琴、长笛、二胡、架子鼓、吉他等多种乐器。这也体现了目前京津冀三地中小学生在学习乐器选择上的多样性。

(三)京津冀中小学生音乐知识与能力测试分析

为了更加全面、客观地了解京津冀三地中小学生的实际音乐素养,笔者除对学生进行问卷调查外,还对京津冀三地学生进行了实地的音乐知识与能力测试,以期客观、立体地呈现京津冀三地中小学生的真实音乐素养。本测试包括笔答试卷和现场表演两部分内容。笔答试卷是以国家教育部颁布的《课程标准(2011年版)》中关于五年级和八年级学段课程目标和学段课程内容的相关规定为依据设计而成,旨在调查京津冀中小学生对本学段课程内容的掌握情况。现场表演包括歌曲演唱、器乐演奏、乐谱识唱三部分内容,旨在调查京津冀中小学生的实际音乐表现能力和识唱乐谱的能力。

1. 京津冀中小学生音乐知识测试结果分析

(1)京津冀中学生笔答试卷分析

本测试卷是依据我国《课程标准(2011年版)》中对 7 ~ 9 年级学段课程内容中的相关要求进行的试题设定。试题涵盖了《课程标准(2011年版)》音乐课程内容中感受与欣赏、表现、创造等各领域内容。本试卷共 10 道题,其中第 1 题、第 4 题、第 9 题是对本学段课程内容中"感受与欣赏"领域"音乐表现要素"掌握情况的考察;第 2 题是对"感受与欣赏"领域常用音乐术语的考察;第 3 题是对"感受与欣赏"领域音乐形式掌握情况的考察;第 5 题是对"表现"领域对乐器认知的考察;第 6 题~第8 题是音乐听辨题,其中第6题是对"感受与欣赏"领域"音乐情绪与情感"的考察;第 7 题是对"感受与欣赏"领域"音乐体裁与形式"的考察;第 8 题是对"感受与欣赏"领域"音乐风格与流派"的考察;第10题是对"创造"领域"即兴编创"能力的考察。

以下是对京津冀中学生音乐知识笔答试卷成绩的相关分析。

表 3-119　京津冀三地中学生音乐知识测试成绩方差分析结果

方差同质性检验			
总分			
Levene 统计	df1	df2	显著性
1.945	2	171	0.146

ANOVA					
总分					
	平方和	df	均方	F	显著性
组之间	118.458	2	59.229	20.585	0.000
组内	492.019	171	2.877		
总计	610.477	173			

多重比较						
因变量：总分						
	(I)地区	(J)地区	均值差 (I–J)	标准误	显著性	95% 置信区间 下限 上限

	(I)地区	(J)地区	均值差 (I–J)	标准误	显著性	下限	上限
LSD（L）	北京市	天津市	0.39528	0.31818	0.216	−0.2328	1.0233
		河北省	1.91111*	0.31818	0.000	1.2830	2.5392
	天津市	北京市	−0.39528	0.31818	0.216	−1.0233	0.2328
		河北省	1.51583*	0.30969	0.000	0.9045	2.1271
	河北省	北京市	−1.91111*	0.31818	0.000	−2.5392	−1.2830
		天津市	−1.51583*	0.30969	0.000	−2.1271	−0.9045
Tamhane	北京市	天津市	0.39528	0.32894	0.545	−0.4018	1.1923
		河北省	1.91111*	0.29089	0.000	1.2062	2.6160
	天津市	北京市	−0.39528	0.32894	0.545	−1.1923	0.4018
		河北省	1.51583*	0.32010	0.000	0.7404	2.2913
	河北省	北京市	−1.91111*	0.29089	0.000	−2.6160	−1.2062
		天津市	−1.51583	0.32010	0.000	−2.2913	−0.7404

*. 均值差的显著性水平为 0.05。

通过对京津冀中学生音乐知识笔答试卷成绩进行方差分析,结果显示方差检验 $F=20.585$,相伴概率 $P=0.000 < 0.05$,因此,在 0.05 显著性水平上拒绝零假设而接受备择假设,表明京津冀三个地区中学生在对本学段音乐知识的掌握情方面存在显著差异。通过多重比较,结果显示在方差齐性检验中,Levene 统计量为 1.945,相伴概率 $P=0.146 > 0.05$,故三组数据方差齐,采用 LSD 法进行检验,结果表明北京与天津中学生在对本学段音乐知识的掌握情况上不存在显著差异,北京与河北、天津与河北中学生之间的差异显著,北京、天津中学生的音乐知识测试成绩明显高于河北中学生。

均值图

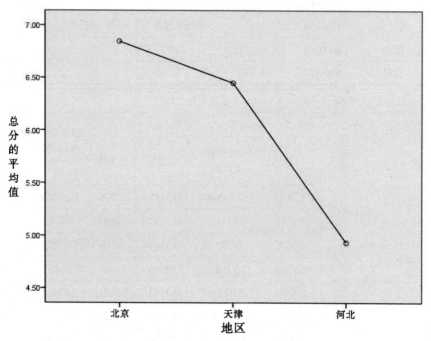

图 3-9　京津冀三地中学生音乐知识测试成绩均值图

从京津冀三地中学生音乐测试成绩的均值图来看,北京学生的成绩比天津学生的成绩略高,但降幅较缓、差距不大,但北京与河北、天津与河北中学生的音乐知识测试成绩差距较大。

表 3-120　京津冀地区城乡中学生音乐知识测试成绩独立样本 *t* 检验结果

		独立样本检定								
		方差方程的 Levene 检验		均值方程的 *t* 检验						
		F	Sig.	*t*	df	Sig.（双侧）	均值差值	标准误差值	差分的 95% 置信区间	
									下限	上限
总分	假设方差相等	10.172	0.002	6.378	172	0.000	1.63937	0.25703	1.13202	2.14671
	假设方差不相等			6.452	160.727	0.000	1.63937	0.25410	1.13756	2.14671

　　通过独立样本 *t* 检验，在方差齐性检验中 $F=10.172$，显著性概率 $P=0.002 < 0.05$，方差不齐，故选择 *t* 检验结果中假设方差不相等一行的检验结果。经双尾 *t* 检验，$P=0.000 < 0.05$，说明两组数据的均值存在显著差异，因此，在 0.05 显著性水平上拒绝零假设，而接受备择假设，表明京津冀区域城市中学生与农村中学生在对本学段音乐知识的掌握情况上存在明显差距。

表 3-121　京津冀三地中学生音乐知识测试卷各题正确率统计分析

			地区			总计
			北京	天津	河北	
中学生音乐知识测试卷	V1	计数	45	41	46	132
		百分比在 地区 内	83.3%	68.3%	76.7%	
	V2	计数	12	20	12	44
		百分比在 地区 内	22.2%	33.3%	20.0%	
	V3	计数	39	37	26	102
		百分比在 地区 内	72.2%	61.7%	43.3%	
	V4	计数	34	27	17	78
		百分比在 地区 内	63.0%	45.0%	28.3%	
	V5	计数	52	57	55	164
		百分比在 地区 内	96.3%	95.0%	91.7%	
	V6	计数	52	57	47	156

续表

			地区			总计
			北京	天津	河北	
中学生音乐知识测试卷		百分比在地区内	96.3%	95.0%	78.3%	
	V7	计数	43	48	34	125
		百分比在地区内	79.6%	80.0%	56.7%	
	V8	计数	25	48	23	96
		百分比在地区内	46.3%	80.0%	38.3%	
	V9	计数	38	35	30	103
		百分比在地区内	70.4%	58.3%	50.0%	
	V10	计数	29	20	4	53
		百分比在地区内	53.7%	33.3%	6.7%	
总计		计数	54	60	60	174

　　为了更加详细地了解京津冀中学生在音乐知识方面的具体掌握情况,笔者对测试卷的每一题目进行了正确率统计分析(见上表,V1～V10代表1～10题),结果显示京津冀中学生在对乐器的认知、对音乐情绪与情感的感受、对音乐体裁和形式的认识等方面掌握情况普遍良好,尤其是第5题对乐器的识别,京津冀三地中学生答题正确率均达到90%以上。而对于音乐表现要素的掌握、音乐形式的掌握等方面,北京、天津中学生掌握较好,河北中学生有所差距;在对音乐风格与流派的掌握、即兴编创、音乐术语的掌握等方面,京津冀中学生均表现欠佳,尤其第10题编创题,河北中学生的正确率仅为6.7%。从学生的整体测试情况来看,京津冀三地中学生对于"感受与欣赏"领域的相关知识掌握相对较好,这可能与传统的以听赏为主的音乐课堂教学方式有关,但对于《课程标准(2011年版)》中所要求的创造领域、表现领域等相关知识的掌握并不尽如人意。这也突显了当前京津冀基础音乐教育领域在教学内容及教学形式方面的缺失。

　　为了进一步观测京津冀三地之间、城市与农村之间中学生音乐知识掌握情况的差异水平,笔者对6所样本学校的学生平均成绩进行了统计分析。结果显示,在京津冀三地城市与农村选取的6个学校样本中,北京城市中学生成绩最高,其次是天津城市中学生、北京农村中学生、天津农村中学生、河北城市中学生、河北农村中学生。当然,笔者在选取京津冀三地城市与农村测试学校时为随机抽取,并不能完全代表三地城市学校中的最好水平和农村学校中的最差水平,但从该调研结果,却可以清晰看出在京津冀区域,三地之间,特别是河北与北京、天津之间在基础音乐教育领域存在的巨大差距,这是京津冀基础音乐教育协同发展进程中的最大障碍,如何均衡三地的基础音乐教育,是影响三地是否能够真正协同共进的重中之重。

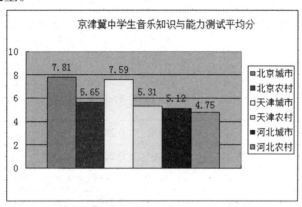

图 3-10　京津冀三地城乡中学生音乐知识测试平均分

（2）京津冀小学生笔答试卷分析

本试卷是依据我国《课程标准(2011 年版)》中对 3 ～ 6 年级学段课程内容的相关要求进行的试题设定。与中学生音乐知识测试卷相同,本试题涵盖了《课程标准(2011 年版)》音乐课程内容中感受与欣赏、表现、创造、音乐与相关文化四大领域内容。本试卷共 10 道题,其中第 1 题、第 2 题、第 7 题、第 9 题是对本学段课程内容中"感受与欣赏"领域"音乐表现要素"掌握情况的考察;第 3 题是对"音乐与相关文化"领域知识掌握情况的考察;第 4 题是对"感受与欣赏"领域"音乐体裁与形式"掌握情况的考察;第 5 题是对"表现"领域对乐器认知的考察;第 6 题~第 9 题是音乐听辨题,其中第 6 题是对"感受与欣赏"领域"音乐情绪与情感"的考察;第 8 题是对"感受与欣赏"领域"音乐风格与流派"的考察;第 10 题是对"创造"领域"即兴编创"能力的考察。

以下是对京津冀小学生音乐知识笔答试卷成绩的相关分析。

表 3-122　京津冀三地小学生音乐知识测试成绩方差分析结果

方差同质性检验			
总分			
Levene 统计	df1	df2	显著性
5.558	2	176	0.005

ANOVA					
总分					
	平方和	df	均方	F	显著性
组之间	37.118	2	18.559	7.572	0.001
组内	431.392	176	2.451		
总计	468.510	178			

多重比较							
因变量: 总分							
	（I）地区	（J）地区	均值差（I–J）	标准误	显著性	95% 置信区间	
						下限	上限
LSD（L）	北京	天津	0.18000	0.28584	0.530	−0.3841	0.7441
		河北	1.04596*	0.28705	0.000	0.4795	1.6125
	天津	北京	−0.18000	0.28584	0.530	−0.7441	0.3841
		河北	0.86596*	0.28705	0.003	0.2995	1.4325
	河北	北京	−1.04596*	0.28705	0.000	−1.6125	−0.4795
		天津	−0.86596*	0.28705	0.003	−1.4325	−0.2995
Tamhane	北京	天津	.18000	0.28164	0.892	−0.5028	0.8628
		河北	1.04596*	0.27061	0.001	0.3900	1.7019
	天津	北京	−0.18000	0.28164	0.892	−0.8628	0.5028
		河北	0.86596*	0.30677	0.017	0.1228	1.6091
	河北	北京	−1.04596*	0.27061	0.001	−1.7019	−0.3900
		天津	−0.86596*	0.30677	0.017	−1.6091	−0.1228
*. 均值差的显著性水平为 0.05。							

通过对京津冀小学生音乐知识笔答试卷成绩进行方差分析,结果显示与京津冀中学生情况基本相似,即京津冀三地小学生对于本学段音乐知识的掌握情况存在显著差异。北京、天津小学生的音乐知识测试成绩明显高于河北小学生。

从京津冀三地小学生音乐知识测试成绩的均值图来看,北京小学生的成绩比天津小学生的成绩略高,但北京、天津小学生成绩明显大幅度高于河北小学生。

均值图

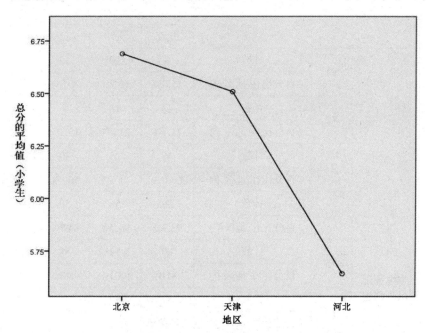

图 3-11　京津冀三地小学生音乐知识测试成绩均值图

表 3-123　京津冀地区城乡小学生音乐知识测试成绩独立样本 *t* 检验结果

		独立样本检定							
		方差方程的 Levene 检验		均值方程的 *t* 检验					
		F	Sig.	*t*	df	Sig.（双侧）	均值差值	标准误差值	差分的 95% 置信区间	
									下限	上限
总分	假设方差相等	1.267	0.262	17.272	177	0.000	2.56340	0.14842	2.27050	2.85629
	假设方差不相等			17.274	176.947	0.000	2.56340	0.14839	2.27055	2.85624

　　通过独立样本 *t* 检验，结果显示京津冀区域城市小学生与农村小学生在对本学段音乐知识的掌握情况方面存在显著差异。

表 3-124　京津冀三地小学生音乐知识测试卷各题正确率统计分析

			地区			总计
			北京	天津	河北	
小学生音乐知识测试卷	V1	计数	9	10	12	31
		百分比在 地区 内	15.0%	16.7%	20.3%	
	V2	计数	43	13	9	65
		百分比在 地区 内	71.7%	21.7%	15.3%	
	V3	计数	36	25	30	91
		百分比在 地区 内	60.0%	41.7%	50.8%	
	V4	计数	59	58	50	167
		百分比在 地区 内	98.3%	96.7%	84.7%	
	V5	计数	60	59	58	177
		百分比在 地区 内	100.0%	98.3%	98.3%	
	V6	计数	57	59	46	162
		百分比在 地区 内	95.0%	98.3%	78.0%	
	V7	计数	16	36	11	63
		百分比在 地区 内	26.7%	60.0%	18.6%	
	V8	计数	60	51	58	169
		百分比在 地区 内	100.0%	85.0%	98.3%	
	V9	计数	52	56	50	158
		百分比在 地区 内	86.7%	93.3%	84.7%	
	V10	计数	12	13	6	31
		百分比在 地区 内	20.0%	21.7%	10.2%	
总计		计数	60	60	59	179

通过对京津冀小学生音乐知识测试卷的每一题目进行正确率统计分析(见上表,V1 ～ V10代表 1 ～ 10 题),结果显示京津冀小学生在对乐器的认知、对音乐体裁与形式的掌握、对音乐情绪与情感的感受、对音乐风格与流派的认知等方面掌握情况普遍良好,尤其是第 5 题对乐器的识别和第 8 题对音乐与流派的听辨,北京小学生的答题正确率均达到100%。而对于音乐与相关文化、音乐表现要素、即兴编创等方面的相关内容,京津冀小学生的掌握情况并不理想。其中,第 2 题对音乐表现要素

掌握情况的考察中,北京小学生掌握情况较好,正确率为71.7%;而天津、河北小学生的答题正确率较低,分别为21.7%和15.3%。第1题对音乐表现要素节奏节拍的考察和第10题对即兴编创能力的考察,京津冀三地小学生的答题正确率都很低,仅达到10%～20%。从京津冀小学生音乐知识测试成绩的整体情况来看,与中学生呈现相似状况,即对于《课程标准(2011年版)》中"感受与欣赏"领域的相关知识掌握得相对较好,但对于创造领域、音乐表现要素等方面的相关知识比较欠缺。与小学生音乐知识的掌握情况相比,中学生对于音乐表现要素等方面的知识掌握得相对较好。

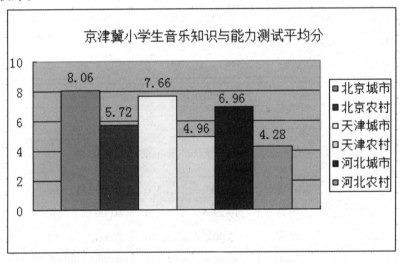

图3-12　京津冀三地城乡小学生音乐知识测试平均分

从图3-12可以看出,在京津冀三地城市与农村选取的6个小学学校样本中,北京城市小学生成绩最高,其次是天津城市小学生、河北城市小学生、北京农村小学生、天津农村小学生、河北农村小学生。从以上结果可以看出,目前在京津冀区域内三地小学生的音乐知识水平差异不大,但三地城市与农村小学生之间的差距较明显。因此,缩小三地城乡之间的音乐教育水平差距,也是京津冀基础音乐教育协同发展面临的首要任务。

2.京津冀中小学生现场音乐表演测试成绩分析

(1)京津冀中小学生演唱测试成绩分析

本测试的评分从京津冀中小学生演唱的音准、节奏、演唱方法、音乐表现力、完整性五个维度进行测评,并对每个维度的评分标准和依据进行了细化与量化,以保证评分的客观性和准确性。(演唱评分标准参见附录八)

表 3-125 京津冀三地中小学生演唱测试成绩方差分析结果

方差同质性检验			
总分			
Levene 统计	df1	df2	显著性
7.205	2	350	0.001

ANOVA					
总分					
	平方和	df	均方	F	显著性
组之间	6175.565	2	3087.783	29.595	0.000
组内	36516.967	350	104.334		
总计	42692.533	352			

多重比较							
因变量: 总分							
	（I）地区	（J）地区	均值差(I–J)	标准误	显著性	95% 置信区间	
						下限	上限
LSD（L）	北京	天津	5.004*	1.336	0.000	2.38	7.63
		河北	10.295*	1.339	0.000	7.66	12.93
	天津	北京	−5.004*	1.336	0.000	−7.63	−2.38
		河北	5.291*	1.321	0.000	2.69	7.89
	河北	北京	−10.295*	1.339	0.000	−12.93	−7.66
		天津	−5.291*	1.321	0.000	−7.89	−2.69
Tamhane	北京	天津	5.004*	1.337	0.001	1.78	8.22
		河北	10.295*	1.470	0.000	6.76	13.83
	天津	北京	−5.004*	1.337	0.001	−8.22	−1.78
		河北	5.291*	1.200	0.000	2.40	8.18
	河北	北京	−10.295*	1.470	0.000	−13.83	−6.76
		天津	−5.291*	1.200	0.000	−8.18	−2.40

*. 均值差的显著性水平为 0.05。

通过对京津冀中小学生演唱测试成绩进行方差分析,结果表明京津冀三地中小学生的演唱测评成绩存在显著差异。通过多重比较,结果显示北京与天津之间、北京与河北之间、天津与河北之间中小学生的演唱成绩均存在显著差异。从以下三地学生演唱测试成绩均值图(图3-13)中,可以清晰看出京津冀三地中小学生在演唱测试中的成绩均值的差异。

均值图

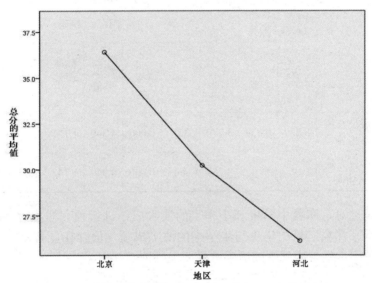

图3-13　京津冀三地中小学生演唱测试成绩均值图

表3-126　京津冀地区城乡中小学生演唱成绩独立样本 t 检验结果

独立样本检定(城乡)									
		方差方程的 Levene 检验		均值方程的 t 检验					
		F	Sig.	t	df	Sig.（双侧）	均值差值	标准误差值	差分的95%置信区间	
									下限	上限
总分	假设方差相等	14.542	0.000	3.850	351	0.000	4.428	1.150	2.166	6.691
	假设方差不相等			3.826	312.301	0.000	4.428	1.157	2.151	6.706

　　通过对京津冀城市中小学生和农村中小学生的演唱成绩进行独立样本 t 检验,结果显示京津冀城市中小学生的演唱成绩与农村中小学生的演唱成绩均值之间差异显著,说明京津冀区域城乡中小学生的演唱水平明显不同。

表 3-127　京津冀地区中学生与小学生演唱成绩独立样本 t 检验结果

独立样本检定(中学小学)									
		方差方程的 Levene 检验		均值方程的 t 检验						
		F	Sig.	t	df	Sig.(双侧)	均值差值	标准误差值	差分的95%置信区间	
									下限	上限
总分	假设方差相等	6.879	0.009	3.770	351	0.000	4.340	1.151	2.076	6.603
	假设方差不相等			3.784	334.063	0.000	4.340	1.147	2.084	6.596

　　通过对京津冀中学生和小学生的演唱成绩进行独立样本 t 检验,结果显示京津冀区域中学生与小学生的演唱成绩均值存在显著差异,说明京津冀中学生与小学生的演唱水平明显不同。

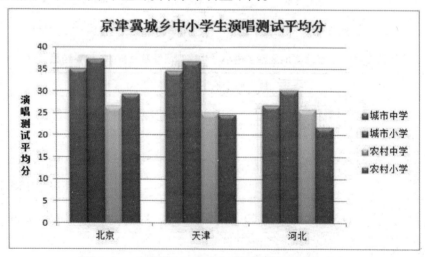

图 3-14　京津冀三地城乡中小学生演唱测试平均分

　　从图 3-14 可以看出,在京津冀区域,北京与天津城市中小学生的歌曲演唱水平相对较高,河北城市中小学生的演唱水平略高于三地农村中小学生。在三地城市学校中,小学生的演唱水平均高于中学生演唱水平,这可能与中学生正处于变声期的特殊时期有关，但其深层次原因还有待笔者进行更加深入的挖掘与探讨。三地农村中小学生的演唱水平普遍较低。

（2）京津冀中小学生乐器演奏调查结果分析

本测试原设计的评分标准是从学生演奏的音准、节奏、演奏方法、音乐表现力、完整性五个维度进行测评，并对每个维度的评分标准和依据进行了细化与量化，以保证评分的客观性和准确性(演奏评分标准参见附录九)。但由于学生学习的乐器不同，以及受当地学校客观测试条件所限，很多学生都不能携带乐器参加本次测试，而且因为是现场表演，很多学生，尤其是农村学校学生，拘泥羞涩，认为自己程度不好不敢表现。因此，在本环节的测试中，只有少量敢于表现的学生，而且全部是学习钢琴的学生进行了现场演奏，并不能代表其所在区域、所在学校的真实、普遍水平。故而，在本环节的测试中，笔者将其调整为以访谈形式对三地中小学生学习乐器的情况，包括学习的乐器、学习时间、学习途径等进行详细问询，以此来对京津冀三地中小学生学习乐器的概貌进行了解。

通过访谈笔者了解到，京津冀区域城市中小学生学习乐器的人数远多于三地农村中小学生，相比较而言，北京农村中小学生学习乐器的状况稍好于天津、河北两地的农村中小学生。在笔者调研的学过乐器的中小学生中，绝大多数是通过社会课外班进行学习的，目前京津冀中小学校中开展乐器教学的学校较少。在笔者调研到的河北农村中小学生中，学过乐器的人数为0。但在与河北农村中小学生的谈话交流中，笔者了解到，有些学生由于家长爱好音乐或学生自己喜欢等各种原因，家里买了电子琴、吉他等乐器，但学生表示平时只是自己随意弹着玩，并没有找老师学习过。还有些学生表示，自己家长会些乐器，如唢呐、笛子等，因此学生偶尔自己会吹着玩，但并未专门学习过。在对京津冀区域学过乐器的城市中小学生进行调研时，笔者发现了一个很有意思的现象，几乎调研到的学习或曾学习过乐器的学生中，自己报课外班学习乐器的学生几乎90%以上表示自己并不喜欢所学乐器，也不喜欢练习乐器，甚至有已经考过钢琴九级、十级的学生表示根本不喜欢钢琴，坚持练琴只是被父母所迫。而与之相反，某些学校在课堂上教授的乐器课，学生却更加喜欢，在笔者调研时曾听一位小学生吹奏在学校音乐课上学习的陶笛，客观说学生的吹奏水平并不高，但学生学习的兴趣、练习的热情却很高。这不禁引发了笔者的思考，乐器教学对于提高学生的识谱能力，锻炼学生集手、耳、眼、脑于一体，更加直观地感受音乐、表达音乐有着重要的作用。但对于普通中小学生来说，到底以何种形式、何种标准、何种要求来开展乐器教学才是理想有效的乐器教学？这是笔者将进行更加深入探讨的问题。

（3）京津冀中小学生乐谱识唱测试成绩分析

本测试的评分是从学生识唱乐谱的音准、节奏、识谱（即认识唱名）三个维度进行测评，并对每个维度的评分标准和依据进行了细化与量化，以保证评分的客观性和准确性。（乐谱识唱评分标准参见附录十）

表3-128　京津冀三地中小学生乐谱识唱测试成绩方差分析结果

ANOVA					
总分					
	平方和	df	均方	F	显著性
组之间	3858.360	2	1929.18	26.009	0.000
组内	25886.503	349	74.173		
总计	29744.864	351			

多重比较							
因变量：总分							
	（I）地区	（J）地区	均值差（I–J）	标准误	显著性	95% 置信区间	
						下限	上限
LSD（L）	北京	天津	−0.560	1.129	0.620	−2.78	1.66
		河北	6.694*	1.131	0.000	4.47	8.92
	天津	北京	0.560	1.129	0.620	−1.66	2.78
		河北	7.254*	1.114	0.000	5.06	9.44
	河北	北京	−6.694*	1.131	0.000	−8.92	−4.47
		天津	−7.254*	1.114	0.000	−9.44	−5.06
Tamhane	北京	天津	−.560	1.242	0.958	−3.55	2.43
		河北	6.694*	1.122	0.000	3.99	9.40
	天津	北京	0.560	1.242	0.958	−2.43	3.55
		河北	7.254*	1.019	0.000	4.80	9.71
	河北	北京	−6.694*	1.122	0.000	−9.40	−3.99
		天津	−7.254*	1.019	0.000	−9.71	−4.80
*. 均值差的显著性水平为 0.05。							

通过方差分析，结果显示方差检验 F=26.009，相伴概率 P=0.000 ＜ 0.05，说明京津冀三地中小学生在乐谱识唱水平上存在显著差异。通过多重比较，结果显示北京与天津中小学生的乐谱识唱水平相似，北京与河北、天

津与河北中小学生的乐谱识唱水平存在显著差异。从以下京津冀中小学生识唱乐谱测试成绩均值图中，可以直观看出京津冀三地中小学生在乐谱识唱方面的差异状况。天津中小学生的乐谱识唱水平略高于北京中小学生，但差距不大；天津与河北、北京与河北中小学生的乐谱识唱水平差距较大。

均值图

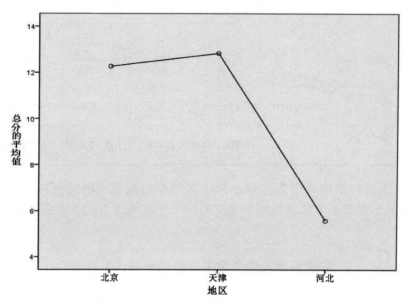

图 3-15　京津冀三地中小学生乐谱识唱测试成绩均值图

表 3-129　京津冀地区城乡中小学生乐谱识唱成绩独立样本 t 检验结果

独立样本检定（城乡）									
		方差方程的 Levene 检验		均值方程的 t 检验					
		F	Sig.	t	df	Sig.（双侧）	均值差值	标准误差值	差分的 95% 置信区间	
									下限	上限
总分	假设方差相等	105.046	0.000	12.695	350	0.000	10.326	0.813	8.726	11.926
	假设方差不相等			12.844	286.621	0.000	10.326	0.804	8.744	11.909

通过对京津冀城市中小学生和农村中小学生乐谱识唱测试成绩进行独立样本 *t* 检验,结果显示京津冀城市中小学生与农村中小学生在乐谱识唱水平方面存在明显差距。

表 3-130　京津冀地区中学生与小学生乐谱识唱成绩独立样本 *t* 检验结果

独立样本检定(中学小学)									
		方差方程的 Levene 检验		均值方程的 *t* 检验					
		F	Sig.	*t*	df	Sig.（双侧）	均值差值	标准误差值	差分的 95% 置信区间	
									下限	上限
总分	假设方差相等	6.385	0.012	−0.109	350	0.914	−0.107	0.983	−2.040	1.826
	假设方差不相等			−0.109	347.905	0.914	−0.107	0.982	−2.037	1.824

通过对京津冀中学生和小学生乐谱识唱测试成绩进行独立样本 *t* 检验,结果显示京津冀区域中学生与小学生在乐谱识唱水平上没有明显差距。

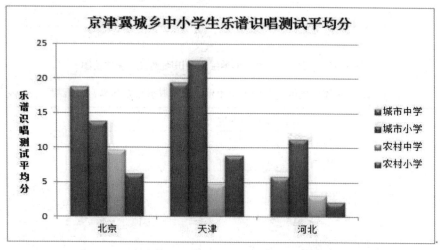

图 3-16　京津冀三地城乡中小学生乐谱识唱测试平均分

从参与调研的京津冀城乡中小学生乐谱识唱测试平均分来看,北京、天津城市中小学生的成绩最好,而河北城市中小学生的乐谱识唱成绩与北京、天津学生的识唱成绩差距较大,甚至河北城市中学生的乐谱识唱成绩还不及北京农村学校的学生水平。从京津冀区域的总体水平来看,城市学校学生的识谱能力明显优于农村学校学生,其中河北农村中小学生的乐谱识唱能力最低。通过以上各项调查,可以看出,目前京津冀区域中小学生的实际音乐能力存在很大差距,尤其是京津与河北之间、城市与农村之间差异显著。

四、京津冀基础音乐教育行政管理层的调查与分析

京津冀基础音乐教育的协同发展是一项复杂的系统工程,需要教育系统中各个行为主体的通力合作、共同推动。从中央到地方教育主管部门、学校行政管理层、教师、学生每一主体的思想认识和行为实践都直接影响着三地基础音乐教育协同发展的落实与推进。其中,地方教育主管部门和学校行政管理层作为纵向教育体系中承上启下的中心环节,既是国家教育政策、导向的传达者、执行者,又是地方教育政策文件的制定者、地方教学实施的管理者。京津冀三地教育主管部门和三地学校行政管理层对于京津冀教育协同发展的认识与态度,将直接影响着京津冀三地基础音乐教育协同工作的开展和实施。因此,为了更好地构建京津冀基础音乐教育的协同发展路径,笔者对京津冀三地地方教育主管部门的相关人员和三地中小学校长进行了调查。调查项目主要包括:目前京津冀三地教育主管部门和中小学校长对于京津冀教育协同发展的认识程度、协同态度、目前三地在基础教育领域已有的协同政策与实际措施,以及相关政策与措施进展的成效如何等。由于调查群体具有一定特殊性,为了保证调研质量,笔者对三地教育主管部门的相关领导采用约见晤谈法;对于三地中小学校长采用问卷与访谈相结合的方法进行调研。受笔者个人能力所限,此次调查对于京津冀三地教育主管部门层面,笔者只调研到河北省教育厅基教处和北京、天津几位区教委的有关领导,并不能全面代表三地教育主管部门的整体情况,但对于了解当前三地教育主管部门方面的相关政策和举措,了解三地在京津冀基础教育领域的协同现状和发展态势还是有着很大的帮助。为了更加全面地了解当前三地中小学在京津冀教育协同方面的实施进展及其协同状况,笔者在自己能力范围内,通过多种渠道最大限度地调研到更多的三地中小学校长。本次校长问卷共发放 80 份,回收 78 份,回收率为 97.5%。其中调研到的北京校长 27 名、天津校长 13 名、河北校长 38 名;按城乡类别划分,调研到的城市学校校长 39 名、乡村学校校长 39 名;按学校层次划分,中学校长 43 名、小学校长 35 名。基本能够满足对三地中小学校基础教育协同发展状况的概况了解。以下是对三地教育主管部门和三地中小学校长的调查结果分析。

（一）对当前国家京津冀协同发展战略的了解程度

表 3-131 京津冀三地校长对当前国家京津冀协同发展战略的了解程度

<table>
<tr><th colspan="3"></th><th colspan="3">4.您对当前国家京津冀协同
发展战略的了解程度</th><th rowspan="2">总计</th></tr>
<tr><th colspan="3"></th><th>非常
了解</th><th>知道
一些</th><th>只关心教
育领域的
协同发展</th></tr>
<tr><td rowspan="8">1.您的
学校所
在地</td><td rowspan="2">北京市</td><td>计数</td><td>12</td><td>14</td><td>1</td><td>27</td></tr>
<tr><td>百分比在1.您的学校
所在地内</td><td>44.4%</td><td>51.9%</td><td>3.7%</td><td>100.0%</td></tr>
<tr><td rowspan="2">天津市</td><td>计数</td><td>6</td><td>6</td><td>1</td><td>13</td></tr>
<tr><td>百分比在1.您的学校
所在地内</td><td>46.2%</td><td>46.2%</td><td>7.7%</td><td>100.0%</td></tr>
<tr><td rowspan="2">河北省</td><td>计数</td><td>9</td><td>21</td><td>7</td><td>37</td></tr>
<tr><td>百分比在1.您的学校
所在地内</td><td>24.3%</td><td>56.8%</td><td>18.9%</td><td>100.0%</td></tr>
<tr><td colspan="2" rowspan="2">总计</td><td>计数</td><td>27</td><td>41</td><td>9</td><td>77</td></tr>
<tr><td>百分比在1.您的学校
所在地内</td><td>35.1%</td><td>53.2%</td><td>11.7%</td><td>100.0%</td></tr>
</table>

　　调查结果显示,在参与调研的京津冀中小学校长中,对国家京津冀协同发展战略"知道一些"的校长人数最多,分别占到各地区总校长数的51.9%、46.2%和56.8%。其中北京、天津校长中"非常了解"该战略的人数较多,分别占到各地区总校长数的44.4%和46.2%;而河北校长中表示"非常了解"该战略的仅占到24.3%。

表 3-132 京津冀地区城乡校长对当前国家京津冀协同发展战略的了解程度

<table>
<tr><th colspan="3"></th><th colspan="3">4.您对当前国家京津冀协同发
展战略的了解程度</th><th rowspan="2">总计</th></tr>
<tr><th colspan="3"></th><th>非常
了解</th><th>知道
一些</th><th>只关心教
育领域的
协同发展</th></tr>
<tr><td rowspan="2">3.您所在
的学校</td><td rowspan="2">市区学校</td><td>计数</td><td>13</td><td>22</td><td>4</td><td>39</td></tr>
<tr><td>百分比在3.您所
在的学校是:内</td><td>33.3%</td><td>56.4%</td><td>10.3%</td><td>100.0%</td></tr>
</table>

续表

| | | | 4.您对当前国家京津冀协同发展战略的了解程度 | | | 总计 |
			非常了解	知道一些	只关心教育领域的协同发展	
	乡村学校	计数	14	19	5	38
		百分比在3.您所在的学校是：内	36.8%	50.0%	13.2%	100.0%
总计		计数	27	41	9	77
		百分比在3.您所在的学校是：内	35.1%	53.2%	11.7%	100.0%

从以上统计结果可以看出，京津冀城市学校与农村学校校长对于国家京津冀协同发展战略的了解程度不存在显著差异。"知道一些"的校长人数最多，分别占到城市与农村被调研学校总校长数的56.4%和50%。但值得注意的是，在"非常了解"京津冀协同发展战略的校长中，农村校长比城市校长的比重更大，这也说明农村学校校长对于京津冀协同发展战略可能更加关注，希望在京津冀协同发展中提升自己学校的愿望更加迫切。

通过访谈了解到，京津冀三地教育主管部门的相关领导对于国家京津冀协同发展战略的了解程度也不存在明显差异，大多表示非常了解该战略，并对该战略的意义和价值非常认同。由此可见，目前三地教育主管部门和中小学校长对于国家京津冀协同发展战略都是比较了解并认同的，这为京津冀基础音乐教育的协同发展提供了有利的行政保障。

（二）对京津冀基础教育领域协同发展的个人态度

表3-133　京津冀三地校长对基础教育领域协同发展的个人态度

| | | | 5.您对京津冀基础教育协同发展的个人观点 | | | 总计 |
			非常支持	比较支持	无所谓	
1.您的学校所在地	北京市	计数	20	7	0	27
		百分比在1.您的学校所在地 内	74.1%	25.9%	0.0%	100.0%

续表

			5.您对京津冀基础教育协同发展的个人观点			总计
			非常支持	比较支持	无所谓	
1.您的学校所在地	天津市	计数	5	7	1	13
		百分比在1.您的学校所在地 内	38.5%	53.8%	7.7%	100.0%
	河北省	计数	29	8	0	37
		百分比在1.您的学校所在地 内	78.4%	21.6%	0.0%	100.0%
总计		计数	54	22	1	77
		百分比在1.您的学校所在地 内	70.1%	28.6%	1.3%	100.0%

表3-134 京津冀三地校长对基础教育领域协同发展的态度对比

方差同质性检验			
Levene 统计	df1	df2	显著性
3.104	2	74	0.051

ANOVA					
	平方和	df	均方	F	显著性
组之间	2.295	2	1.147	5.233	0.007
组内	16.225	74	0.219		
总计	18.519	76			

多重比较

因变量:5.您对京津冀基础教育协同发展的个人观点

	(I)地区	(J)地区	均值差(I-J)	标准误	显著性	95% 置信区间 下限	上限
LSD（L）	北京市	天津市	−0.433*	0.158	0.008	−0.75	−0.12
		河北省	0.043	0.119	0.718	−0.19	0.28
	天津市	北京市	0.433*	0.158	0.008	0.12	0.75
		河北省	0.476*	0.151	0.002	0.18	0.78
	河北省	北京市	−0.043	0.119	0.718	−0.28	0.19
		天津市	−0.476*	0.151	0.002	−0.78	−0.18

多重比较							
因变量：5.您对京津冀基础教育协同发展的个人观点							
	(I)地区	(J)地区	均值差(I-J)	标准误	显著性	95% 置信区间	
						下限	上限
Tamhane	北京市	天津市	−0.433	0.195	0.113	−0.95	0.08
		河北省	0.043	0.110	0.972	−0.23	0.31
	天津市	北京市	0.433	0.195	0.113	−0.08	0.95
		河北省	0.476	0.188	0.065	−0.02	0.98
	河北省	北京市	−0.043	0.110	0.972	−0.31	0.23
		天津市	−0.476	0.188	0.065	−0.98	0.02
*. 均值差的显著性水平为 0.05。							

以上统计结果显示，74.1%的北京校长和78.4%的河北校长表示"非常支持"京津冀基础教育的协同发展；而天津校长中"比较支持"的人数最多，占到该地区总调研校长数的53.8%。通过方差分析，结果显示在对京津冀基础教育协同发展的个人态度方面，北京与河北校长之间不存在显著差异；而北京与天津、天津与河北之间差异显著。

表 3-135　京津冀地区城乡校长对基础教育领域协同发展的态度对比

			5、您对京津冀基础教育协同发展的个人观点：			总计
			非常支持	比较支持	无所谓	
3、您所在的学校是：	市区学校	计数	20	18	1	39
		百分比在3、您所在的学校是：内	51.3%	46.2%	2.6%	100.0%
	乡村学校	计数	34	4	0	38
		百分比在3、您所在的学校是：内	89.5%	10.5%	0.0%	100.0%
总计		计数	54	22	1	77
		百分比在3、您所在的学校是：内	70.1%	28.6%	1.3%	100.0%

从以上频数表中可以看出，目前京津冀城市学校与农村学校校长中"非常支持"京津冀基础教育协同发展的人数最多，分别为51.3%和

89.5%。其中,农村校长的总体支持情况比城市校长的支持情况更好,这也突显了农村校长在京津冀协同发展战略中对于三地教育协同共进的期盼。

在对三地教育主管部门的访谈中,各地教育主管部门的相关领导也都表现出对京津冀教育协同发展非常支持的积极态度,但也表示目前对于该项工作还未真正进入实质性推进阶段,仍在酝酿、调研、论证阶段。

(三)京津冀基础教育领域协同发展有何进展或举措

表 3-136　京津冀三地学校在基础教育领域协同发展进展情况

			6. 贵校在京津冀基础音乐教育协同发展方面有何举措?		总计
			无举措	有举措	
1. 您的学校所在地	北京市	计数	20	7	27
		百分比在 1. 您的学校所在地 内	74.1%	25.9%	100.0%
	天津市	计数	9	4	13
		百分比在 1. 您的学校所在地 内	69.2%	30.8%	100.0%
	河北省	计数	23	15	38
		百分比在 1. 您的学校所在地 内	60.5%	39.5%	100.0%
总计		计数	52	26	78
		百分比在 1. 您的学校所在地 内	66.7%	33.3%	100.0%

表 3-137　京津冀三地学校在基础教育领域协同发展进展情况对比

方差同质性检验			
Levene 统计	df1	df2	显著性
2.616	2	75	0.080

ANOVA					
	平方和	df	均方	F	显著性
组之间	0.300	2	0.150	0.660	0.520
组内	17.033	75	0.227		
总计	17.333	77			

多重比较							
因变量：6. 贵校在京津冀基础音乐教育协同发展方面有何举措？							
	（*I*）地区	（*J*）地区	均值差（*I–J*）	标准误	显著性	95% 置信区间	
						下限	上限
LSD（L）	北京市	天津市	−0.048	0.161	0.764	−0.37	0.27
		河北省	−0.135	0.120	0.262	−0.37	0.10
	天津市	北京市	0.048	0.161	0.764	−0.27	0.37
		河北省	−0.087	0.153	0.571	−0.39	0.22
	河北省	北京市	0.135	0.120	0.262	−0.10	0.37
		天津市	0.087	0.153	0.571	−0.22	0.39
Tamhane	北京市	天津市	−0.048	0.159	0.987	−0.46	0.36
		河北省	−0.135	0.118	0.585	−0.42	0.15
	天津市	北京市	0.048	0.159	0.987	−0.36	0.46
		河北省	−0.087	0.156	0.927	−0.49	0.32
	河北省	北京市	0.135	0.118	0.585	−0.15	0.42
		天津市	0.087	0.156	0.927	−0.32	0.49

表 3–138 京津冀地区城乡学校在基础教育领域协同发展进展情况

			6. 贵校在京津冀基础音乐教育协同发展方面有何举措？		总计
			无举措	有举措	
3. 您所在的学校	市区学校	计数	30	9	39
		百分比在 3. 您所在的学校是：内	76.9%	23.1%	100.0%
	乡村学校	计数	22	17	39
		百分比在 3. 您所在的学校是：内	56.4%	43.6%	100.0%
总计		计数	52	26	78
		百分比在 3. 您所在的学校是：内	66.7%	33.3%	100.0%

表 3-139　京津冀地区城乡学校在基础教育领域协同发展进展情况对比

		独立样本检定								
		方差方程的 Levene 检验		均值方程的 t 检验						
		F	Sig.	t	df	Sig.（双侧）	均值差值	标准误差值	差分的95%置信区间	
									下限	上限
6.贵校在京津冀基础音乐教育协同发展方面有何举措？	假设方差相等	12.802	0.001	−1.943	76	0.056	−0.205	0.106	−0.415	0.005
	假设方差不相等			−1.943	74.068	0.056	−0.205	0.106	−0.415	0.005

通过以上方差分析和独立样本 t 检验,结果显示在参与调查的三地教育主管部门和三地中小学校中,大部分在京津冀基础教育领域还没有相关进展或举措,这在京津冀三地之间、城市与农村之间情况基本相同,没有明显差别。

（四）京津冀各地区在音乐教育方面具有的自身优势

表 3-140　京津冀三地学校在音乐教育方面的各自优势

		响应		个案数的百分比 /%
		N	百分比 /%	
北京	第 8 题（1. 没有优势）	7	13.5	25.9
	第 8 题（2. 资金充足）	7	13.5	25.9
	第 8 题（3. 优质师资）	13	25.0	48.1
	第 8 题（4. 可提供教学场地）	11	21.2	40.7
	第 8 题（5. 可提供教改基地）	9	17.3	33.3
	第 8 题（6. 当地特色传统音乐文化,如有,请将当地传统音乐文化名称简要写出）	4	7.7	14.8
	第 8 题（7. 其他,请写出）	1	1.9	3.7
	总计	52	100.0	192.6

续表

		响应		个案数的百分比/%
		N	百分比/%	
天津	第8题（1. 没有优势）	5	27.8	38.5
	第8题（2. 资金充足）	4	22.2	30.8
	第8题（3. 优质师资）	5	27.8	38.5
	第8题（4. 可提供教学场地）	1	5.6	7.7
	第8题（5. 可提供教改基地）	1	5.6	7.7
	第8题（6. 当地特色传统音乐文化，如有，请将当地传统音乐文化名称简要写出）	2	11.1	15.4
	总计	18	100.0	138.5
河北	第8题（1. 没有优势）	12	20.0	32.4
	第8题（2. 资金充足）	4	6.7	10.8
	第8题（3. 优质师资）	12	20.0	32.4
	第8题（4. 可提供教学场地）	15	25.0	40.5
	第8题（5. 可提供教改基地）	9	15.0	24.3
	第8题（6. 当地特色传统音乐文化，如有，请将当地传统音乐文化名称简要写出）	8	13.3	21.6
	总计	60	100.0	162.2

　　在对京津冀三地教育主管部门和三地中小学校长进行调研时，笔者明显感觉到，三地教育主管部门和校长们对目前本地区、本校在音乐教育方面所具有的自身优势并没有清晰的认识，当然，这与教育行政管理层的日常事务较多，而音乐又不属于中小学的主干课程，因此管理部门在此方面并没有进行过深入思考或关注有关。但从访谈和对校长们的问卷中，可以粗略看出，由于三地在经济、文化、教育等方面的发展状况不同，各地在自身比较优势方面还是有所差异的，有利于三地的优势互补、协同共进，但在音乐教育方面三地的各自比较优势还有待于更加深入地挖掘与开发。

（五）京津冀各地区在音乐教育方面的现实需求

表3-141　京津冀三地学校在音乐教育方面的现实需求

		响应		个案数的百分比/%
		N	百分比/%	
北京	第9题（1.资金支持）	19	22.6	70.4
	第9题（2.先进教育理念引领）	22	26.2	81.5
	第9题（3.师资水平）	16	19.0	59.3
	第9题（4.教学设备的配备）	16	19.0	59.3
	第9题（5.教学场地扩建）	11	13.1	40.7
总计		84	100.0	311.1
天津	第9题（1.资金支持）	6	20.7	46.2
	第9题（2.先进教育理念引领）	10	34.5	76.9
	第9题（3.师资水平）	9	31.0	69.2
	第9题（4.教学设备的配备）	2	6.9	15.4
	第9题（5.教学场地扩建）	2	6.9	15.4
总计		29	100.0	223.1
河北	第9题（1.资金支持）	23	19.8	63.9
	第9题（2.先进教育理念引领）	28	24.1	77.8
	第9题（3.师资水平）	30	25.9	83.3
	第9题（4.教学设备的配备）	21	18.1	58.3
	第9题（5.教学场地扩建）	13	11.2	36.1
	第9题（6.其他,请写出）	1	0.9	2.8
总计		116	100.0	322.2

调查结果显示,京津冀三地在音乐教育方面的需求主要集中在先进的教育理念、资金支持、优质师资等几个方面,其中各地的需求还有所差异,进一步验证了京津冀基础音乐教育的协同发展要从切实挖掘三地的各自优势与需求入手,京津冀三地的基础音乐教育现状具备区域整体协同共进的必需条件和基础。

（六）对于音乐教育在基础教育领域中地位的认识

表3-142　京津冀三地校长对于音乐教育在基础教育领域中的地位认识

| | | | 12. 您认为音乐教育在基础教育领域中的地位如何？ | | 总计 |
			十分重要	比较重要	
1.您的学校所在地	北京市	计数	16	10	26
		百分比在1.您的学校所在地 内	61.5%	38.5%	100.0%
	天津市	计数	6	5	11
		百分比在1.您的学校所在地 内	54.5%	45.5%	100.0%
	河北省	计数	25	11	36
		百分比在1.您的学校所在地 内	69.4%	30.6%	100.0%
总计		计数	47	26	73
		百分比在1.您的学校所在地 内	64.4%	35.6%	100.0%

表3-143　京津冀地区城乡校长对于音乐教育在基础教育领域中的地位认识

| | | | 12. 您认为音乐教育在基础教育领域中的地位如何？ | | 总计 |
			十分重要	比较重要	
3.您所在的学校	市区学校	计数	18	18	36
		百分比在3.您所在的学校是：内	50.0%	50.0%	100.0%
	乡村学校	计数	29	8	37
		百分比在3.您所在的学校是：内	78.4%	21.6%	100.0%
总计		计数	47	26	73
		百分比在3.您所在的学校是：内	64.4%	35.6%	100.0%

在参与本次调研的三地教育主管部门和中小学校长中,对于音乐教育在基础教育领域中的地位认识,不存在区域和城乡的差异。认为音乐教育"十分重要"的人数最多,其次是认为"比较重要",而认为音乐教育在基础教育领域"可有可无"的人数为0。这也从侧面体现了,近年来随着国家对素质教育的重视,音乐教育作为素质教育的重要组成部分,越来越受到教育主管部门和学校管理者的重视。这也为京津冀基础音乐教育的协同发展提供了良好的社会环境。

(七)音乐教师的待遇在各地区、各学校的状况

表3-144　京津冀三地音乐教师的待遇情况

			21. 贵校音乐教师的各项待遇与其他科目教师相比			总计
			相同	音乐教师待遇低于其他主要科目教师待遇	音乐教师待遇高于其他主要科目教师待遇	
1.您的学校所在地	北京市	计数	23	4	0	27
		百分比在 1. 您的学校所在地 内	85.2%	14.8%	0.0%	100.0%
	天津市	计数	12	0	1	13
		百分比在 1. 您的学校所在地 内	92.3%	0.0%	7.7%	100.0%
	河北省	计数	34	3	1	38
		百分比在 1. 您的学校所在地 内	89.5%	7.9%	2.6%	100.0%
总计		计数	69	7	2	78
		百分比在 1. 您的学校所在地 内	88.5%	9.0%	2.6%	100.0%

通过访谈和问卷调查,结果显示京津冀三地教育主管部门和中小学校长在对音乐教师的待遇问题上,都认为本地区、本校音乐教师在各项待遇上与其他主课教师待遇相同。甚至有个别校长认为在自己学校音乐教师的待遇更高,因为学校为音乐教师提供了更多的外出进修学习机会。但这与教师问卷中,三地音乐教师在该问题上的反馈并不相符。说明在一定程度上,教育管理者并没有真正对音乐教师的需求进行了解,教育管

理者的主观认识与客观实际有着一定差距。因此,在构建京津冀基础音乐教育协同发展路径时,要更加客观、真实地进行调研,了解三地音乐教师的现实需求,构建合理有效的激励机制,调动三地音乐教师在京津冀协同发展中的主动性和积极性,为推动京津冀基础音乐教育的协同发展提供师资保障。

表 3-145　京津冀地区城乡音乐教师的待遇情况

			21.贵校音乐教师的各项待遇与其他科目教师相比			总计
			相同	音乐教师待遇低于其他主要科目教师待遇	音乐教师待遇高于其他主要科目教师待遇	
3.您所在的学校	市区学校	计数	31	6	2	39
		百分比在 3.您所在的学校是：内	79.5%	15.4%	5.1%	100.0%
	乡村学校	计数	38	1	0	39
		百分比在 3.您所在的学校是：内	97.4%	2.6%	0.0%	100.0%
总计		计数	69	7	2	78
		百分比在 3.您所在的学校是：内	88.5%	9.0%	2.6%	100.0%

(八)京津冀各地区的地方特色传统音乐资源

表 3-146　京津冀三地地方特色传统音乐资源拥有情况

			23.贵校所在地区是否有地方特色传统音乐资源?		总计
			没有	有	
1.您的学校所在地	北京市	计数	18	8	26
		百分比在 1.您的学校所在地 内	69.2%	30.8%	100.0%
	天津市	计数	9	4	13
		百分比在 1.您的学校所在地 内	69.2%	30.8%	100.0%

			23.贵校所在地区是否有地方特色传统音乐资源?		总计
			没有	有	
	河北省	计数	28	9	37
		百分比在 1.您的学校所在地 内	75.7%	24.3%	100.0%
总计		计数	55	21	76
		百分比在 1.您的学校所在地 内	72.4%	27.6%	100.0%

表 3-147 京津冀地区城乡地方特色传统音乐资源拥有情况

			23.贵校所在地区是否有地方特色传统音乐资源?		总计
			没有	有	
3.您所在的学校	市区学校	计数	27	11	38
		百分比在 3.您所在的学校是: 内	71.1%	28.9%	100.0%
	乡村学校	计数	28	10	38
		百分比在 3.您所在的学校是: 内	73.7%	26.3%	100.0%
总计		计数	55	21	76
		百分比在 3.您所在的学校是: 内	72.4%	27.6%	100.0%

在参与本次调研的教育主管部门和中小学校长中,大部分认为本地区没有地方特色传统音乐资源。在该问题的认识上,三地之间、城乡之间没有明显差异。但事实上,京津冀地区同属燕赵大地,有着悠久的文化历史,地方传统音乐资源丰富多彩。三地教育管理层对该问题的认识与现实有着巨大差距。由此可以看出,长期以来,京津冀三地教育管理者并没有将我国优秀传统音乐文化融入基础教育教学领域的主动意识,并没有发挥学校教育对地方优秀传统音乐文化的传承与保护作用。这是三地教育管理层思想和认识上的缺失。在推进京津冀基础音乐教育的协同发展中,要着重加强三地行政管理者传承地方优秀传统文化的主动意识,将学校作为传承三地地方特色优秀传统音乐文化的重要阵地。

第二节 京津冀教育领域的协同发展实践动态

自"京津冀协同发展"上升为重大国家战略之后,京津冀三省市的协同发展成为社会各界所广泛关注的热点问题。从中央到地方各级政府积极对京津冀三地各个社会领域、各个层面的协同发展规划进行调研、论证,并出台一系列政策、法规,从政府层面加强了京津冀三地的区域合作。如:北京市委根据国家《京津冀协同发展规划纲要》和京津冀协同发展领导小组的会议精神,印发实施了《中共北京市委北京市人民政府关于贯彻〈京津冀协同发展规划纲要〉的意见》(京发 [2015]11 号)、《北京市落实〈京津冀协同发展规划纲要〉2015 年重点项目》(京政办发〔2015〕38 号)、《北京市推进京津冀协同发展 2015—2017 年工作要点》(京政办发〔2015〕55 号),并编制完成《北京市"十三五"时期推动京津冀协同发展规划(征求意见稿)》等一系列政策文件,推动了"京津冀协同发展战略"的全面实施。2014 年 7 月 31 日,北京市与河北省正式签署了包括曹妃甸协同发展示范区、北京新机场临空经济区等协议在内的"6+1"合作文件,标志着北京市与河北省的合作进入全新的阶段。2014 年 8 月 24 日,天津市与河北省签署了包括《推进教育协同发展合作框架协议》在内的"4+1"合作框架协议,全面推进津冀两省市的深化合作。2015 年 9 月,经国家发改委会同住房城乡建设部审核,正式批复了《北京市城市轨道交通建设规划(2014—2020)》,以下简称《规划》,该《规划》指出:"未来五年,北京将建设 12 条地铁,其中包括京津冀首条区域快线、北京首条城市 APM 线等。"① 这意味着京津冀交通一体化取得了实质性进展。这一系列文件的出台,为京津冀三地的协同发展提供了政策保障,推动了京津冀协同发展工作的顺利开展,京津冀区域一大批重大项目相继开工、建成。如:京津城际延伸线、津保铁路等已正式投入运营,北京新机场航站楼核心区工程已开工,等等。在国家"京津冀协同发展战略"的大力推动下,京津冀各领域的协同发展工作开展得如火如荼。

然而,京津冀协同发展是一个复杂的系统工程,这决定了其推进工作必须有重点、分层次地展开。当前,在国家制定的京津冀协同发展战略的

---

① 每日经济新闻.京津冀首条区域快线获批 未来五年再建 12 条地铁 [EB/OL]. http://house.qq.com/a/20150929/012720.htm? pgv_ref=aio2015&ptlang=2052, 2015-09-29.

顶层设计——《京津冀协同发展规划纲要》（以下简称《规划纲要》）中，仅将京津冀交通一体化、生态环境保护、产业升级转移三大领域作为京津冀协同发展工作的率先突破口。在《规划纲要》中包括了交通一体化、环保一体化和产业一体化的实施细则。但到目前为止，在诸多有关京津冀协同发展的中央文件中尚未提及有关教育一体化的实施规划，没有从国家层面对京津冀区域的教育协同发展做出整体规划和实施细则。但这并未影响京津冀三地政府及教育界自身推动京津冀三地教育协同发展的工作热情。三地政府及教育主管部门、学校、社会教育集团等教育界各方力量积极自觉地打破地区间的行政壁垒，主动融入"京津冀协同发展"的国家大战略，出台了一系列政策文件并进行着积极的实践探索。根据对京津冀三地基础音乐教育现状的调研，鉴于当前三地在基础音乐教育领域的协同发展还未有涉及，为了更好地研究京津冀基础音乐教育协同发展的有效路径，笔者对当前京津冀教育协同发展方面出台的相关政策文件及实践举措进行了详细的搜集与梳理，以期总结和借鉴当前京津冀三地在教育领域协同发展中已取得的成功经验和存在的不足，在理论研究及调研现状和汲取已有实践经验、教训的基础上，构建更加符合京津冀基础音乐教育区域特色的协同发展路径。

一、京津冀三地政府及教育主管部门之间的协同动态

2014 年 8 月，北京市与天津市签署了包括 1 个推进实施重点工作协议，以及 5 个专门的框架协议在内的《京津"1 + 5"合作协议》，分别涉及北京市与天津市共建滨海——中关村科技园合作、加强环境保护、推进市场一体化进程等方面的内容。在教育协同方面，协议提出："将支持有条件的优势教育资源开展合作办学、联合科研和人才培养，建立优质资源互通互享、课程互选学分互认、教育发展规划互通协商的机制，深化京津两市教育战略合作。"[①]2014 年 8 月，天津市与河北省签署了《推进教育协同发展合作框架协议》（以下简称《协议》）。该《协议》本着"优势互补、互利共赢"的原则，共商在携手建设河北工业大学、建立高校跨省（市）招生计划协商机制、建设区域性基础教育数字资源中心和基础教育信息库、开展高层次人才培养合作试点等方面开展深度合作。2015 年 10 月，北京市与河北省签署了《京冀两地教育协同发展对话与协作机制框架协议》（以下简称《协议》）及教育合作框架协议，以此来加强两地教育行政

---

① 中国政府网.京津以"交通 医疗 教育 通信"破题公共服务一体化[EB/OL].
http://news.sina.com.cn/c/2014-08-07/145630648067.shtml, 2014-08-07.

主管部门之间的沟通与协商,该《协议》指出:要"深化教育各领域的交流与合作,鼓励在京高等学校通过合作办学、学科共建、教师交流挂职等多种模式,开展区域教育合作;支持组建京津冀高等学校联盟,促进高等学校优质教学科研资源共享。"①2016年1月,北京市大兴区、天津市北辰区、河北省廊坊市成立了"京津冀三区市教育联盟"。该联盟遵循"自愿、协同、共享、共赢"的原则,主动对接京津冀协同发展总体战略,积极融入京津冀教育协同发展工作体系,促进三区市教育事业资源共享、学校共建、研训协同、师生交流,助推三区市在推进教育改革和发展方面研究解决共性问题、相互学习借鉴、共同发展提高。该联盟"实行轮值主席制度,轮值主席由三区市教育行政管理部门主要负责人担任,任期一年。"②据悉,"十三五"期间,三区市教育联盟将"合作培养百名教育领军人才,包括100名左右的骨干校长和100位左右的名师。"③2016年6月,京津冀三地教育部门和教育督导部门共同签署了《京津冀教育督导协作机制框架协议》。该协议指出:京津冀三地将每年召开一次督导部门主任联席会,定期会商区域教育督导协同发展重大任务,开展重点工作,对重要政策、重大问题开展课题研究。同时,组建三地教育督导专家库,实现资源共享,开展督学培训研修,定期组织开展多形式、多层级的督导调研、学习考察、督导论坛或研究交流会等活动,以此来加强京津冀教育督导全方位的沟通与协商,提升区域教育督导协同发展水平,保障京津冀教育的协同发展。2016年9月,北京市朝阳区与河北省唐山市签署《京(朝阳)冀(唐)职业教育战略合作协议》。协议提出,朝阳区将选派职教专家对唐山市职业教育工作者进行培训;两地教育行政部门、职业学校领导将定期互访交流,探讨合作内容和形式;形成师资互访互学交流机制,定期组织双方教师开展业务交流和技能培训;形成学生互访互学交流机制、合作培养技能人才、共建实习实训基地等。2017年2月17日,教育部会同京津冀三地教育主管部门共同发布了《"十三五"时期京津冀教育协同发展专项工作计划》和《京津冀教育对口帮扶项目计划》(以下称简《计划》),并签署了北京市通州区、天津市武清区、河北省廊坊市三地推进基础教育一体化协议。该《计划》指出,"京津冀三地将继续鼓励采取教育集团、学校联盟、结对帮扶、委托管理、开办分校等方式,引导北京、天津优质中

① 北京市发展和改革委员会.我委通报京津冀协同发展2015年工作进展情况[EB/OL].http://www.bjpc.gov.cn/zwxx/zcfg/zcjd/201512/t9860651.htm,2015-10-16.
② 京华时报.京津冀三地成立教育联盟5年推千节优质示范课[EB/OL].http://edu.sina.com.cn/l/2016-01-29-doc-ifxnzanh0300226.shtml,2016-01-29.
③ 京华时报.京津冀三地成立教育联盟5年推千节优质示范课[EB/OL].http://edu.sina.com.cn/l/2016-01-29-doc-ifxnzanh0300226.shtml,2016-01-29.

小学与河北中小学开展跨区域合作办学,整体提升学校管理水平。完善基础教育数字化优质资源共享机制,实现京津冀优质数字教育资源共建共享。"①

二、京津冀三地政府、教育主管部门与教育实体之间的协同动态

2014年10月,北京化工大学和秦皇岛市政府签署战略协议书,共商在秦皇岛北戴河新区建立北京化工大学秦皇岛校区,主要开设精细化工和生物技术,预计2017年开始招生。2015年2月,北京广渠门中学与张家口康保县签订了《北京广渠门中学对口帮扶河北省康保县基础教育项目合作协议》,创办"北京广渠门中学分校"。根据协议,北京广渠门中学将以"一校帮一县"的帮扶模式,利用三年时间,选派专家、名师,在干部队伍培训、教师队伍培训、学生培养等方面对康保县进行帮扶。2015年6月,石家庄鹿泉区教育局以鹿泉一中为依托,与"中国教育报刊社人民教育家研究院"合作,成立"人民教育家研究院·石家庄实验学校",引进清华附中、人大附中、天津中学等京津优质资源,助力石家庄及鹿泉教育发展,多渠道、多方位地助力学生成人、成才、成功。2015年10月,北京市政府与河北省政府依据两省市签订的《共同打造曹妃甸协同发展示范区框架协议》要求,在曹妃甸举行"北京—唐山优质教育资源合作启动仪式"。在此期间,北京景山学校、曹妃甸区、投资集团共同签署了《合作办学协议》,旨在推动曹妃甸和京冀地区基础教育事业的优质均衡发展。同时,北京教育科学研究院与唐山市教育局共同签署了《北京—唐山优质教育资源合作框架协议》,正式启动了"北京数字学校平台系统",标志着京唐教育步入紧密合作、协同发展的崭新阶段。

三、京津冀三地教育实体之间的协同动态

2014年7月6日,北京八中在河北廊坊固安县建立北京八中固安分校,该分校是由北京市第八中学、固安县人民政府、华夏幸福基业股份有限公司共同合作的办学项目,旨在向京南区域辐射优质教育资源。2015年6月14日,北京、天津、河北三地的工业大学携手成立"京津冀协同创新联盟"。该联盟高校协商共同构建国际化资源开放实验平台,促进管理经验和服务地方经济建设的交流与互鉴,实现校际教师互聘和优秀管理

---

① 北京日报.京津冀教育协同发展"十三五"专项工作计划发布[EB/OL].http://jingjinji.qianlong.com/2017/0218/1413570.shtml,2017-02-18.

干部相互挂职锻炼等合作项目。2015 年 7 月 10 日,北大青鸟文教集团与廊坊益田集团合作创办北大附属廊坊益田实验学校。该学校是一所集幼儿园、小学、初中、高中为一体的国际化新型学校,是由北大青鸟文教集团与廊坊益田集团合作创办的廊坊市重点教育项目。学校位于廊坊永清工业园区,距北京市区 40 公里,距天津市区 50 公里,距廊坊市区 15 公里,距首都新机场仅 10 公里,20 分钟可直达北京,坐拥"环渤海经济圈"无可比拟的区位、交通优势。该校依托北京大学优质教育资源,立足本地,服务京津冀都市圈,致力于把北大精神向基础教育领域传播。2015 年 9 月 16 日,由北京大学联合清华大学、南开大学、河北经贸大学和首都经济贸易大学五所高校共同签署了《京津冀协同发展联合创新中心合作协议》,并成立"京津冀协同发展联合创新中心"。该中心"依托五所高校的研究基础和学科优势,融合国务院发展研究中心区域发展战略部、国家发改委国土开发与地区经济研究所、中国科学院地理科学与资源研究所、中国社会科学院城市发展与环境研究所等相关研究机构的优质研究资源,创新研究组织模式,形成跨学科、跨领域、跨区域的创新团队,主要面向京津冀协同发展国家重大需求,开展区域发展科学研究、学科建设和人才培养,探索提升高校协同创新能力的体制机制。"[1]2016 年 8 月,北京工商大学、天津财经大学、河北大学共同签订合作协议,联合成立了"京津冀高校商科类协同创新联盟"。协议提出:"三地高校将聚集和培养一批拔尖创新领军人才,实现校际教师互聘,优质师资共享;开展校际干部交流,选派优秀管理干部相互挂职锻炼;促进学生跨校交流与培养,联合建立创新创业基地;联合开展教改研究与教材建设,促进跨校授课、跨校指导学生等,实现优质课程资源的协同开发与共享。"[2]

四、京津冀普通民众对京津冀教育协同发展的舆情动态 [3]

2015 年 11 月 23 日,首都师范大学首都教育发展协同创新中心携手教育部、北京市教委及京津冀三地高校、科研机构、中小学校召开了"京津冀教育协同发展高峰论坛"。在此次论坛上,会议组曾给出这样一组数据。以我国国内专业媒体和以普通网民的自媒体为调查对象,对当前我

---

① 高雷.北京大学与南开大学等高校联合成立"京津冀协同发展联合创新中心"[EB/OL].http:pkunews.pku.edu.cn/xwzh/2015-09/16/content_290371.htm,2015-09-16.
② 新华社.京津冀高校成立商科类协创联盟 跨校交流培养[EB/OL].http://www.cssn.cn/zx/shwx/shhnew/201608/t20160831_3183243.shtml,2016-08-31.
③ 本部分内容参考《京津冀教育协同发展高峰论坛会议资料》

国公共舆论对京津冀教育协同发展的关注度进行调研。其调研结果显示，作为国内专业媒体，无论是传统的纸媒还是新兴的网络媒体，在京津冀区域协同发展的诸项事宜中，对京津冀教育协同发展的关注度极低。在CNKI重要报纸全文数据库中，分别以"京津冀一体化""京津冀协同发展""京津冀协同创新""京津冀教育"为"主题"关键词进行检索，结果显示，在对京津冀一体化发展如火如荼的媒体讨论中，有关京津冀教育问题的纸媒报道仅21篇。如果以比例计算，仅占以"京津冀一体化"为关键词的相关报道的0.66%。使用"百度指数"的"需求图谱"① 这一功能进行分析，可见与"京津冀"存在较高相关度的词语中，并没有"教育"以及教育领域内的核心概念。当前网络平台中对京津冀的关注主要集中于区域经济一体化、旅游、城市群建设、金融、环境问题等方面。 然而与专业媒体对京津冀教育协同发展的关注度较低不同的是，微博平台的普通大众舆论体现出了对京津冀教育协同发展的较高关注度。据该项调研结果显示，以普通大众评论所涉及的社会协同发展的领域进行内容分析，在有意义评论中，对教育的关注处于第四位，为评论者所关心的主要事务。从内容上看，相关讨论认为北京天津的教育资源更加优厚、高校云集且高考录取分数低，而河北"211"高校只有一所还位于天津，三地教育资源不平衡。而对于已有政策和新闻所播报的"京津冀协同发展"并未实质性触及三地教育资源均衡和协同发展事宜的状况，从舆情情绪上看，相关评论几乎一致表现出了负面评价，甚至出现相对偏激的言论。由此可见，参与讨论的普通民众对于京津冀三地在教育领域的协同发展存在着期待，而对于当前政策及媒体话语未足够重视京津冀教育领域的协同发展并不满意。

从该项调查结果可以看出，当前在京津冀教育协同发展问题上，不同类型的公共舆论在关注程度、话语方式上存在着较大的差异。京津冀区域协同发展是一个由政府发起并主导的区域社会发展规划。因此在相关问题上，专业媒体报道的内容和取向，基本上较大程度地反映了当前政府及相关机构在这一事件上的实际行动。而国内专业媒体与网民自媒体两种渠道的舆情所存在的差异，也反映出了当前在京津冀教育协同发展问题上，政府的政策规划及实际作为与普通民众的需求可能存在差异。当然，面对这种差异，虽然我们并不能由此简单地要求政府直接顺应网络大众的意愿，但是却有必要正视并尊重这种民意的表达，以专业的视角分析并探讨弥合这种差异的可能路径。

---

① "百度指数"的"需求图谱"是基于语义挖掘技术，根据所检索的关键词在网络世界所存在的语词关联，向用户呈现关键词隐藏的关注焦点、消费欲望等。

　　通过以上对当前京津冀三地政府与各方教育主体协同发展实践动态的梳理,以及普通民众对京津冀教育协同发展的舆情分析,可以看出,在国家"京津冀协同发展战略"的带动下,目前京津冀三地教育协同发展实践已遍及三地高等教育、职业教育、基础教育、社会教育等多个领域,其中,高等教育和职业教育的协同实践更为活跃,但在京津冀基础音乐教育方面还处于完全空白状态,未有涉足。教育作为一项基本的社会公共服务,直接与区域居民的生活发展相关联。教育的协同发展可以为京津冀协同发展战略的实施提供优质的人力资源和智力支持,在促进产业布局调整和人口流动等方面发挥着基础性作用,是广大民众关心的重要民生问题。但是,由于目前在国家层面并未将京津冀教育一体化纳入率先突破的领域,中央政策文件中并未对京津冀教育协同发展做出整体规划,因此,尽管在国家京津冀协同发展大战略的推动下,京津冀三地政府及教育领域的各方力量都在积极地进行着实践探索。但是由于缺乏中央系统深入的总体规划与政策指导,目前京津冀教育协同发展工作还基本处于自发无序状态。从目前已有的相关文件和协同举措来看,或是刚刚出台,或是正在起步,其协同效应尚未得到有效发挥,某些协同方案还需要进一步细化,进一步增强其有效性和可操作性。音乐教育是基础教育的重要组成部分,在"涵养美感、和谐身心",培养学生表现力、创造力,促进学生身心健康发展等方面具有其他学科所不可替代的重要作用。因此,在当前京津冀教育协同发展的大背景下,音乐教育工作者更应积极发挥本学科优势,在全面、深入调研和审视京津冀三地基础音乐教育发展现状的基础上,总结和借鉴目前已有的教育协同发展政策和相关措施的成功经验与不足等,针对本学科特点进行深入的理论与实践研究,挖掘京津冀三地基础音乐教育领域的各自比较优势与现实需求,并将其进行合理、有效的对接,从而构建内部联动、长效畅通的京津冀基础音乐教育协同发展机制,区域推动京津冀基础音乐教育的整体性发展,主动为国家"京津冀协同发展战略"的全面实施提供助力。京津冀基础音乐教育的协同发展是国家"京津冀协同发展战略"背景下,音乐教育工作者面临的新的使命,其任务艰巨但意义深远。

第四章　京津冀基础音乐教育协同发展面临的突出问题与成因分析

　　随着我国对素质教育的不断重视,基础音乐教育在提高青少年音乐素养、"涵养美感、和谐身心"、培养学生健全人格等方面的突出作用越来越被社会各界所关注。在今年"两会"期间,艺术教育应该怎样改革?如何培养青少年"艺商"成为代表委员们热议的话题。"江苏省率先将音乐、美术纳入中考,并将考核结果计入中考总分"的举措,拉开了全国音乐、美术学科正式入驻中考的序幕。此外,2017 年起艺术特长生也将纳入高考加分政策。在此,我们暂且不论这些政策举措在实施推行过程中可能会引发的一些现实问题,仅从这些政策举措的实施推行来看,充分体现了当前全社会对青少年艺术素养的重视,以及对艺术教育在学生终身发展中重要作用的认可。基础音乐教育作为艺术教育的重要组成部分,也由此被提升至一个新的历史高度。

　　通过对京津冀区域基础音乐教育现状的全面调研以及对三地当前在教育协同发展方面政策举措动态的梳理,客观地说,在我国世纪之交全面启动的新一轮基础教育课程改革的推动下,京津冀区域基础音乐教育在这场新中国成立以来涉及面最广、影响最大的一次学校教育课程改革实践中进行了积极的理论与实践探索,尽管中间也走过一些弯路,出现过一些偏差,但十多年来,在新课改的引领和推动下,京津冀区域基础音乐教育所取得的成绩与收获也是有目共睹的,如对音乐教育的重视程度、开课率的保障、师资配备等多个方面已取得长足进步。从当前京津冀区域基础音乐教育的整体发展状况来看,与中西部相比,京津冀基础音乐教育尚走在全国基础音乐教育领域的前列,有着良好的区域协同发展基础和条件。但是由于长期以来受到经济、政治、文化等多方面因素的影响,目前京津冀三地基础音乐教育的发展仍面临着一些突出困境,这也是制约三地基础音乐教育协同发展的关键瓶颈所在。

第一节 京津冀音乐教学硬件配备上存在的突出问题与成因分析

一、音乐教学硬件配备上存在的突出问题

音乐教学硬件设备是开展音乐教学的基本保障。为了给中小学生提供更加良好的音乐学习条件,提高音乐教学质量,国家对音乐教学的硬件配备制定了一系列的相关标准。如 2002 年,教育部印发了《九年义务教育阶段学校音乐、美术教学器材配备目录》(教体艺〔2002〕17 号),对义务教育阶段音乐教学的硬件器材配备进行了相关规定。2008 年由教育部负责编制,国家住房和城乡建设部与发改委会审、批准并公布了《农村普通中小学校建设标准》(建标〔2008〕159 号),在"校舍建设面积指标"的具体规定中指出:非完全小学的教学及辅助用房设置普通教室、多功能教室、图书馆等;而完全小学和初中的教学及辅助用房则增加了音乐、美术、科学、计算机教室的准备室以及远程教育室和心理咨询室。这些标准的制定对于提高我国基础音乐教育的硬件设施配备有着积极的促进作用,有助于学校音乐教育更好地开展。但是,就京津冀区域而言,由于受到三地经济发展状况的影响,京津冀三地在教育经费的投入上存在较大差异。据统计资料显示(见表 4-1):2014 年,在生均教育经费支出方面,河北小学生和初中生分别为 6463.25 元和 9910.35 元,均未达到全国平均水平;其中小学生均教育经费不及北京市的 1/5 和天津市的 1/3。

表 4-1 2014 年京津冀义务教育阶段生均教育经费支出情况

普通小学			普通初中		
地区	在全国的排名	教育经费支出(元)	地区	在全国的排名	教育经费支出(元)
全国平均	/	9431.65	全国平均	/	13049.93
北京市	1	34876.71	北京市	1	60406.68
天津市	5	20880.98	天津市	3	34631.34
河北省	35	6463.25	河北省	32	9910.35

资料来源:《中国教育经费统计年鉴 2015》

　　而且,长期以来,由于我国社会经济发展中存在的城乡二元结构,以及根深蒂固的城市中心倾向观念,使我国城市与农村之间的差距越来越大,在教育经费投入方面也呈现出严重的失衡状态。京津冀区域内这种地区间、城乡间的发展不平衡现状,则使以上相关国家标准长期以来基本上扮演了一个参照角色,即在我国"中央领导、地方负责、以县为主"的教育管理体制下,三省市大都结合本地区实际情况制定了相关的普通中小学校办学条件标准。但是,标准的制定只是提供了一种前提,标准的实施则受到地方经济发展水平,尤其是地方政府财力和教育领导力的严重制约。于是,标准化的进程也就有了不同的境遇并呈现出不同的局面。

　　对照国家教育部下发的《教育部关于发布〈小学音乐教学器材配备标准〉等四个教育行业标准的通知》(教育部文件教体艺〔2016〕2号)(参见附录十一)中,国家对中小学音乐教学器材配备标准的相关要求,笔者对京津冀三地中小学校的音乐教学硬件配备进行了调查。调查结果显示,北京、天津、河北中小学校专门音乐教室的拥有率分别为100%、98.3%、79.7%。城市与乡村中小学校专门音乐教室的拥有率为100%和85.4%。在音乐教学器材配备上,京津冀三地的常用音乐教具如钢琴、多媒体、音乐教学挂图等拥有率基本相同;但在乐队乐器的配备上,如教育部在《初中、小学音乐教学器材配备标准》中规定的成套打击乐器、大军鼓、小军鼓等乐器的拥有率则差距较大。其中硬件配备最为匮乏的是河北省经济较为薄弱的农村地区,有些学校甚至还停留在没有专门音乐教室、"一台录音机走天下"的音乐教学条件状态。当然,从京津冀基础音乐教育硬件设施的总体情况来看,客观地说,与中西部地区相比,京津冀区域的配置情况还是比较乐观。尽管区域内城乡之间有所差距,但毕竟设施严重匮乏的学校仅占极少数。区域内大部分学校的配备情况还是基本能够达到国家标准,据了解这也得益于国家定期的达标检查。但在实地调研过程中,笔者发现,在令人欣慰的达标表象背后,却存在一些令人忧心的真相,即大量教育资源的浪费。在笔者对中小学生进行实地测试时,笔者发现,学生对于给他们播放的音乐视听题,表现得异常兴奋,但答题正确率却极低,甚至在人声类别的分辨上,很多将女中音声部听辨成男声。这令笔者有些费解,既然学生如此喜爱听赏音乐,但又为何水平如此之低? 是教师的教学问题? 还是学生的学习问题? 在笔者与当地音乐教师进行交流时,才得知该学校教室中的多媒体设施基本都已不能正常使用,这些设备是上级进行达标检查时配备的,但使用一段时间后就陆续出现故障,由于学校的资金较为紧张,虽已向学校报修多次,但始终没有维修,久而久之,教师也就弃之不用。所以,尽管学生喜欢听赏,但机会很少,偶尔教师也会用手机给学生播放音乐,但由于班容量过大,也无法保证教学效果。这种现象在农村学校极为普遍。此外,有些学校还存在学校资金较充足,领导较重视,因此,严格根据教育部标准配备乐器,但由于学校音乐教师水平有限,很多乐器购置之后教师并不会使用,最后连包装都没有打开就直接被闲置在仓库,只在上报相关材料时作为纸上的一个数字呈现;有些学校,虽乐器配备符合国家标准,但没有对乐器进行定期维护,如音乐课必备的钢琴,在走访过程中,笔者发现有部分学校钢琴音准都已严重不准,有些甚至有个别音不起键,但也无人维修。试想,长期在这样乐器伴奏下开展的音乐教学,其教学质量如何保证,学生的音准概念如何建立!

二、音乐教学硬件配备上存在突出问题的成因分析

针对当前京津冀区域三地之间,尤其是北京、天津与河北之间,城市与农村之间在音乐教学硬件设施配备上存在的不均衡现状和部分教育设备资源浪费等突出问题,究其本质原因,主要与我国长期以来国家的相关教育财政制度、监管制度等有着直接的关系。

首先,从我国的教育法定支出来看,并不能有效解决区域间存在的教育支出差距。"法定支出,一般是指有关法律法规对某一特定公共项目规定的预算支出比例或增长幅度。教育法定支出是政府依据相关教育法律法规规定的支出。"[1] 近年来,教育"追4"似乎已成为中国教育界和公众的一种情结。早在1993年,在中共中央、国务院印发的《中国教育改革与发展纲要》中首次正式提出了"国家财政性教育经费支出占国民生产总值的比重要达到4%"的目标,到2012年我国首次突破该目标。应该说,教育法定支出客观上确实在保证教育经费支出方面起到了积极的促进作用,但与此同时,也引发了地区间教育经费的配置问题和使用效率问题。教育法定支出只强调了财政性教育经费总量投入和人均水平的提高,但却并未考虑到各地区间经济发展水平的差异。从京津冀地区的实际情况来看,教育法定支出不但没有缩小区域间教育资源配置的差距,反而使差距更加拉大。在京津冀区域内经济发展越好的地区,完成教育法定支出任务的能力就越强,这类地区往往更有财力和意愿提高中小学的办学条件和办学水平,使这类地区成为优质教育资源最为集中的地方。但对于区域内经济较落后的地区,特别是河北省的广大农村地区,法定支出占其

---

① 栗玉香,王雍君.教育法定支出的执行情况、制度困境及预算改革[J].华中师范大学学报(人文社会科学版),2011(11):138.

财政总支出比重较大,其完成教育法定支出任务的困难较大。在笔者调研的过程中,曾有地方官员表示,该地区每年仅教育、农业、科技三项按法律要求安排的支出往往就占到该地区当年新增财力的一半以上。而且有些地区,虽然勉强完成了教育法定支出任务,但由于长期以来历史原因导致的基础过弱,因此尽管完成了教育法定支出,但依然很难实现基础教育质量的全面快速提高,更因教育法定支出挤占了其他预算支出,影响了地方基本公共服务水平的全面提升,反而影响并制约了地方基础教育水平的提高,同时也使教育法定支出在缩小区域间、城乡间教育支出与教育水平差距方面的作用大打折扣。以我国城乡义务教育生均经费为例(见表4-2),1995—2010年,其差异不仅没有缩小,反而不断扩大。

表4-2 城乡义务教育生均教育经费差异比较(单位:元)

年份	初中生均教育经费差值	初中生均预算内教育经费差值	小学生均教育经费差值	小学生均预算内教育经费差值
1995	157.83	99.45	74.04	46.47
1996	175.3	113.88	83.61	53.79
1997	197.06	123.32	92.18	58.75
1998	240.86	139.64	106.29	67.74
1999	279.16	140.17	125.3	72.16
2000	326.91	158.41	145.62	82.34
2001	358.7	172.72	174.09	100.12
2002	405.45	182.47	201.71	110.9
2003	457.99	207.56	237.41	129.34
2004	439.65	195.04	235.5	124.06
2005	458.43	206.61	250.77	130.9
2006	479.16	199.18	275.02	140.27
2007	560.19	266.18	288.56	131.46
2008	526.05	254.88	293.26	146.75
2009	542.94	271.23	330.03	188.95
2010	654.29	354.02	372.43	222.1

资料来源:历年中国教育经费统计年鉴。

其次,基础教育的实际责任主体重心偏低,进一步加大了区域间教育经费的差距。我国自20世纪80年代以来开始实行"划分收支、分级包干"的财政体制,之后包括义务教育在内的教育体制也随之进行改革。

在我国 1986 年通过的《中华人民共和国义务教育法》中,明确规定了:
"义务教育事业,在国务院领导下,实行地方负责、分级管理。国家鼓励
各种社会力量以及个人自愿捐资助学"①,正式将义务教育"地方负责,分
级管理"的原则以法律形式确定下来。1992 在《中华人民共和国义务教
育法实施细则》中,进一步规定了"实施义务教育,在国务院领导下,由地
方各级人民政府负责,按省、县、乡分级管理"、"实施义务教育,城市以市
区或者市辖区为单位组织进行;农村以县为单位组织进行,并落实到乡
(镇)"、"地方各级人民政府设置的实施义务教育学校的事业费和基本建
设投资,由地方各级人民政府负责筹措"。② 由此可以看出,自改革开放
以来,我国形成了由各级地方政府负责管理的义务教育财政体制,即中央
和省级政府负责规划、统筹和协调,而实施义务教育的实际责任,则按照
"地方政府负责、分级管理"的原则,城市归于市区一级政府,农村则归于
乡级政府管理。然而由于我国自新中国成立以来,在经济建设领域推行
的非均衡发展战略,以及长期以来我国城乡二元结构体制的推行,造成了
我国地区间、城乡间发展的不平衡,城市与农村之间的经济发展水平差距
较大。因此,乡(镇)政府的财力本就匮乏,对义务教育的支持力度也必
然受限。在这种体制背景下,农村义务教育根本无力与城市相比肩。在
20 世纪 90 年代末,中央和地方开始实行分税制,在农村实行费改税,彻
底取消了农村教育经费附加和农民集资,尽管政府改革的本意是要减轻
农民负担,但实际上由于实际责任主体的重心并没有上移,而农村义务教
育的两大财政来源又被取消,从而使京津冀区域的农村基础教育更加雪
上加霜。直到 2001 年,为了不让农村义务教育继续滑坡,国务院发布了
《关于基础教育改革与发展的决定》,将义务教育管理体制调整为"在国务
院领导下,实行地方政府负责,分级管理,以县为主"③ 的管理体制。改变
了以往义务教育由农民承担的现实状况,将县级人民政府作为农村义务
教育的承担者。这一体制的改革,在一定程度上缓解了义务教育的现实
困境,但由于县乡两级财政实力普遍薄弱,因此并未从根本上解决城乡义
务教育发展失衡的问题。由此可见,长期以来我国基础教育的实际责任
主体为各级地方政府,客观地说,这种分权体制对于调动地方政府的积极
性有着一定的促进作用,但是分权后,中央财政的过分退出,将基础教育
的实际责任主体过度配置给地方,导致了区域间由于经济发展水平不均
衡而带来的教育财政投入的失衡。

---

① 孟航鸿.义务教育财政问题[M].石家庄:河北教育出版社,2010:80.
② 孟航鸿.义务教育财政问题[M].石家庄:河北教育出版社,2010:81.
③ 孟航鸿.义务教育财政问题[M].石家庄:河北教育出版社,2010:83.

　　通过对上述国家相关财政制度的分析,笔者认为,当前京津冀区域音乐教学硬件配备不均衡的本质原因是受长期以来国家相关财政制度的影响,与三地教育财政投入不均衡有关。经济基础决定上层建筑,三地教育财政资金投入的不均衡严重影响和制约了京津冀三地基础音乐教育硬件设施的均衡配备,使京津冀区域内三地之间,尤其是京津与河北之间、城市与农村之间音乐教学的硬件条件有着较大的差距。这也是长期以来制约京津冀区域基础音乐教育均衡发展的重要原因之一。尽管曾有学者认为,音乐教学硬件配备不均衡,主要是与教育主管部门或学校管理者对音乐学科的重视程度有关。当然不可否认,教育管理层对音乐的重视程度确实会对音乐教学硬件配备水平有着直接的影响,但通过笔者对京津冀区域基础音乐教育的实地调研,结果显示目前在京津冀区域无论是三地的教育主管部门,还是三地城乡的中小学校长,在对学校音乐课程价值的认识上和对音乐教育的主观重视程度上均表现一致,没有显著差异。因此,笔者认为,当前在京津冀区域基础音乐教育发展较为薄弱的地区,并不是教育管理者不重视音乐、不想为音乐教学提供良好的教学条件,而实为受实际财政能力所限,"巧妇难为无米之炊"。相关教育财政制度的不合理,如"以县为主"的教育经费投入机制等,是导致京津冀三省市之间、城乡之间基础教育水平差距越拉越大的根本原因。而基础音乐教育作为基础教育的一个分支,必然会受到基础教育整体大环境的影响,加之,我国多年来一直受中高考制度的影响,音乐教育在基础教育领域本就不属于主干学科,因此,在教育财政较为紧张的落后地区或薄弱学校,地区或学校必然会将有限的财政资金投入到最需要的地方,以维持学校的正常运转,而无财政能力顾及学校音乐教学硬件设施的配备。抑或有些落后地区学校为了应对达标检查,勉强配备了一定的音乐教学设备,但由于财政资金的紧张,也无法做好后续的设备维护、维修等,没有起到音乐教学硬件设备真正辅助教学、提高教学质量的重要作用。因此,从本质上看,当前京津冀区域地区之间、城乡之间音乐教学硬件设施配备的严重不均衡,是长期以来我国经济政策、教育财政体制等带来的必然结果。在京津冀协同发展国家战略的推动下,三地基础音乐教育要真正实现协同发展必须在国家现行的体制机制方面寻求突破,这样才能从根本上解决长期以来影响京津冀基础音乐教育均衡发展的关键问题,为京津冀基础音乐的协同发展创造良好的政策环境和提供良好的制度保障。

　　此外,要解决当前京津冀三地在音乐教学硬件设施配备上存在的各种突出问题,在努力寻求国家教育财政体制机制突破的同时,还要进一步加强对教育财政资金投入的后续监管机制。在对京津冀音乐教学硬件设施配备情况进行调研时,笔者注意到,在该区域明显存在落后地区教育资源紧缺和区域内教育资源浪费并存的现实状况。一方面,京津冀区域内落后地区受地方经济发展水平和国家财政制度的影响,投入到基础音乐教育的财政资金极为紧缺;而另一方面京津冀又存在着各种形式的音乐教育资源浪费。比如,在某些经济发展较好的地区,学校严格按照国家标准配备音乐教学设备,但却没有考虑到本学校音乐师资的实际状况,导致大量乐器被购置但却无用武之地,甚至有些学校乐器被购回后多年来连包装都没有拆而被闲置在仓库,造成大量音乐教育资源的浪费;还有些学校为了应对上级达标检查虽配备了音乐教学设备,但由于资金紧张,没有对音乐设备进行后续的维护、维修,从而导致有些设备出现故障而不能正常使用,所谓音乐设备也就成了一种摆设,并没有真正发挥音乐教学设备对提高基础音乐教育教学质量的重要作用,这也造成了部分音乐教育资源的浪费。因此,笔者认为,在京津冀基础音乐教育协同发展过程中,在寻求国家教育财政体制突破的同时,还应加强教育财政投入的监管机制。定期对音乐教学硬件设施的配备情况、使用情况等进行普查,抑或采取定期的随机抽查方式,其根本目的是要对三地音乐教学硬件设备的有效使用情况进行督促和检查,并建立相应的奖罚激励机制,真正发挥音乐教学设备对辅助音乐教学、提高音乐教学质量的重要作用。保证音乐教学硬件设备在教学实践中使用的"质",而不仅仅是教学硬件设备配备的"量"。

第二节　京津冀音乐教育师资中存在的突出问题与成因分析

一、音乐教育师资中存在的突出问题

教师资源是基础音乐教育的第一教育资源。有一支数量适宜、结构合理、素质良好、富有活力、相对稳定的师资队伍是提高音乐教育教学质量的关键,是教育资源配置中最重要的"软实力"。通过调研,结果显示从当前京津冀区域音乐师资队伍的整体水平来看,无论是音乐教师的年龄结构、学历结构还是音乐教师的教学能力与水平,都居于全国前列。但仅就京津冀区域内部的分布来看,也存在明显的地区差异和城乡差异。在年龄结构方面,北京、天津、河北三省市的音乐教师都呈现年轻化趋势,40岁以下教师均占到三地总教师数的65%以上,甚至北京达到了86.7%。尤其北京、天津20～30岁的音乐教师分别占到各地区调研总教师数的61.7%和43.3%;31～40岁的教师也分别占到25%和21.7%。而河北31～40岁的音乐教师最多,占到该地区调研总教师数的48.3%;20～30岁的教师次之,占到总教师数的26.7%。从学历结构来看,北京音乐教师中的硕士研究生学历者高达38.3%,本科学历者占到60%;而天津与河北的音乐教师学历还主要集中在本科,均占到各地调研总教师数的81.7%。可见,北京音乐教师的整体学历水平最高,这也与北京作为国家首都,在经济、文化、教育等方面的优势对于高学历者有着极大的吸引力有关。从音乐教师的教学能力与水平,以及教师的直接教学"成果"——三地学生的音乐素质与能力来看,京津两地音乐教师的教学水平差异不大,而京津与河北教师之间存在一定差异。此外,从目前京津冀音乐教师在年龄结构、学历结构上呈现出的年轻化、高学历优势来看,这有利于在京津冀基础音乐教育协同发展过程中,三地音乐教师对新事物、新理念、新举措等具有更强的接受能力,拥有更高的工作热情和激情。但另一方面,在实地调研中,也有部分中小学校长表示,某些年轻音乐教师在入职前基本没有上过讲台,所谓实习大多流于形式,入职后又没有有经验的老教师进行传帮带,因此有些音乐教师的专业能力虽然较强,但在教学能力、与学生的沟通能力、课堂组织管理等方面的能力比较薄弱,音乐教学质量并不理想。这也是京津冀区域很多学校普遍存在的现实问题。由此,也体现出我国当前高等音乐教育的培养与基础音乐教育需求之间的严重脱节,以及音乐教师职后教育培训方面的滞后与缺失。

而从京津冀区域城市与农村音乐教师的情况来看,三地城乡音乐教师在学历结构方面的差异比较明显。城市音乐教师中硕士研究生学历者为32.2%,本科学历者为65.6%;而农村音乐教师中本科学历者占到总调研教师数的83.3%,而研究生学历者仅占到8.9%。通过访谈笔者还了解到,京津冀一部分农村音乐教师的学历并不是由正规师范院校毕业而获得的,而是通过自学考试或函授获得。还有相当一部分农村音乐教师是由民办教师转正而来,其学历是通过短期培训和进修获得的。这部分音乐教师的实际专业知识与教学能力水平与全日制本科师范生相比还是有很大差距的。从客观来看,京津冀区域音乐教师的整体素质已远超过国家对中小学音乐教师的学历要求,但在三地经济较落后的农村地区,尤其是河北省较偏远的农村地区仍然存在音乐教师素质较低或根本没有音乐教师的情况存在。在与某县教育局局长的访谈中,笔者了解到,目前在河北农村地区还普遍存在一种中小学教师超编与缺编共存的现象。尤其是在一些贫困乡镇或远郊薄弱学校,音乐教师缺编严重。也就是说,从学校的整体规模来看,教师的总体数量已经超编,但音乐、美术、英语等学科却没有专业出身的专职教师。在与校长的访谈中,多位校长都表示,音乐教育在学校教育中非常重要,自己学校非常希望能够有一位高水平的专业音乐教师,但由于多年来学校一直处于超编状态,没有编制进不来人,而且本地区经济水平较低,教学条件、工资待遇都不太好,紧缺学科毕业生也没有人愿意来。从而造成了部分地区超编与缺编并存的尴尬局面。在一次访谈中,一位农村校长曾感慨地对笔者说:"我们多希望能有一位音乐教师! 我们元旦想给孩子们办场晚会,都组织不起来,没有歌声的学校哪还像所学校。"到现在这位校长说此话时脸上无奈又无助的表情还时常浮现在笔者脑海中。音乐是美的艺术,"让音乐属于每一个孩子"是音乐教育工作者的责任与担当。因此,笔者在本课题研究中将着重探索改善京津冀落后农村地区基础音乐教育状况的有效措施,以期实现京津冀区域基础音乐教育的真正协同共进。

综上所述,京津冀地区间、城乡间音乐教师资源配置的不均衡,音乐教师教学能力水平的不均衡,以及音乐教师职前培养与职后培训的"双向"滞后与缺失等是当前京津冀音乐教育师资中面临的突出问题。

二、音乐教育师资中存在突出问题的成因分析

（一）教师绩效工资制度有待完善

在当前京津冀区域音乐教育师资面临的各种突出问题中,无论是三地音乐师资配置的不均衡,还是区域内音乐教师教学水平的差异等,其本质都是由区域内经济发展不平衡,教师待遇、教学条件等存在较大差距而造成的。教学能力强、教学水平高的教师往往为了更好的工作和生活环境更倾向于选择经济发展较好的地区,从而导致了经济落后地区音乐教育师资力量的薄弱,甚至在贫困地区出现没有音乐教师的现实困境。在对京津冀区域音乐教师进行调研,被问及"您最希望在哪些方面的待遇有所改善"时,90% 的音乐教师都将"提高工资待遇"放在了最希望得到改善项目的第一位,由此也体现出京津冀音乐教师对于"提高工资待遇"的强烈现实需求。

2008 年底,国务院通过了《关于义务教育学校实施绩效工资的指导意见》(以下简称《指导意见》),并于 2009 年 1 月开始正式实施,拉开了我国义务教育学校实施绩效工资制度的序幕。绩效工资的前身是计件工资,最初是管理科学之父——泰勒为解决员工工作效率低下问题而设计的与员工生产的产品数量挂钩的一种工资结算方式。随着工资理论和实践的发展,绩效工资的内涵也不断拓展,今天所谓的绩效工资,是指根据劳动者的实际工作业绩确定其工资数额,将劳动报酬与劳动业绩挂钩,实行多劳多得、优绩优酬的工资设计方式。这是一种典型的结果性工资。从理论上来说,采用工资激励的方式提升了劳动者工作的积极性和自主性,也体现了劳动者收入分配的公平性。教师绩效工资是绩效工资制度在教育领域的实际应用,是指"通过对教师工作的业绩、态度、技能水平等方面的综合考核,将考核结果与教师的工资报酬相挂钩的一种管理方式"[①]。目前,我国义务教育教师的绩效工资共分为两部分——基础性绩效和奖励性绩效。其中,基础性绩效工资占绩效工资总量的70%,主要体现各地区经济发展水平、教师岗位职责等因素,具体发放标准由县级以上人民政府的相关部门确定。奖励性绩效工资主要体现教师的实际工作量等因素,由学校自行确定分配方式和考核办法。自2009年义务教育教师绩效工资政策实施以来,从全国整体情况来看,义务教育教师绩效工资在提高教师工资水平、缩小县域内城乡教师的收入差距、提高一线教师的教学积极性等方面确实起到了积极作用。但从一定程度上也导致了区域间教师工资差距的加大。在国务院2008年颁布的《指导意见》中明确规定:在经费保障方面坚持"管理以县为主,经费省级统筹,中央适当支持的原则"[②]。可见,我国义务教育教师绩效工资制度,仍然是"以县为主、省级统筹"的财政管理体制。教师绩效工资的主要财政投入归于地方财政,而地方财政又受到当地经济发展水平的直接影响。经济较发达的地区,不但可以按时足额地发放教师基础性绩效工资,而且还可以给教师发放高标准的奖励性绩效工资。但在一些经济较薄弱的地区,县级财政力量有限,难以保障教师绩效工资发放。加之,许多地方将学校规模和班级学生规模作为绩效工资分配的核心要素,照顾中心学校或寄宿制学校等规模较大学校的教师,而忽视了农村初小及教学点等小规模学校教师的劳动,从而导致中心校等大规模学校教师与农村小规模学校教师绩效工资数量上的较大差异。尤其音乐学科,在条件较落后的农村学校本就受到教学

① 赵宏斌.规制与认同——义务教育学校教师绩效工资政策实施的现状与效果研究[M].镇江:江苏大学出版社,2015:49.
② 人力资源社会保障部 财政部 教育部.关于义务教育学校实施绩效工资的指导意见[EB/OL].http://baike.baidu.com/item/%E5%85%B3%E4%BA%8E%E4%B9%89%E5%8A%A1%E6%95%99%E8%82%B2%E5%AD%A6%E6%A0%A1%E5%AE%9E%E6%96%BD%E7%BB%A9%E6%95%88%E5%B7%A5%E8%B5%84%E7%9A%84%E6%8C%87%E5%AF%BC%E6%84%8F%E8%A7%81,2009-01-01.

条件、学校人为环境等因素的束缚,音乐教师无法很好地开展音乐教学,再加上工资待遇上的明显差距,导致很多农村小规模学校音乐教师想方设法地调至中心学校或城镇学校,造成农村音乐教师的大量流失,使城乡音乐教育师资配备的不均衡进一步恶化。此外,绩效工资的实施过程强调了量化绩效考核,在一定程度上提升了学校管理的科学化水平,但同时也带来了新的问题,即教师在应对量化考核的过程中,往往表现出功利化倾向,过于注重显性工作业绩,而弱化了对教师精神、价值的追求,忽视了教师的育人作用。而且,由于各学科特点不同,对教师的考核无法单纯用量化来衡量。特别是音乐学科,作为素质教育的一个重要分支,音乐课程的教学目标是"培养学生对音乐的持久兴趣,涵养美感,和谐身心,陶冶情操,健全人格","培养良好的审美情趣和积极乐观的生活态度,促进身心的健康发展"。[①] 中小学音乐课程不是要培养音乐家,而且音乐是一种听觉的艺术,不具有语义的确定性和事物形态的具象性。它没有像数学"1+1=2"一样的固定标准答案,音乐对于学生的培养,对于学生身心的影响是一个长期的过程,不能立竿见影,这是量化绩效考核中难以完全体现出来的。用显性的学生成绩、教师工作量等来衡量学生的隐性成长,是与素质教育背道而驰的。因此,在推动京津冀基础音乐教育协同发展的进程中,要进一步完善当前义务教育教师的绩效工资制度,制定具有学科特点的绩效考核标准;在相关机制体制上寻求突破,均衡甚至加大对京津冀落后地区音乐教师的工资待遇,改善落后地区的音乐教学环境,为京津冀落后地区留住师资甚至吸引师资,为三地基础音乐教育的协同共进打下良好的基础。

(二)音乐教师职前培养与职后培训的"双向"缺失

通过对京津冀基础音乐教育现状的全面调研,结果显示当前京津冀三地音乐教师从年龄结构上普遍呈现年轻化的趋势,北京、天津、河北20～50岁音乐教师分别占各地调研总教师数的 96.7%、96.7%、98.3%,京津冀地区50岁以上音乐教师仅占各地调研总教师数的3%左右。从客观上说,京津冀区域音乐教师的年轻化趋势,有助于在三地基础音乐教育协同发展中,三地音乐教师对新理念、新事物、新协同举措等新鲜事物的接受与大胆探索,年轻音乐教师有着更多的工作热情和激情,以及对自我价值实现的强烈需求。这无疑是推动京津冀基础音乐教育协同发展的

---

① 教育部.义务教育音乐课程标准(2011年版)[M].北京:北京师范大学出版社,2012:8.

积极有利因素。但在实地调研走访中,部分校长也反映了年轻音乐教师在教学能力、教学水平等方面呈现出的薄弱现实状况。这也是当前京津冀区域普遍存在的一种现象。究其原因,主要与三地音乐教师在职前培养与职后培训两方面的"双向"缺失有着直接关系,突出表现为高校音乐教育的培养与基础音乐教学需求之间的严重脱节,以及音乐教师职后培训的滞后与缺失。首先,从当前京津冀音乐教师的职前培养来看,通过调查结果可以看出,目前京津冀区域的音乐教师学历主要集中于本科和硕士研究生,其中76.6%的音乐教师毕业于高等师范院校音乐学院或综合类大学音乐学院(系)。而通过相关调研,笔者了解到,目前部分高师院校音乐学院以及多数综合类大学音乐学院(系)对于本科音乐教育专业的课程设置,更多的是侧重于有关音乐本体的课程,如乐理、和声、曲式、音乐史,以及声乐、钢琴等专业课程,而有关音乐教育类课程开设得较少。以河北某高校音乐教育专业的课程设置为例,在本科四年的全部课程中,只开设了《教材教法》和《中学生见习实习》两门与音乐教育有关的课程,从而导致了学生在音乐教学理论上的严重缺失。还有些学校,从课程设置上来说比较合理,基本开齐、开足了音乐教育课程,但由于学生没有进行过教学实践,并没有真正从意识上认识到音乐教育理论课程对于今后教学的重要作用,因此在上这些课程时并没有认真对待,没能很好地掌握音乐教师必备的音乐教育理论知识。此外,从目前高师院校音乐学院和综合类大学音乐学院(系)的教育实习安排来看,除少数高师院校采用的是为期半年的"顶岗实习"形式,其他大部分高校采用的是短期"教育实习"。这种实习模式时间较短,通常为一个半月到三个月时间不等,实习期间主要以见习、听课为主,学生能够走上讲台独立教学的机会很少,由此导致了学生音乐教学实践的匮乏。由此可见,高校音乐教育培养与基础音乐教育需求之间的严重脱节,是年轻音乐教师在音乐教育理论和教学实践方面出现缺失的重要原因之一。其次,从京津冀音乐教师的职后培训来看,受1977年我国恢复高考后,音乐专业的招生规模影响,目前京津冀区域50岁以上的音乐教师较少,仅占到各地调研总教师数的3%左右。有经验老教师的缺少,不利于对年轻音乐教师的传帮带。而且在京津冀大部分落后地区、农村地区,受学校条件所限,很多学校只有1、2名音乐教师,因此无法进行日常的学科教研活动,这些都不利于年轻音乐教师入职后教学水平的提高。而从国家、地区定期组织的统一职后培训来看,主要可分为集中面授培训和远程线上培训两种方式。其中,集中面授培训可容纳的人数有限,如骨干教师培训、国培、省培等,每年只能由各地进行筛选,指派教师轮流参加培训,年轻教师尤其是落后地区的年轻教师,能够走出来参加职后培训的概率很小,即便是有幸参加了培训,但由于这种集中面授形式的培训,每次间隔时间较长,因此无法切实起到提高年轻音乐教师教学水平的作用。笔者曾经对河北省参加国培项目的学员进行回访时,很多学员表示在当时参加集训的几天里,确实感觉收获很大,专家老师们的新理念、新方法让学员们感觉大开眼界、开阔思路,并激发了学员们要将培训所学带回本单位进行大刀阔斧教学改革的激情和热情。起初,学员们回到本单位也都是如此做的,但随着回到本单位时间的增长,以及很多新理念、新方法在班级实践过程中,遇到各种实际问题和困难,学员们无法自行解决,时间一长也就失去了进行教改的激情,就又恢复到自己教学的老路子。由此,也从侧面反映出我国目前这种集中面授培训的有效性问题。远程线上学习和培训目前使用最多的是"国家教育资源公共服务平台"和"基础教育教师培训网",其中在"国家教育资源公共服务平台"中有"晒优课""找资源""看教研"几大模块,以供各科教师查找自己所需要的各种教育资源。"基础教育教师培训网"是全国实名制的基础教育教师培训网络,全国每一位在编中小学教师都有一个自己的用户名和密码,实行实名登录,进行各种培训、看课等教育学习活动。这种互联网线上培训和学习的方式较为便利,信息量巨大,且不受时间空间的限制,有助于音乐教师教学水平的提高。但从对京津冀音乐教师的调研情况来看,目前这种线上方式还未被三地音乐教师所广泛接受和了解,还需进行更大力度的推广和普及。

由此可见,要从本质上解决当前京津冀音乐教育师资中存在的各种突出问题,必须在现行国家机制体制上有所突破,提高、均衡区域内音乐教师的工资待遇、教学环境、教学条件等,实现高校音乐教育培养与基础音乐教育需求的协调统一,加强三地音乐教师"有质""有效"的职后培训,这样才能从根本上缩小三地音乐教师在师资配备、教学水平等方面的现实差距,为京津冀基础音乐教育的协同发展提供优质、均衡的音乐教育师资。

第三节　京津冀音乐教学中存在的突出问题与成因分析

一、音乐教学中存在的突出问题

通过对三地教育主管部门和中小学校长的访谈,以及对三地教师、学生的问卷调查和对学生进行的音乐知识与能力测试,笔者发现,在当前京津冀三地基础音乐教育的常态教学中也存在一些共性的突出问题。

（一）地方传统音乐资源的缺失

我国的《义务教育音乐课程标准（2011年版）》[以下简称《课程标准（2011年版）》]是由教育部制定并向社会颁布的音乐课程教学的指导性文件，也是国家对学校音乐课程的基本规范和质量要求。在《课程标准（2011年版）》中，明确将"弘扬民族音乐，理解音乐文化多样性"作为音乐课程的基本理念之一，并在"课程资源开发与利用建议"中指出："地方和学校应结合当地人文地理环境和民族文化传统，开发具有地区、民族和学校特色的音乐课程资源。要善于将本地区民族民间音乐（尤其是非物质文化遗产中的音乐项目）运用到音乐课程中来，使学生从小受到民族音乐文化熏陶，树立传承民族音乐文化的意识。"[①]音乐是人类文化的重要组成部分，是人们在改造自然、社会和自我的过程中所创造的宝贵精神财富。地方传统音乐根植于民间，是集中反映当地人民生产、生活的一种艺术形式。它是人民精神和情感的表达，是人民群众集体智慧的结晶。因此，在中小学音乐教学中融入地方传统音乐，既有利于地方传统音乐文化的传承，又可以使学生更加热爱自己家乡的音乐文化，培养学生爱祖国、爱家乡的意识与情操。但由于我国地大物博、幅员辽阔，各地区、各民族和城乡之间在学校音乐教育的实施状况和教学水平上存在明显差异。因此，在我国《课程标准（2011年版）》中，采取了"明确的规定性和适度的弹性尺度"相结合的方式对音乐课程内容进行设计和对音乐教材进行编写。其目的是为了给音乐教师的教学和地方音乐课程资源的开发留有更广阔的空间。然而，通过对京津冀三地基础音乐教育教学情况进行调研，结果显示目前无论是在三地教育主管部门、学校管理层的认识和态度方面，还是在音乐教师的教学实践、地方校本教材的编写等方面，都明显缺失了对京津冀区域地方传统音乐资源的开发与融入。在参与本次调研的京津冀音乐教师中，91.6%的音乐教师认为本地区没有地方特色传统音乐资源，8.4%的教师认为本地区有地方特色传统音乐资源；在被调研的京津冀中小学校长中，72.4%的校长认为本地区没有地方特色传统音乐资源，27.6%的校长认为本地区有地方特色传统音乐资源。然而据笔者了解，京津冀地区地域广袤，在广大民间蕴含着大量丰富而多彩的地方特色传统音乐，由此也可以看出，当前京津冀三地教育行政管理层和三

---

① 教育部.义务教育音乐课程标准（2011年版）[M].北京：北京师范大学出版社，2012：35.

地音乐教师在对于京津冀区域所蕴含的地方特色传统音乐资源方面并没有准确而清晰的认识。在本次调研的音乐教师中,82.6%的音乐教师表示没有在课堂上引进过本地区的传统音乐资源;17.4%的教师表示引进过本地区传统音乐资源。在被问及"您和学校是否组织学生参加过当地的传统音乐文化活动"时,70.8%的音乐教师表示没有组织过此类活动;11.2%的教师表示组织过此类活动。由此也体现了,当前在京津冀区域基础音乐教学中对地方传统音乐资源的引进还非常匮乏,三地音乐教师在基础音乐教学中传承地方特色传统音乐文化的意识还比较淡薄。而从三地使用的音乐教材来看,主要集中在人音版、人教版、河北版、湘艺版、花城版五个版本教材。在校本教材的开发和使用上,京津冀三地学校都有所涉及,北京、天津、河北三地有校本教材的学校分别占各地区调研总学校数的33.3%、56.7%、51.7%。但在这些校本教材中并没有专门涉及京津冀地区地方特色传统音乐的校本教材。由此可见,在当前京津冀三地基础音乐的常态教学中,普遍缺失对京津冀地方特色传统音乐资源的开发与融入。这是在京津冀基础音乐教育协同发展中需要着重加强的重要内容。

（二）器乐教学的缺失

《课程标准(2011年版)》中将"感受与欣赏""表现""创造""音乐与相关文化"四个教学领域作为中小学音乐课程的主要内容。其中在"表现"领域涵盖了四方面内容,分别为演唱、演奏、综合性艺术表演和识读乐谱。众所周知,器乐演奏是人们表现音乐的重要手段之一,"对于激发学生学习音乐的兴趣,提高对音乐的理解、表达和创造能力有着十分重要的作用"[1]。器乐演奏可以使学生集手、耳、眼、脑于一体,更加直观地感受到音乐旋律、节奏、音色的变化;通过对音乐要素的理解与掌握,在演奏过程中更好地感知音乐,"涵养美感、和谐身心"。同时,在合奏或乐队演奏过程中,还能够培养学生良好的团队协作意识。因此,在学校音乐教育中,器乐教学是不可或缺的重要教学内容。但通过对京津冀基础音乐教育现状的调查,结果显示目前在京津冀地区的基础音乐教学中仍然普遍以唱歌和欣赏作为音乐课程的主要教学内容。在参与调研的京津冀中小学校中,开展唱歌与欣赏教学的学校分别占到调研总学校数的46.4%和38.7%,而开展器乐教学和创造教学的学校分别占调研总学校数的8.3%

---

[1]　教育部.义务教育音乐课程标准(2011年版)[M].北京:北京师范大学出版社,2012:29.

和 5%。由此可见,目前在京津冀三地的音乐教学中器乐教学和创造教学明显缺失。而从京津冀三地各自的情况来看,北京开展器乐教学的学校仅占本地区总调研学校数的 12.6%;天津开展器乐教学的学校占本地区总调研学校数的 7.5%;河北开展器乐教学的学校占本地区总调研学校数的 4.9%。其中,由于北京市教委对于中小学校组建乐队有着明确的规定和导向,因此,北京市中小学课外音乐社团中器乐学习的状况相对较好,但音乐课堂上的器乐教学却并没有很好地开展。此外,通过对三地学生的调研,笔者了解到,当前社会音乐教育也是京津冀学生学习器乐的一个主要途径。北京有 63.4% 的学生在校外学习乐器演奏,天津和河北也分别有 14.2% 和 20.2% 的学生在校外学习乐器。由此可见,学生对于器乐演奏是愿意接受并乐于尝试的,但在学校音乐课程中却缺失了此部分教学内容。

(三)创造教学的缺失

在《课程标准(2011 年版)》中,"创造" 也是音乐课程的四大教学领域之一。《课程标准(2011 年版)》指出:"创造是发挥学生想象力和思维潜能的音乐学习领域,是学生进行音乐创作实践和发掘创造性思维能力的过程和手段,对于培养创新人才具有十分重要的意义。音乐创造包括两类学习内容:一是以开发学生潜能为目的的即兴音乐编创活动;二是运用音乐材料进行音乐创造尝试的练习。"[1] 从本质上来说,音乐本身就是一门极富创造性的艺术形式,无论是音乐的演唱、演奏,还是音乐欣赏,都为开发学生的创造性潜能提供了空间。尤其是在当前知识经济时代,培养学生的创造精神与创造力是学校人才培养的终极目标。然而,在对京津冀三地基础音乐教育现状的调研中,笔者注意到,目前京津冀区域基础音乐教学中创造领域的教学内容严重缺失。在参与调研的京津冀中小学校中,开展创造教学的学校仅占调研总学校数的 17.8%。北京、天津、河北开展创造教学的学校分别占各地区调研总学校数的 18.4%、20.7%、14.3%。笔者根据《课程标准(2011 年版)》中,对不同学段有关创造领域教学内容的要求,分别在京津冀中小学生的调查问卷和音乐知识与能力测试卷中设题。一方面,通过调查问卷了解京津冀三地音乐课堂上有关创造内容的客观教学情况;另一方面,通过三地中小学生音乐知识与能力测试卷中的创编试题,对三地中小学生音乐创编能力的真实水平进行

---

[1] 教育部.义务教育音乐课程标准(2011 年版)[M].北京:北京师范大学出版社,2012:21.

了解,以期对京津冀三地基础音乐教育"创造"领域的教学情况进行全面调研。调研结果显示,74.7% 的京津冀中学生在音乐课上没有进行过即兴编创或创作实践;74.3% 的小学生在音乐课上没有进行过即兴编创或创作实践。在学生音乐知识与能力测试中,笔者将学生创编试题的成绩按从高到低划分为优(0.76 ~ 1 分)、良(0.51 ~ 0.75 分)、中(0.26 ~ 0.5 分)、差(0 ~ 0.25 分)四个等级进行统计。其中,中学生的测试结果:优者占 13.8%,良者占 14.9%,中者占 8.6%,差者占 62.6%（其中完全不会创编,直接没有作答者占 56.3%）。小学生的测试结果为优者占 7.9%,良者占 7.2%,中者占 11.7%,差者占 73.2%。由此可见,京津冀基础音乐教育中有关创造领域的教学内容明显缺失,学生的创编水平也普遍较低。这也是当前京津冀区域学校音乐教育中存在的较为突出的问题。

二、音乐教学中存在突出问题的成因分析

（一）地方传统音乐资源缺失问题的成因分析

通过对京津冀三地基础音乐教育现状的调研,结果显示在目前京津冀基础音乐教学中对三地地方特色传统音乐资源的开发与融入严重缺失。探究其原因,主要有以下几个方面。

首先,京津冀三地学校行政管理层和音乐教师对于在音乐教学中开发和融入地方传统音乐资源的意识较为薄弱。在对京津冀三地中小学校长和音乐教师进行调研时,72.4% 的中小学校长认为本地区没有地方特色传统音乐资源,91.6% 的音乐教师认为本地区没有地方特色传统音乐资源。而事实上京津冀区域地域广阔、历史悠久,在民间蕴含着大量丰富而多彩的地方传统音乐。这也反映出,在当前京津冀三地中小学校长和音乐教师中,对于京津冀区域的地方特色传统音乐资源并没有准确而清晰的认识。在与三地中小学校长和音乐教师的访谈交流中,笔者也发现,目前三地中小学校长和音乐教师对于在学校音乐教学中开发和融入地方特色传统音乐资源的意识普遍较为薄弱,并没有真正从思想上认识到学校在传承地方优秀传统音乐文化方面具有的历史责任和社会担当,缺乏在音乐教学中主动融入地方特色传统音乐资源的传承意识。要改观这一现状,可能需要更加明确、更加大力度的国家导向和社会舆论的指引。

其次,《课程标准(2011 年版)》中对地方传统音乐教学的有效指导较为薄弱。《课程标准(2011 年版)》是由教育部制定并颁布的国家音乐课程基本纲领性文件,它是我国中小学开展音乐教育教学的根本依据。

在《课程标准（2011 年版）》的课程基本理念"弘扬民族音乐,理解音乐文化的多样性"中,明确指出:"应将我国各民族优秀的传统音乐作为音乐教学的重要内容。"[1] 由此体现了对我国民族优秀传统音乐的重视。但在《课程标准（2011 年版）》的"学段目标"中却完全没有出现对民族传统音乐方面的相关规定。在"课程内容"中,也只是在"感受与欣赏"这一教学领域的"音乐风格与流派"部分进行了简单阐述:"1～2 年级,聆听不同国家、地区、民族的儿歌、童谣及小型器乐曲或乐曲片段,初步感受其不同的风格。""3～6 年级,聆听中国民族民间音乐,了解有代表性的地区和民族的民歌、民间歌舞、民间器乐曲和以京剧为代表的中国戏曲及曲艺音乐,体验其不同的风格。""7～9 年级,聆听中国民族民间音乐,简单描述其不同的地域特点或民族风格。"[2] 由此可见,在"课程内容"中更多的是将学习我国传统民族民间音乐定位在"聆听",而对于学生在"演唱""演奏"中对我国传统民族民间音乐的感受和体验并没有给予充分重视,这容易给音乐教师以误导,重"聆听"而轻"体验",可见,不利于对音乐教师教学实践的指导。当然,在"教学建议"的第 7 条"因地制宜地实施本标准"中,《课程标准（2011 年版）》明确指出:"各学校和教师应结合本地、本民族和本校的具体情况,充分利用当地的课程资源,营造良好的校内外音乐环境,丰富具有区域文化和民族文化特色的教学内容,因地制宜地把握各教学领域课程内容的弹性尺度。"[3] 在"课程资源开发与利用建议"中也指出:"地方和学校应结合当地人文地理环境和民族文化传统,开发具有地区、民族和学校特色的音乐课程资源。要善于将本地区民族民间音乐(尤其是非物质文化遗产中的音乐项目)运用到音乐课程中来,使学生从小受到民族音乐文化熏陶,树立传承民族音乐文化的意识。"[4] 很明显这些表述都着重强调了对本地区、本民族课程资源的开发和利用,这对于提高音乐教师对本地区传统民族民间音乐的重视有着积极的促进作用,但是由于表述较为笼统,并没能给音乐教师的实际教学提供更加明确的有效指导,再加上教师自身的能力水平有限,无形中造成了实际音乐教学中对地方传统民族民间音乐融入的忽视与缺失。

---

[1] 教育部.义务教育音乐课程标准（2011 年版）[M].北京:北京师范大学出版社,2012:4.

[2] 教育部.义务教育音乐课程标准（2011 年版）[M].北京:北京师范大学出版社,2012:16-17.

[3] 教育部.义务教育音乐课程标准（2011 年版）[M].北京:北京师范大学出版社,2012:28.

[4] 教育部.义务教育音乐课程标准（2011 年版）[M].北京:北京师范大学出版社,2012:35.

再次,音乐教师在教学实践中面临的现实困境。在与京津冀三地音乐教师进行访谈交流时,有部分教师表示,其实自己很清楚也很认可保护和传承本地区地方传统音乐的重要性,但是迫于很多现实问题,只能被迫在实际教学中放弃该部分的教学内容。究其原因,主要有以下两个方面:首先,从地方传统音乐本身来看,地方传统音乐是根植于民间,集中反映当地人民生产、生活的一种艺术形式。当地人民传统的生产、劳作方式是地方传统音乐赖以产生和发展的生态土壤。然而随着我国社会经济的快速发展、城市化进程的不断加快,人们传统的生产、劳作方式发生了改变,由此,地方传统音乐赖以生存的生态环境也遭到破坏。加之,随着学校教育的普及,地方音乐传统的"口传心授"的传承方式也濒临消亡。京津冀地方传统音乐的生命力和影响力逐渐减弱,甚至有些地方的传统音乐已濒临消失。因此,对于音乐教师来说,特别是对于年轻音乐教师来说,对某些本地区的地方传统音乐确实已不太了解。加之,目前所使用的教材中也没有专门有关京津冀地方传统音乐的教材,在国家《课程标准》中也没有明确的开展地方传统音乐教学的相关指导,因此音乐教师对于"在教学中融入地方传统音乐资源"是处于完全茫然和无绪状态的,尽管教师理论上知道开展地方传统音乐教学的重要性,但在教学实践中却无从下手。因此,这需要国家组织有关专家、学者对各地地方传统音乐资源进行搜集、整理,根据中小学音乐课堂教学的特点,遴选适合在中小学课堂呈现的地方传统音乐资源,并根据不同年龄段学生的心理发展水平和音乐认知特点,将遴选出的地方传统音乐资源进行不同学段的整合,并将地方传统音乐教学不同学段的教学目标、教学内容明确写入国家《课程标准》,同时组织民族民间音乐、音乐教育等领域各方力量进行地方传统音乐教材的编写,从而保证地方传统音乐课堂教学的有章可循、有据可依。其次,从音乐教师的个人情况来看,通常音乐教师在日常除进行课堂教学外,还要负责课外音乐活动指导,组织学生参加各种音乐比赛、展演、会演等活动,工作量本已很大,很难再有精力有时间去进行教学创新,因此,音乐教师往往对于教学中的新事物存在畏难情绪。加之,缺少国家《课程标准》和相关教材在开展地方传统音乐教学方面的引领和指导,音乐教师明显感觉力不从心,尽管在思想上对开展地方传统音乐教学的重要性有所认识,但面对繁重的日常教学工作,音乐教师只能退而求其次,放弃了在音乐课堂上对本地区地方传统音乐开发与融入的尝试与探索。这也是导致京津冀区域基础音乐教学中地方传统音乐教学内容缺失的原因之一。

（二）器乐教学缺失问题的成因分析

器乐教学在激发学生学习音乐的兴趣，使学生更加直观地感受音乐、表现音乐，培养学生的协作意识等方面具有十分重要的作用。但目前在京津冀基础音乐教学中却普遍存在器乐教学缺失的突出问题，探究其原因，主要有以下几个方面：

首先，音乐教师的器乐教学能力与水平较为薄弱。通过调研，我们得知，目前京津冀中小学音乐教师大部分毕业于高等师范院校音乐学院和综合类高校的音乐学院（系）。在这些高校中，通常将声乐与钢琴规定为音乐教育专业学生的必修课程，但对于第二乐器的学习，有些高校并没有开设，即在校学生只学习声乐与钢琴两门技能性专业课程；而有些高校将第二乐器开设为选修课，但学生可选修的第二乐器种类通常是以各高校现有的器乐教师师资为依据进行开设的，即学生所学的第二乐器通常是高校中常见的专业乐器，如小提琴、古筝、琵琶、二胡等，但这些乐器并不属于中小学器乐教学中的常用乐器。在《课程标准（2011 年版）》中，只将课堂打击乐器、竖笛、口琴、口风琴等作为中小学器乐教学的建议乐器。因此，很多音乐教师在入职前并不会演奏中小学器乐教学中要求的这些乐器。而入职后教师在高校学习的乐器在中小学器乐教学中又无法普及，从而导致了中小学器乐教学无法正常开展。而在有些学校，为了开展器乐教学，学校要求音乐教师自学或参加集体组织的中小学常用乐器的学习，教师边学边教，这无形中加重了音乐教师的日常负担。音乐教师的教学任务量本来就繁重，课余时间还要自学器乐，还要搜集大量有关器乐教学的相关资料，从而造成了音乐教师对器乐教学的抵触心理，因此在课堂教学中对于教师本就不擅长的器乐教学，音乐教师则能少教就少教，能不教就不教。由此可见，要改变中小学器乐教学中师资面临的这种困境，最重要的是要从根本上实现高等音乐教育培养与基础音乐教育需求之间的无缝对接，使高等音乐教育的培养真正结合基础音乐教育的现实需求，实现二者的协调统一。

其次，《课程标准（2011 年版）》中对器乐教学内容的定位有欠精准。《课程标准（2011 年版）》作为国家关于基础音乐教育教学的指导性文件，其中非常重视演唱、演奏等音乐实践活动。在"课程基本理念"、"课程目标"、"实施建议"等多个版块都有类似如下表述"所有的音乐教学领域都应该强调学生的艺术实践，积极引导学生参与演唱、演奏、聆听、综合性艺术表演和即兴编创等各项音乐活动，将其作为学生走进音乐、获得音乐审美体验的基本途径。"[①] "在教学中,要积极引导学生参与聆听、演唱、演奏、编创以及综合性艺术表演等实践活动,多听音乐,多唱歌,多演奏乐器,多接触乐谱,不断积累音乐实践经验。"[②] 但在"课程内容"版块有关器乐教学的表述却与以上有所不同。"1～2年级,学习常见的课堂打击乐器,参与演奏活动。""3～6年级,学习竖笛、口琴、口风琴或其他课堂乐器的演奏方法,参与歌曲、乐曲的表现。""7～9年级,能够选择某种乐器,运用适当的演奏方法表现乐曲的情绪,力求用优美的音色进行演奏。"[③] 由此可见,在"课程内容"中对于器乐教学内容的表述略显笼统,与《课程标准(2011年版)》中其他版块对器乐教学的重视、强调形成鲜明对比。有学者曾对此发表观点:"由此,意味着整个小学阶段的乐器'演奏'都不接触中西管弦乐队乐器。初中阶段的器乐学习规定也相当'暧昧','能够选择某种乐器'和'运用适当的演奏方法'的表述,基本将器乐教学定位在模糊不清、可有可无的状态之中,缺乏对教学的实际指导意义。"[④] 《课程标准(2011年版)》是教育部对于基础音乐教学的指导性文件,其关于器乐教学内容的表述,对我国基础音乐教育中的器乐教学有着决定性的指导作用。在器乐教学的"课程内容"中只将课堂打击乐器、竖笛、口琴、口风琴等明确列为中小学器乐教学的建议乐器,无形中给音乐教师的感觉是将"中西管弦乐队乐器排除在了中小学器乐教学之外",容易产生理解上的误差。放眼国际,很多发达国家都十分重视基础音乐教育中的器乐教学。有学者曾对美国若干公立中小学进行考察,"以美国新泽西州的西温莎(West Windsor)一所公立小学为例,该校有按照不同程度和类别划分的5个乐团,包括:小乐队,爵士乐队,交响乐团初级,交响乐团中级,室内乐团,所学乐器都是西洋管弦乐队乐器。除了每周一节常规音乐课之外,学生要在艺术选修课组中任选一个课程。每个学生都可以根据自己的兴趣喜好和掌握程度自行选择课类和乐器。学期或学年结束时,学习者便可以获得相应成绩或学分。这种选课体制和模式在小学、初中和高中很普遍。不同的是,高中已经没有通常的音乐必修课,全部是合唱

① 教育部.义务教育音乐课程标准(2011年版)[M].北京:北京师范大学出版社,2012:3.
② 教育部.义务教育音乐课程标准(2011年版)[M].北京:北京师范大学出版社,2012:28.
③ 教育部.义务教育音乐课程标准(2011年版)[M].北京:北京师范大学出版社,2012:19.
④ 周世斌.不应再被忽视的器乐教学——我国中小学器乐教学弱势状况分析及改革思考[J].人民音乐,2012(8):72-75.

和器乐合奏选修课"[①]。而从笔者对我国社会音乐教育的考察来看,5岁左右的学龄前儿童在社会音乐教育中学习小提琴、单簧管、笛子、古筝等乐器的情况非常普遍。因此,由以上国际国内情况可以看出,无论是从生理、心理的发展水平,还是从对音乐的认知能力来看,小学一年级学生已具备了学习中西管弦乐队乐器的能力和条件。而在国家基础音乐教育的指导性文件——《课程标准(2011年版)》中,却只把课堂打击乐器、竖笛、口琴、口风琴等列入中小学器乐教学的建议乐器,这显然是具有局限性和有失妥当的,不利于学校器乐教学的广泛开展。因此,要想改善目前器乐教学缺失的现状,则有必要对我国基础音乐教育的指导性文件——《课程标准(2011年版)》中的相关内容进行进一步的斟酌、完善,从而更好地发挥《课程标准》对我国基础音乐教育的有效指导作用。

再次,教育财政资金紧张也是导致京津冀区域器乐教学缺失的重要原因之一。经济基础决定上层建筑,尤其是在器乐教学中,购置乐器是开展器乐教学的客观物质基础。在京津冀地区,受长期以来政治、经济、文化等多方面因素的影响,京津冀三地之间、城乡之间的发展并不平衡。从我国现行的教育财政体制来看,目前我国义务教育实行的是"地方政府负责,分级管理,以县为主"的分级制教育财政管理体制。义务教育实际责任主体的重心偏低,使得京津冀三地义务教育直接受到三地经济发展状况的影响。尤其是在京津冀区域经济较为落后的地区,受到地方财政状况的影响,教育财政资金也极为紧张,因此,落后地区学校根本无力为学生购置乐器,无法保证学校器乐教学的正常开展。这也是京津冀区域经济落后地区器乐教学缺失的主要原因之一。因此,在这些地区,要改变学校器乐教学缺失的现状,一方面要在国家相关机制体制上寻求突破,均衡甚至加大对经济落后地区的教育财政投入;另一方面,也要因地制宜,引导学生自制简易乐器,也可以从一定程度上发挥器乐教学在基础音乐教育中的重要作用。

(三)创造教学缺失问题的成因分析

通过对京津冀基础音乐教学现状进行调研和对京津冀三地中小学生的实际创编能力进行测试,结果显示京津冀基础音乐教学中的创造教学严重缺失,三地中小学生的音乐创编能力普遍偏低。探究其原因,主要有以下两个方面。

---

① 周世斌. 不应再被忽视的器乐教学——我国中小学器乐教学弱势状况分析级改革思考 [J]. 人民音乐, 2012 (8): 72-75.

　　首先,京津冀音乐教师的创造教学能力与水平偏低、对创造教学不重视。在对京津冀音乐教师的创编能力进行调研时,89.1%的音乐教师表示只能创编单声部儿歌或歌曲,10.9%的音乐教师表示能够创编三声部以下的小型乐曲或复调乐曲,能够创编三声部以上大型乐曲或复调的音乐教师数为0。由此可见,在音乐创编能力方面,京津冀音乐教师的水平普遍偏低。这也与京津冀音乐教师的职前培养与职后教学有着直接的关系。一方面,从音乐教师的职前培养来看,京津冀大部分音乐教师毕业于高师院校的音乐学院和综合类高校的音乐学院(系)。从这些高校现有的课程设置来看,有关音乐创造的课程很少。其中,大部分学校开设有"歌曲写作"课,有些学校将此课程规定为音乐教育专业学生的必修课,有些学校将此课程设定为选修课;此外,还有些学校为音乐教育专业学生开设了"作曲"、"音乐创作"、"midi制作"等与音乐创作相关的选修课程。这些课程的学习虽然对于提高准音乐教师的音乐创作能力与水平有着一定的作用,但其课程内容与基础音乐教育中创造教学有着本质的区别。高校中的这些课程更加注重的是创作的专业性,对创作技术的要求较高,甚至有些学校一学期只要求学生完成一两首作品,为的是保证创作作品的质量;而中小学的创造教学则更多的是注重参与、体验和尝试。由此可见,在音乐创作方面,高等音乐教育的培养与基础音乐教育的需求是脱节的。音乐教师在入职前并未形成基础音乐教学中所需的音乐创造能力。另一方面,从音乐教师的职后教学来看,由于三地中小学生的音乐素质与能力有限,识谱能力与记谱能力的水平不高,因此要在课堂上进行创造教学则需要更多的时间,如以一个班30名学生来估算,每节课只抽出10分钟进行创造教学时间肯定是不够的,但根据教材安排,正常课堂教学还要有演唱、演奏等其他教学版块内容,因此,要用整堂课的时间进行创造教学也不现实,这就给开展创造教学带来了现实矛盾。此外,在对京津冀三地音乐教师进行调研时,也有部分教师表示创造教学不仅耗时费力,而且在短时间内又看不到明显的教学效果,与演唱、演奏等传统教学内容相比不容易出成绩,比如演唱、演奏等团队可以代表学校去参赛、获奖,为学校赢得荣誉等。在这些因素的影响下,面对音乐教师本就不擅长的创造教学,音乐教师自然会更加侧重于对于演唱等传统教学内容的偏好,从而导致了对创造教学的忽视。久而久之,形成了京津冀区域基础音乐教育中创造教学的严重缺失。

　　其次,现有教材中对创造教学内容的缺失。在《中国大百科全书(教育)》中,对教材的界定是:"①根据一定学科的任务,编选和组织具有一定范围和深度的知识和技能体系。②它一般以教科书的形式来具体反映教师指导学生学习的一切教学材料。"① 由此可见,教材的主要依据是"一定学科的任务"。"音乐教科书是按照国家教育部颁发的音乐课程标准,根据音乐学科的特点、课程目标和教学任务,针对学生的身心特点编制的,具有一定范围和深度的体现教学体系的文本载体。它是教学的重要依据。"② 可以说,教材是课程的重要依托和载体。国家音乐课程标准是编写音乐教材的主要依据,而音乐教材是音乐课程标准的具体体现。在我国《课程标准(2011年版)》中十分重视基础音乐教育中的创造教学。在"课程基本理念"中明确提出"强调音乐实践,鼓励音乐创造",并对此做出阐述:"音乐是一门极富创造性的艺术。中小学音乐课程中的音乐创造,目的在于通过音乐丰富学生的形象思维,开发学生的创造性潜质。"③而在"课程内容"版块,也对不同学段的创造教学内容做出了细致而明确的规定,这充分体现了国家《课程标准(2011年版)》对于创造教学的重视。但在以此为依据编写的现行音乐教材中却出现了与之不同的景象。笔者对目前京津冀地区使用最多的人音版、人教版、河北版、湘艺版、花城版五个版本教材进行分析,结果显示不同版本教材中普遍存在有关创造教学的内容极少甚至缺失,对于创造教学的内容安排缺乏科学性、系统性等共性问题。以京津冀地区使用最多的人音版和人教版教材为例,虽然在"创造教学"的设置形式上有所不同,如人音版教材中单独设出一个"编创与活动"的版块,而人教版教材中则是将创造教学的相关内容融入每个单元,但从整体来看两版教材在创造教学的内容上都存在一定共性问题:如有关创造教学的内容难度过低,小学多以"音符填空"、"旋律填空"、"节奏选择"为主,初中教材中多为2~4小节的旋律创作,或者简单的节奏和旋律的改编。这明显与《课程标准(2011年版)》中1~2年级"在教师指导下编创1~2小节的节奏音型",3~6年级"独立地或与他人合作编创2~4小节的节奏或旋律",7~9年级"独立地或与他人合作编创4~8小节的旋律短句或短曲"④等相关课程内容要求不相符合。其次,从低年级到高年级的创作难度上递增不明显,如在人音版教材中,三年级上册用"五声音阶"编创2小节旋律,而到八年级的创作要求仍然相同;低年级要求会用线条、图形、色块记录声音和音乐,而到七年

---

① 中国大百科全书总编辑委员会《教育》编辑委员会.中国大百科全书(教育)[M].北京:中国大百科全书出版社,1985:144.
② 王晓蓉.中小学音乐课程标准与教材分析[M].北京:科学出版社,2014:59.
③ 教育部.义务教育音乐课程标准(2011年版)[M].北京:北京师范大学出版社,2012:4.
④ 教育部.义务教育音乐课程标准(2011年版)[M].北京:北京师范大学出版社,2012:21-22.

级以上仍是用图谱记录音乐,用乐谱记录音乐的频率很少。再次,在创造教学的内容设置上也缺乏连贯性和一致性,如教材中的创造教学内容设置比较随机,缺乏条理性和系统性,在人教版六年级下册、八年级下册中甚至完全没有有关创造教学的内容安排,也就是说学生有可能一个学期都不会接触到有关创造教学的相关内容。由此可见,京津冀区域目前使用的教材中有关创造教学的内容安排与国家《课程标准(2011年版)》中的相关要求并不相符,并且在创造教学的内容设置上缺乏系统性和连贯性。教材作为课程标准的现实载体,是开展音乐教学的重要依据。因此,现有教材中有关创造教学内容的缺失,以及创造教学内容安排的不合理,直接影响着学校创造教学的开展,这也是造成京津冀基础音乐教育中创造教学缺失的重要原因之一。要改善这一状况,亟待有关专家、学者及其相关部门进一步加强教材建设,并对现有教材进行完善、修订。

综上所述,目前在京津冀基础音乐教育领域中存在着各种突出问题,如硬件设施配备不均衡、教师水平不均衡、音乐教学中地方传统音乐资源的缺失、器乐教学的缺失等。不可否认,这些现实问题与学校重视程度、学校资金投入、教师教学态度、学生学习兴趣等多方面因素有关,这些都已被音乐教育界所广泛共识。但长期以来,针对这些问题,音乐教育者们提出了很多不同的应对措施,但基础音乐教育状况却始终没有得到根本性改观。笔者认为,上述诸多原因确实对基础音乐教育教学情况有着直接影响,但都还只是目前京津冀基础音乐教育领域较为表层的一些表象化对策,其有效性和实效性还有待考证。如针对三地硬件设施配备不均衡,即有学者提出"要缩小三地城乡的差异"、"要加大农村学校的资金投入",但试问:事实上,农村学校的教育经费本就紧张,往往能够保证整个学校教学的正常运转已属不易,学校要加大对音乐教育的资金投入,资金从哪里来? 以何种形式、何种途径来支出农村学校的这部分资金? 这不得不涉及国家现行的相关财政体制机制等问题。音乐教育作为国民教育的重要组成部分,其发展受到整个社会经济、政治、文化等多方面因素的影响。如果只是在音乐教育领域内部寻求造成音乐教育领域问题的成因,那将只是一种"头痛医头,脚痛医脚"的"治标不治本"的问题诊断方式。因此,唯有将音乐教育放置在整个社会大系统中,挖掘基础音乐教育领域问题产生的深层次社会、历史根源,同时,大胆寻求国家现行体制机制上的突破,才有可能从根本上缓解甚至解决基础音乐教育中存在的各种问题,进而缩小京津冀三地的区域内差距,真正实现京津冀区域基础音乐教育的协同发展、共赢共进。

第五章 京津冀基础音乐教育协同发展的实施路径

第一节 构建京津冀基础音乐教育协同发展的纵向行政管理体系

京津冀基础音乐教育协同发展是一项复杂的、涉及层面较广的系统工程,需要从中央到地方各级政府部门、教育行政主管部门、学校管理层、一线教师、音乐教育专家、学者及社会各界的通力合作,共同推进。因此,需要建立一个完整、畅通且强有力的纵向行政管理体系,以保证京津冀基础音乐教育协同发展中各项工作的规划、统筹及协调有效地开展。

目前,从我国教育部职能部门的分工来看,学校艺术教育的管理和发展牵涉教育部的多个部门,其中包括体育卫生与艺术教育司、师范教育司、基础教育司、高等教育司,以及国家艺术教育委员会等。从各部门职责来看,教育部体育卫生与艺术教育司,专职管理大中小学体育、卫生与艺术教育工作;拟订相关政策和教育教学指导性文件;规划、指导相关专业的教材建设以及师资培养、培训工作;协调大中学生参加国际体育竞赛和艺术交流活动等。根据国家教育方针的总体要求,体育卫生与艺术教育司曾先后制定了《全国学校艺术教育总体规划(1989—2000 年)》(1989 年 11 月颁布)、《全国学校艺术教育发展规划(2001—2010 年)》(2002 年颁布)和《学校艺术教育工作规程》(2002 年 9 月 1 日起施行)等,对我国的学校艺术教育工作进行了积极的推动。基础教育司统管全国的基础教育工作,自 2000 年开始的基础音乐教育新课改就是由该部门负责领导和组织实施的。艺术教育委员会的主要任务是:"在学校艺术教育的方针、政策、发展规划、教学改革等重大问题上向国家教委提供咨询;协助国家教委指导、督促、检查各级各类学校艺术教育的实施,推动学校美育的发展。"① 该委员会是教育部(原国家教委)于 1986 年 12 月成立的,集中了我国艺术教育界知名的专家学者及社会各界的代表人士,是我国教育部的咨询机构。多年来,在教育部的直接领导和体育卫生与艺术教育司的通力配合下,艺术教育委员会很好地发挥了专家咨询和参谋的作用,进行了大量有益于我国艺术教育发展的工作。以上这些部门是与我国学校基础音乐教育工作关系最为密切的三个部门。多年来,通过这些部门积极有效的工作,我国学校音乐教育取得的成绩和收获是有目共睹的。但同时也显现出一些问题,突出表现在由于不同部门之间缺乏必要的协调与沟通,在一些重要问题上并未形成统一的、协调有力的领导力量。这一问题在世纪之交的基础音乐教育课程改革中已有所显露。由于不同部门之间协调沟通的不足,对新课改中的一些重要决定,当需要得到体育卫生与艺术教育司及艺术教育委员会的专业支持和发挥专家咨询作用时,这些部门的功能、职责及专业优势却并没有得到充分的发挥,因此导致了一些有益于学校音乐课程建设的意见和建议没有被充分地采纳,一些有用的教育资源没能被有效地利用。由此可见,这种缺少协调、统一管理和集中领导的工作格局,不利于甚至会阻碍我国区域音乐教育的健康发展与协同工作的顺利实施。

　　京津冀基础音乐教育的协同发展涉及北京、天津、河北三个行政区的基础音乐教育工作,尤其是北京作为国家首都,具有浓厚的行政色彩,因此要切实推进三地基础音乐教育的协同发展,必须建立一个强有力的权威行政管理机构,对三地基础音乐教育的协同发展工作进行统筹管理。在京津冀协同发展上升为国家重大战略的时代背景下,在习近平总书记打破"一亩三分地"思维的倡导下,建议由教育部牵头成立"京津冀教育协同发展委员会",按不同教育层次、不同学科类别下设分支机构,如"京津冀基础音乐教育协同发展工作组"。工作组由教育部和京津冀三地各教育主管部门的相关领导共同组成,主要负责管理和指导有关京津冀基础音乐教育协同发展的一切事宜。如:组织音乐教育专家、学者、一线教师等对京津冀三地基础音乐教育现状进行调研,在广泛听取意见、建议的基础上,对京津冀基础音乐教育协同发展工作做出总体规划、布局以及实施细则等;同时负责京津冀基础音乐教育协同发展工作的部署、推进、督导等工作。在北京、天津、河北三省市的教育主管部门同样专设京津冀教育协同发展的行政管理机构——"京津冀教育协同发展委员会",下设"京津冀基础音乐教育协同发展工作组",负责管理和协调本地区有关京津冀

---

① 　国家教委.《国家教委艺术教育委员会暂行工作条例》,[87]教高一字 005 号.

基础音乐教育协同发展工作的开展和推进等,依此建制逐层下移,辐射至乡(镇),直至三地中小学校。由此,纵向建立完整的京津冀基础音乐教育协同发展行政管理体系,为京津冀区域推进基础音乐教育的协同发展提供有力的行政保障。

第二节　完善与京津冀基础音乐教育协同发展相关的横向机制体制

一、改革完善我国的教育财政体制

从上一章对京津冀基础音乐教育中存在问题的成因分析,可以得知,目前制约三地基础音乐教育协同发展的最大障碍——区域间城乡发展不平衡——是我国长期以来推行城乡二元结构体制和"地方负责、分级管理、以县为主"的财政制度的自然结果。应该说,"以县为主"的教育财政支付制度不仅仅是京津冀三地基础音乐教育发展不平衡的本质原因,更是我国整个义务教育发展不均衡的根源所在。从各国义务教育发展的基本规律来看,义务教育的本质特征是其强制性和免费性,而义务教育的强制性和免费性则决定了义务教育需要国家财政的投入,需要建立完善的财政投入制度。针对目前存在的突出问题,借鉴国内外研究的成功经验,笔者认为,应对我国现行教育财政体制进行改革和完善。

(一)建立三级教育经费投入机制,明确各级政府投入比例

目前我国义务教育经费投入的主体是县级政府,但由于县级财政总量有限,受我国长期以来城乡二元结构体制的影响,城乡之间发展差距较大。县乡财政资金的匮乏加之城乡间发展不均衡,导致了长期以来我国义务教育发展的失衡。因此,应该改变"以县为主"的教育经费投入机制,把义务教育投入的主体确立为省级或中央统筹,在明确主体的情况下建立多元投入机制,明确各级政府的义务和责任,并吸引社会资本投入。所谓三级教育经费投入机制是指义务教育的投资应由中央、省级政府和县级政府共同承担的机制。在这一机制中,要保证义务教育均衡发展,中央政府或省级政府在整个义务教育投资中应承担较大的义务与责任。比如,中央政府和省级政府应该保障各地区实行义务教育学校的基本教育经

费,至少应该保证城乡教师的工资在同区域内的相对均衡。

建立三级教育经费投入机制将有利于优势互补、各方参与及充分保障。具体来讲,首先,以中央和省级政府为主体,可以使各地基本教育经费得到保障。其次,筹集、分配义务教育经费的权限集中到中央或较高级别的政府手中,可以最大限度地发挥中央政府和较高级别政府的协调保障作用。再次,县级财政投入和社会资本的参与可以避免管理权过度集中对教育管得过多、过死,可以充分调动地方政府和社会办学的积极性,也可以避免高度分散管理机制难以有效保障各地区义务教育均衡发展的固有缺陷,从而实现义务教育的均衡、稳定发展。

(二)构建教育经费投入向薄弱地区倾斜的政策

城乡经济发展不均衡一直以来是我国的基本国情。目前,以县级财政为投入主体的义务教育经费保障机制难以保证各个县域内教育经费投入的均衡化,由此导致的结果是县域内义务教育发展极不平衡。比如,河北省同一县域内的学校,由于县内经济发展水平有限、投入有限,往往会把有限的经费投入城镇学校,而对农村学校的投入较少,因此导致了地区间城乡差距较大、学校间差异较大的现象客观存在。现阶段,在我国财力相对雄厚的情况下,应借鉴发达国家"教育优先区政策"的成功经验,对京津冀相对落后地区实施义务教育财政倾斜政策。这是因为这些地区的经济发展相对落后,地方财政能力极其有限,若没有国家财政投入的倾斜,要想缩小义务教育阶段区域间、城乡间的差异不仅不可能,而且还会进一步拉大义务教育发展差距。因此,在发达地区或城市,财政状况较好,可以由地方财政承担大部分义务教育经费;而在经济欠发达地区或农村,应由中央政府和省级政府投入,以确保教育财政投入上的适当倾斜,将省级或中央财政作为投入主体。

二、完善教师绩效工资制度

教师是学校教育发展的生力军,教师队伍积极性的发挥和相对稳定,对推动我国教育事业的发展具有重要作用。长期以来,学校音乐教育作为被国家中考、高考制度排挤在外的"边缘"学科,在基础教育领域,尤其是在经济欠发达的农村地区一直不受重视。随着国家对素质教育的大力倡导,音乐教育的地位有所提升,但受音乐教师队伍待遇总体偏低、收入分配制度不完善等因素制约,仍然存在吸引力不强、优秀人才招不进来、好教师留不住等问题,这给音乐教师师资队伍的管理带来了一定困难。

近年来,教育公平越来越受到全社会的关注。义务教育的均衡发展关键是学校均衡,而学校均衡的关键是教师均衡。为了使所有适龄少年儿童都能够获得公平、优质的音乐教育,必须拥有一支稳定的、综合素质较高的、热爱教育事业的音乐教师队伍。因此,进一步完善学校教师绩效工资制度,依法保障音乐教师工资水平,均衡城乡间、区域间音乐教师收入分配关系,是音乐教师资源均匀配置的重要制度保障。这是促进京津冀区域,尤其是较薄弱农村学校音乐师资队伍建设的有效途径。

（一）上移义务教育绩效工资实际责任重心,加大中央宏观调控和省级统筹力度

我国 2008 年国务院颁布的《关于义务教育学校实施绩效工资的指导意见》,明确指出:在经费保障方面"管理以县为主,经费省级统筹,中央适当支持的原则"[①]。由此可见,目前我国义务教育教师绩效工资的主体是省级统筹,县级财政负担。但在实际实施的过程中,省级财政统筹明显不足,主要是由县级财政承担了义务教育教师绩效工资的经费保障责任。然而,在当前京津冀区域内一些经济欠发达地区,县级财政的实力薄弱,很难保障教师绩效工资的经费投入。由此导致了经济发达地区与欠发达地区,以及区县间差异较大的教师平均工资水平,影响了地区间音乐教师资源的均匀配置,影响了区域内基础音乐教育的均衡发展。因此,要想改变这一现状,应加强国家的中央宏观调控和省级统筹,上移绩效工资经费保障的实际责任重心,由中央和省级财政承担主要责任,县级财政承担次要责任,保证财政经费来源的畅通、专款专用、单列教育财政经费支出、加大义务教育教师绩效工资的财政投入。同一地区内义务教育教师绩效工资应实现同工同酬。针对财政特别困难的地区或学校,要加大国家财政的转移支付比例,并督促省、直辖市财政对市、县(区)财政的支持,确保各地区音乐教师绩效工资的均衡发放,为欠发达地区留住甚至吸引师资,缩小地区间、城乡间的教育差距,使基础音乐教育实现稳定、均衡的发展。

---

① 人力资源社会保障部 财政部 教育部.关于义务教育学校实施绩效工资的指导意见 [EB/OL].http://baike.baidu.com/item/%E5%85%B3%E4%BA%8E%E4%B9%89%E5%8A%A1%E6%95%99%E8%82%B2%E5%AD%A6%E6%A0%A1%E5%AE%9E%E6%96%BD%E7%BB%A9%E6%95%88%E5%B7%A5%E8%B5%84%E7%9A%84%E6%8C%87%E5%AF%BC%E6%84%8F%E8%A7%81,2009-01-01.

（二）完善绩效考核体系，采用多元化综合评价的考核方法

　　教师绩效工资制度的实施，实际上是要形成一种全新的薪酬激励机制。但由于教师的职业特点、学科特点和教育成果的特殊性，需要对教师进行多个维度的综合绩效考核。在教师绩效工资的实施中绩效考核是其中最重要的关键环节，绩效考核评价的科学与否，直接影响着绩效工资实施的效果和公平性。从目前我国教师绩效工资的实施情况来看，多是从德、能、勤、绩四个方面对义务教育教师进行绩效考核评价，但在具体标准的规范性和可操作性上还有所欠缺。到目前为止，我国还没有一个关于教师薪酬政策的国家研究中心或民间研究机构，因此，在各地制定工资绩效考核方案时都非常缺乏相关专业的有效指导。当然，从国家层面来说，我国各地的社会经济文化差异很大，作为国家统一政策确实很难完全地切合各地实际情况，因此，这也就需要地方根据各地的实际情况，创造性地落实绩效考核。学校应根据各种不同岗位的特点、不同学科的特点，制定出相应的综合考核标准，通过多种形式全面地反映教师的业绩和贡献。尤其是对音乐教师的综合考核，一定要打破"唯学生成绩"的传统做法，将教师的职业道德、专业技能、学生的发展成长过程和习得性素养全面纳入对音乐教师的评价中，作为音乐教师绩效考核的重要标尺。这种考核方式将有利于促使音乐教师更加关注学生的实际需求，更加注重培养学生的学习兴趣、情感、意志品质和习得性素养。

　　总之，对于我国而言，教师绩效工资制度还处于起步阶段，还存在一些不足和在制度运行过程中所产生的各种矛盾。不可否认，教师绩效工资制度在保证教师收入稳定性、建立分配激励机制等方面存在着先进性与合理性。因此，在实施过程中，一方面要加强国家对教师绩效工资制度的统筹规划，另一方面更要注重学校与教师的沟通，尊重学校不同岗位、不同学科教师的工作特点，制定科学合理的综合绩效考核体系，以充分发挥教师绩效工资制度在提高教师工作积极性、保证教师队伍稳定等方面的积极作用。而音乐教育是我国素质教育的一个重要组成部分，音乐教育的终极目标是"培养学生对音乐的持久兴趣，涵养美感，和谐身心，陶冶情操，健全人格"、"培养学生良好的审美情趣和积极乐观的生活态度，促进身心的健康发展"。[①] 可见，音乐教师对于学生的培养、对于学生身心的影响是一个长期的过程，其工作业绩、成效并不能完全立竿见影，这是

---

① 教育部.义务教育音乐课程标准（2011年版）[M].北京：北京师范大学出版社，2012：8.

在量化绩效考核中难以完全体现的。目前仅用显性的学生成绩、教师工作量等来衡量学生的隐性成长,显然是带有局限性和有所偏颇的。因此,要在尊重音乐学科特点的基础上,建立更加完善、多元化的音乐教师综合绩效考核体系,同时上移教师绩效工资的实际责任重心,加大中央宏观调控和省级统筹力度,从根本上保证京津冀区域地区间、城乡间音乐教师绩效工资待遇的均衡、公平。使义务教育教师绩效工资制度成为促进三地音乐教师积极提高工作效能的推进剂,而不是绊脚石,为京津冀区域,尤其是京津冀落后地区,留住师资甚至吸引师资,缩小京津冀区域音乐教师资源配置的差距,为三地基础音乐教育的协同发展提供均衡、优质的音乐教师资源,为三地基础音乐教育的协同共进提供师资保障。

第三节　京津冀基础音乐教育协同发展理论模型的构建

京津冀基础音乐教育的协同发展从整体来看,是一个庞大而复杂的系统工程,它需要国家、社会以及教育界各方力量的积极参与与协作配合。从目前京津冀区域基础音乐教育的发展现状来看,受长期以来我国政治、经济、文化等多方面因素的影响,京津冀三地的基础音乐教育发展并不平衡。因此,要真正实现三地基础音乐教育的协同发展,必须在缩小区域内差距的基础上,深度挖掘三地基础音乐教育系统内部各教育要素的相对优势与现实需求,寻求三地各教育要素之间优势与需求对接的关键节点与整体协同的契合点,培养三地基础音乐教育协同发展的共生极,从而构建京津冀基础音乐教育内部联动、整体协同的区域发展模式。在此,为了更好地对京津冀基础音乐教育的协同发展进行理论探讨和实践探索,笔者对京津冀基础音乐教育协同发展的整体运行进行了理论模型的构建。

一、"名校引领——涟漪式递推"协同发展理论模型的整体架构

京津冀区域地域广阔,从三地的地理结构来看(见图5-1),京、津两大直辖市被河北省环抱怀中。据有关资料显示,北京市土地面积为1.641万平方千米,天津市土地面积为1.1946万平方千米,而河北省土地面积为18.88万平方千米。可见,河北省土地面积约为京津两市总面积的6.66倍。

图 5-1　京津冀区域地图

而从京津冀三地的基础教育规模来看,据国家统计局发布的《中国统计年鉴 2016》中的数据显示(见第二章表 2-1):北京、天津、河北的中小学学校数分别为 1336 所、1178 所、14504 所,专任教师数分别为 9.22 万人、6.66 万人、51.27 万人,在校中小学生数分别为 113.37 万人、86.36 万人、832.37 万人。由此数据可以看出,在京津冀区域内,河北中小学校数约是京津两地中小学校总数的 5.77 倍,专任教师数是京津两地总数的 3.23 倍,在校中小学生数是京津两地总数的 4.17 倍。而且从在校中小学生的分布来看,河北省在校中小学生中 70% 以上集中于经济相对落后的乡村和镇区学校。由此可见,在京津冀区域无论是地域面积,还是基础教育规模以及村镇学生规模方面,河北省都远远超出了京津两市的总体水平。通过笔者对京津冀基础音乐教育现状的全面调研,结果显示目前在京津冀区域基础音乐教育的"硬件"——教学设施的配备、基础音乐教育的"软件"——教学师资的水平、三地中小学生的实际音乐素质与能力水平等多个方面,都明显呈现出京津与河北之间、城市与乡村之间存在的巨大差距。综上所述,尽管京津冀区域拥有众多的优质音乐教育资源,尤其是北京作为国家首都,拥有一大批基础音乐教育领域的名师、名校[①],以及音乐教育界全国最高水平的专家学者。但面对京津冀区域如此庞大的受教育群体,尤其是河北省超出京津两市总量几倍的受教育群体,京津冀

[①]　在本文中专指京津冀区域内基础音乐教育开展良好的知名学校。

区域有限的优质音乐教育资源则显得杯水车薪。如果仅依靠这些有限的优质教育资源"一通到底"地直接辐射至京津冀整个区域,尤其是河北省广大的边远、落后地区,那势必出现"小马拉大车"的窘况,不但不能实现京津冀区域基础音乐教育的整体提升,而且还很有可能拉低甚至拖垮京津两地的优质音乐教育资源优势。

因此,针对当前京津冀区域优质音乐教育资源的现实承载力,以及京津冀区域基础音乐教育的现实状况,笔者认为,应采取"名校引领——涟漪式递推"的协同发展模式,实现以名校为引领,逐层辐射,涟漪式推进京津冀基础音乐教育的区域整体发展。"名校引领——涟漪式递推"协同发展理论模型的整体架构如下(见图5-2:理论模型图)。

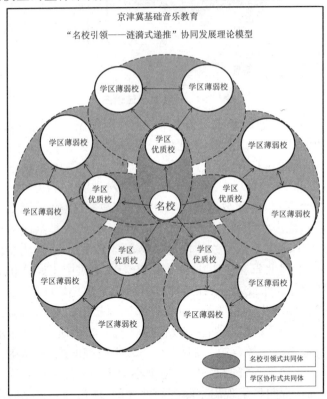

图5-2 "名校引领——涟漪式递推"协同发展理论模型图

首先,以京津冀区域基础音乐教育开展良好的名校为引领,打破传统的行政区划,以"地理位置相近"为原则,由一所名校辐射周边基础音乐教育发展较好的若干所学校,建立"名校引领共同体"。鉴于名校的现实承载力有限,因此"名校引领共同体"中不宜容纳过多的成员校。具体规模可根据"共同体"中名校的实际承载力为准,一般以一所名校辐射2~3

所成员校为宜,以不影响名校正常音乐教学的开展为原则。其次,以"名校引领共同体"中的各成员校为核心,以"地理位置相近"为原则,辐射周边若干所基础音乐教育发展薄弱的学校,组建"学区协作共同体",将名校先进的教学理念、教学方法等进一步辐射至学区内的薄弱学校。也就是说,在"名校引领——涟漪式递推"的协同发展模式中,同一所学校可以既是"名校引领共同体"中的成员校,同时又可以是"学区协作共同体"中的学区优质校。在"学区协作共同体"中,可以包括一所"名校引领共同体"中的成员校,也可以包括多所"名校引领共同体"中的成员校,其构建规模以学区内各学校间的区域地理位置相近为原则。此外,鉴于京津冀区域地域广阔,尤其河北省内还存在较大范围的边远、薄弱地区,为了更好地将"名校"的优质音乐教育资源最大限度地辐射至京津冀的广阔地区,同时也为了保证优质音乐教育资源能够长期有效地对较薄弱地区发挥作用,因此,在"学区协作共同体"的构建上,可纵向分为几个圈层,逐级辐射,即由学区优质校带动学区内较薄弱学校,建立"学区协作共同体";再由学区较薄弱校带动学区更薄弱学校,建立"学区协作次共同体"……依此类推,逐级下移辐射,直至辐射到京津冀的全部区域。"学区协作共同体"纵向各圈层的构建均以打破传统的行政区划、以地理位置的相近为原则。但需要说明的是,在"名校引领——涟漪式递推"的协同发展过程中,名校、学区优质校、学区薄弱校、较薄弱校等并不是一成不变的,需要由中央和各级教育主管部门组织相关人员进行调研,根据各学校实际情况进行分层分类,并以一定时间段为节点,如3～5年(考虑到时间过短,协同发展成效突显不出来;时间过长,可能会出现学校的发展倦怠,故暂定为3～5年,该时间段还需要进一步地斟酌、论证),由国家"京津冀基础音乐教育委员会"牵头组织相关部门对区域内学校进行综合评估,根据各学校实际情况重新进行分层分类,并制定一定的奖惩机制,以鼓励、督促各学校向更高层次学校迈进。如:经过3～5年的发展,由学区薄弱校上升为学区优质校,由学区优质校上升为京津冀区域名校等。当然,如果有学校发展情况并不理想,也要根据实际情况,将学校层次下移,如由学区优质校下降为学区薄弱校等,以此来实现对京津冀区域内学校音乐教育的动态管理与分层。由此形成一个由名校引领各学区优质校,再由学区优质校辐射带动学区较薄弱学校—更薄弱学校等依此类推的渐进式协同发展的有机整体。即如同将"名校"作为一块美丽的"雨花石"投入京津冀基础音乐教育的广大"湖面"中,荡起层层涟漪的和谐景象。这样架构的益处在于,首先,从客观上尊重了名校的实际承载能力,既发挥了名校优质音乐教育资源的辐射带动作用,又避免了由于负担过重可能拉低甚至拖垮名校优质音乐教育资源的优势；其次，以以往国家对于基础音乐教育薄弱学校的帮扶为例，多采用国培、省培等集中面授的形式，将优质的音乐教育资源直接下放到薄弱地区或学校，一方面，专家与薄弱学校教师的专业能力与水平之间差距较大，在学习内容的理解与接受上存在断层，出现优质教育资源"水土不服"的现象，使区域内优质音乐教育资源的辐射带动力大打折扣；另一方面，专家老师们的时间有限，长时间在薄弱学校进行帮扶，显然并不现实。从以往接受培训教师们的反馈来看，短期集中面授的帮扶方式其效果并不理想。而"名校引领——涟漪式递推"的协同发展模式，则在发挥名校引领的基础上，充分发挥了各地区音乐教育资源的本地相对优势，由名校为各地区培养自己本地的优质音乐教育资源，再由本地优质教育资源逐级辐射至整个区域。改由"名校"直接为薄弱学校"输血"，变为帮助薄弱学校"造血"，以加强薄弱学校自己再生的能力，从而实现京津冀三地基础音乐教育协同发展的动力最大化。

在"名校引领——涟漪式递推"的协同发展模式中，最核心的部分是打破三地传统的行政区划，以"地缘相近"为原则，构建"名校引领共同体"与"学区协作共同体"，在"名校"的引领下，注重发挥各学区本地的音乐教育资源优势，实现"名校引领"与"学区协作"的双驱动模式，"合力"推动京津冀区域基础音乐教育的整体性发展。下面笔者将重点探讨"名校引领共同体"与"学区协作共同体"两大驱动的内部运行机制，这也是"名校引领——涟漪式递推"协同发展模式中的核心要义。

二、"名校引领共同体"及其内部运行机制

名校引领共同体，指的是在京津冀地区打破传统的行政区划，以地理位置相近为原则，建立由一所京津冀地区基础音乐教育开展良好的知名学校和若干所周边基础音乐教育发展相对较好的成员校组成的教育共同体。该共同体内部的学校可共享音乐教育资源，一方面，打破各学校间的管理壁垒，资源在校际的流动可以弥补共同体内部成员校在软硬件资源不足等方面的问题，降低办学成本；另一方面，也可以实现学校间的优势互补，取长补短，如名校可通过优质音乐教育软硬件资源的输出，帮助周边成员校提升音乐教育质量；周边成员校也可为名校先进的教学理念、教学方法等提供更为广阔的教研空间，有助于名校先进教学成果的跨区域推广和名校社会品牌的打造。这是京津冀基础音乐教育"名校引领——涟漪式递推"协同发展模式中资源优化配置的一种重要方式。

　　但由于"名校引领共同体"的构成打破了以往传统的行政区划,共同体中的成员校可能分属不同行政区域,因此,为了使"名校引领共同体"运行得更加顺畅,应充分发挥教育主管部门的行政指导力量。由国家教育部下设的"京津冀基础音乐教育委员会"牵头,组织三地教育主管部门的相关人员、全国音乐教育界专家、学者,在深入调研的基础上,对京津冀区域基础音乐教育开展较好的中小学校进行遴选,从学校音乐教育的教育理念、师资水平、硬件配备、教学特色、教学成果等多个维度进行综合评估,确定"京津冀基础音乐教育教学名校"名单。通过对名校所在地理位置及其周边学校的音乐教育状况、空间布局结构等情况进行分析,确定"名校引领共同体"成员校的组成。在"名校引领共同体"中,为了充分发挥名校的引领作用,要确立以名校为共同体中的责任主体,确保其有能力实施本教育共同体内部教育资源的整合、配置和调度等相关事宜。构建以名校校长为牵头校长、由各成员校校长组成的决策小组,下设"音乐教育协同发展工作小组",负责制定本教育共同体中音乐教育协同发展的整体规划、协同发展目标、协同发展方式、具体实施措施、推进情况等,以及建立评估和考核机制,以对共同体内部学校间协同发展的目标实现程度进行考核;在协同发展整体规划的基础上形成制度和制度体系执行系统、监督反馈系统等;在共同体内部的教师和学生层面,依据各共同体自身的组成特点,采取名校教师线上线下多种形式的引领互动、学生"游学"、"走班"多种形式的交流互访等举措(有关教学中的具体协同举措在下一节中进行详细论述,在此不再赘述)。名校和成员学校在音乐教育方面既实行统一管理,又保持各自享有一定程度的独立性,从而实现"名校引领共同体"内部音乐教育教学的优势互补,共同发展。

　　此外,在"京津冀协同发展战略"的推动下,京津冀三省市在城市功能定位、产业升级转移、人口布局调整等方面都将有所变化,而随着三地之间的人口流动,必然带来三地基础教育的布局调整——整合调整基础教育资源、建立新校等。因此,在运行基础音乐教育"名校引领共同体"时,也可根据名校周边成员校的实际情况采用"名校＋新校""名校＋弱校"等多种形式,把名校在音乐教育方面的先进教学理念、文化品牌、课程实施方案、先进教研成果、优质师资力量等输出到教育共同体内部的其他成员校,以实现名校优质音乐教育资源的效益最大化,实现共同体内部区域间、校际音乐教育均衡发展。但值得注意的是:在组建"名校引领共同体"时,要合理控制教育共同体的规模,即共同体内部的成员校数量不宜过多。要依据名校的现实承载力和共同体内部成员学校音乐教育发展的程度等进行科学规划,不能盲目地由一所名校承担周边过多所成员学校,以免导致名校音乐教育教学水平被成员学校拖垮或拉低。

三、"学区协作共同体"及其内部运行机制

目前,从全国范围来看,京津冀区域基础音乐教育的整体水平较高,处在全国前列。但从京津冀区域内部来看,名师、名校等最优质音乐教育资源毕竟有限,面对京津冀基础音乐教育庞大的受教育群体,加之当前京津冀三地基础音乐教育发展不平衡现状,目前要实现将区域内有限优质音乐教育资源"一通到底"地直接辐射至京津冀整个区域,显然并不现实。因此,在运行"名校引领共同体"、最大限度地发挥京津冀名校优质音乐教育资源的同时,还应组建"学区协作共同体",将京津冀区域内全部中小学校纳入协同发展的资源整合中,以期实现京津冀区域基础音乐教育教学水平的整体提升。

学区协作共同体,指的是将地理位置相对集中、音乐教育发展水平不同(主要分为优质校和薄弱校两个层次)的若干所学校联合在一起,进行划片分区,构建学区发展共同体,并实现共同体内优质校与薄弱校的协同共进。在共同体内部搭建资源共享平台,实施成员校之间的优势互补,通过教育共同体的组建深度整合教育资源,以使共同体内的各成员学校共建共享、共进共荣。组成共同体后的学校群作为一个联合体,形成相应的音乐教育整体发展规划,不定期开展各学校层面的交流互动,在同一教学年度内实施统一考核、统一标准评价学校的音乐教学质量,在音乐教学软硬件方面实现实质性共享,最终实现本学区教育共同体的整体发展。

在"学区协作共同体"的运行中,学区的划分是否科学合理直接影响着"学区协作共同体"内协同效应的发挥。鉴于京津冀区域的地域广阔,因此,在构建"学区协作共同体"时,首先应由京津冀三地教育主管部门的相关机构,组织音乐教育专家、学者对京津冀三地基础音乐教育状况进行深入调研,根据京津冀三地辖区内学校的音乐教育软硬件条件、音乐教育师资、音乐教育教学水平、音乐教学成果等情况,将辖区内的学校进行划分,主要划分为音乐教育优质校和音乐教育薄弱校两个层次,如条件允许,也可将学校层次细化出优质等级和薄弱等级,以便在构建"学区协作共同体"时能够更加合理地进行划片分区。之后,由教育部下设的"京津冀基础音乐教育协同发展委员会"依据地理位置相近的原则,对三地音乐教育发展水平不同层次的学校进行统筹划片,组建学区。划分学区时除考虑成员校之间的地缘优势之外,还要兼顾学区内优质校和薄弱校数量的均衡、各学校优势与需求是否适合对接、优质校的承载力、薄弱校的

薄弱程度等,并根据这些情况综合确定"学区协作共同体"的组建。该共同体的组建打破了传统的行政区划,可由同一行政区内的若干所学校组成,也可由不同行政区域的若干所学校组成。根据共同体内部成员校的构成情况,可采用"一对多"或"多对多"的协作模式,即由一所或多所音乐教育水平较高的优质学校带动多所音乐教育水平较低的薄弱学校建立音乐教育共同体。"学区协作共同体"可采用学区校长联合负责制,以有效保障对学区内各成员校音乐教育资源的调配与整合,对学区内重大事项进行决策;成立"京津冀基础音乐教育协同发展工作小组",负责制定本学区音乐教育学科的整体发展规划,实施学区音乐教育教学目标的统一化,对学区内音乐教育资源的共享与流动、教师的跨校互动(包括教师的跨校"游教"、培训互动、教科研活动交流等)、学生的跨校互访(包括学生的结对互访、跨校游学等)等工作进行具体的设计与安排;根据学区内成员校的发展需要,定期召开学区内成员校音乐教育联席会议,讨论学区内音乐教育教学的发展规划、存在的问题与对策等,并在教学工作计划、教学管理、活动安排、质量要求、年终考核等方面尽量统一化,使学区内各成员学校在挖掘自身音乐教育资源优势的基础上,积极探索学区内资源优化组合的有效途径,通过共享和交流尽快提升学区内薄弱学校的音乐教学条件、音乐师资队伍和音乐教学水平,从而实现学区内成员校的共同发展、合作共赢。

"学区协作共同体"的运行目的在于通过共同体的建立打破原有行政区划、原有学校的界限,真正立足于区域一体化发展,深度整合学区内各成员学校的音乐教育资源,把优质校和薄弱校的音乐教学硬件设施、师资队伍、课程资源等整合在一起,最大限度地盘活本学区的音乐教育资源,使各种教育资源在共同体成员校间动态流动,促进学区内各成员学校音乐教育的均衡发展。使共同体内各成员学校从最初的行政驱动式被动结对逐渐发展为教育共同体,在教育共同体内的成员学校逐渐实现情感交流、文化浸润和音乐教学管理的统一化。把共同体内的成员学校作为一个整体,使其逐渐形成区域一体化的主体意识,最终实现学区内音乐教育的优势互补、共同发展。

在京津冀基础音乐教育协同发展的进程中,可根据区域内各学校的音乐教育发展水平及周边学校空间布局的实际情况,使用"名校引领共同体"与"学区协作共同体"相结合的协同发展模式。将京津冀区域的基础音乐教育串联成一个有机整体,实现优质音乐教育资源的名校引领、逐层辐射扩散,带动整个区域基础音乐教育均衡、高效地发展。值得注意的是,无论是"名校引领共同体",还是"学区协作共同体",都是在打破传统行政区划的基础上,在京津冀区域内以"地缘相近"为原则进行教育共同体构建的。这种"名校引领——涟漪式递推"的协同发展模式无疑将共同体内的各成员学校组建成一个利益发展共同体,在接受上级教育主管部门和社会对共同体的考核及评价中,一荣俱荣、一损俱损。因此,无论是"名校引领共同体",还是"学区协作共同体",都能够最大限度地调动名校、优质学校帮扶共同体内其他成员校的积极性和紧迫性,本着共同发展的目的,强化名校、优质校在教育共同体中发挥的带动作用,提高京津冀基础音乐教育协同发展的内在驱动力。然而,不同的是,"名校引领共同体"更加注重的是名校的"引领"协同,在共同体中以名校为责任主体;而"学区协作共同体"则更加注重同一学区内成员校之间的"协作"共进。从共同体构建的规模来看,"名校引领共同体"比"学区协作共同体"的规模要小,通常以一所名校引领 2 ~ 3 所周边成员校为主;而"学区协作共同体"则可以由几所相对较优质的学校和几所薄弱校共同组建而成。但需要注意的是:第一,无论是采用何种共同体发展模式,在将共同体内各成员学校作为一个整体实现协同共进的同时,还要注重挖掘各自成员校自身的特色与优势,引导、帮助各成员学校发展出自己学校的特色;第二,从"名校引领共同体"和"学区协作共同体"运行的整体情况来看,资源的共享与流动主要是以名校、优质校向薄弱校的单向输出为主,在当前国家"京津冀协同发展战略"的大力推动下以及教育主管部门行政指令的引导下,名校、优质校会积极响应对薄弱学校的支持与帮扶,但如果长期开展下去,名校、优质校在教育共同体中无法实现自身的提升,甚至影响、阻碍了自身的音乐教育发展水平,如此则会严重影响名校、优质校在区域协同发展中的积极性和主动性。因此,在运行"名校引领——涟漪式递推"协同发展模式时,要更加注重对薄弱校相对优势与特色的开发,寻求共同体中资源的双向流动,真正做到优势互补、互利共赢。

当然,面对京津冀区域基础音乐教育发展不均衡现状,根据不同学校音乐教育发展状况及其周边学校的音乐教育发展水平,还可采取更为灵活、多样的协同发展模式。在此,笔者创设的"名校引领共同体"与"学区协作共同体"有机结合的"名校引领——涟漪式递推"协同发展模式仅作为抛砖引玉,以期对音乐教育界同仁有所启示,群策群力,共同推动京津冀基础音乐教育的协同发展。

第四节　京津冀基础音乐教育协同发展
具体措施的实施建议

一、融合共进——京津冀基础音乐教育之师资的协同

教师是教学实践的主导者,教师素质与教学能力的高低直接影响着学校的教育教学质量。在国家教育部发布的《全国学校艺术教育发展规划(2001—2010年)》(以下简称《发展规划》)中,明确指出:"建设一支以专职教师为主,数量和质量都能够满足学校艺术教育需要的艺术教师队伍,是提高艺术教育教学质量的关键。各级教育行政部门和学校要予以高度重视,切实采取有效措施加强艺术教师队伍的建设。""至2005年,乡(镇)中心校以上小学、初中,以及高中阶段教育各类学校和普通高等学校,都应配齐专职艺术教师,规模较大的学校应设立艺术教研组织。至2010年,除处境不利的地区外,乡(镇)中心校以下小学也要配齐专职艺术教师或能胜任艺术教学工作的兼职教师。"[1] 由此可见,国家对于艺术教育师资队伍建设给予的高度重视。

通过调研,结果显示从目前京津冀基础音乐教育师资的配备来看,已基本达到国家《发展规划》中对艺术教育师资的刚性要求。京津冀三地城乡中小学的音乐开课率与音乐教师配备已基本实现全覆盖。从全国范围来看,京津冀区域的基础音乐教育整体开展状况处于全国前列。但由于受到我国经济政策、财政制度、城乡二元结构体制等多方面因素的影响,京津冀区域内城市与乡村在基础音乐教育的教学条件、硬件配备、教师待遇、生源质量等方面还存在较大差距,从而造成了乡村基础音乐教育没有吸引力,留不住、引不来音乐教育师资的困顿局面。在对京津冀基础音乐教育现状进行调研时,笔者发现,尽管在很多乡村学校都按照国家要求开设了音乐课程,但大多是由没有接受过专业学习和培训的兼职音乐教师任教。城乡音乐教师素质与教学水平的较大差异,成为制约京津冀基础音乐教育均衡发展的重要因素之一。因此,在京津冀基础音乐教育的协同发展中,教师的协同共进成为其中重要的一环。

---

[1]　教育部. 教育部关于印发《全国学校艺术教育发展规划(2001-2010年)》的通知 [EB/OL].http://www.moe.gov.cn/srcsite/A17/s7059/200205/t20020513_162701.html, 2002-05-13.

（一）建立音乐教师的"游教"机制

客观地说，由于我国经济、政治、文化等多方面因素的影响，城乡教师素质的差异是我国目前整个基础教育领域中普遍存在的一种现象，并不专属于某一学科。为了促进城乡基础教育的均衡发展，国家在推动城乡教师流动方面出台了一系列的相关政策。1999年，中共中央办公厅发布的《中共中央国务院关于深化教育改革全面推进素质教育的决定》明确指出："城镇中小学教师原则上要有一年以上在薄弱学校或农村学校任教经历，才可聘为高级教师职务。"[1]2003年，在《国务院关于进一步加强农村教育工作的决定》中再次指出："建立城镇中小学教师到乡村任教服务期制度。城镇中小学教师晋升高级教师职务，应有在乡村中小学任教一年以上的经历。"[2] "2004年，周济部长在教育部2005年度工作会议上的讲话中强调：'要加强对教师的统筹管理和资源的统一调控，促进教师流动，安排城镇教师到农村任教'。"[3] 等。在国家的大力号召下，据统计，截至2013年6月，全国有22个省级教育行政机关相继出台了有关教师流动的政策文本。其中，京津冀三省市制定的相关政策如表5-1所示。

表5-1　京津冀三地出台的有关教师流动的政策文本

出台机构	文件名称
北京市教委	1.《北京市城镇教师支援农村教育暂行办法》 2.《关于进一步推进义务教育优质学校干部教师向普通学校流动的意见》京教工〔2011〕72号
天津市教委	1.《关于实施支援农村教师队伍建设项目的意见》津教委人〔2005〕7号 2.《关于进一步加强农村中小学教师队伍建设的意见》津教委人〔2007〕30号 3.《关于进一步推进义务教育阶段学校教师合理流动工作的意见》（草拟稿）
河北省教育厅	1.《关于大力推进城镇中小学教师支援农村教育工作的实施意见》冀教人〔2006〕69号 2.《关于印发河北省边远贫穷地区、民族地区和革命老区人才支持计划教师专项计划实施方案的通知》冀教人〔2013〕23号 3.《河北省教育厅财政厅人力资源和社会保障厅关于推进义务教育学校教师校长交流工作的指导意见(草稿)》

① 中共中央办公厅.中共中央国务院关于深化教育改革全面推进素质教育的决定（中发〔1999〕9号）[EB/OL].http://www.chinalawedu.com/news/1200/22598/22615/22793/2006/3/he7396032197360029150-0.htm, 1999-06-13.
② 新华网.国务院关于进一步加强农村教育工作的决定[EB/OL].http://www.china.com.cn/chinese/PI-c/408138.htm, 2003-09-20.
③ 皮冲.教育公平视野下城乡中小学教师流动现状与对策研究——以兰州市城乡部分中小学为例[D].兰州：西北师范大学，2012：1.

不可否认,在国家的大力推动下,这些政策措施在促进城乡基础教育均衡发展方面确实起到了一定的积极作用。但不同学科有着自己不同的特点,音乐课程是学校实施美育、实施素质教育的重要途径。而长期以来由于音乐课并不属于学生升学考试的必考科目,因此在中小学的教师编制中,无论是优质学校、普通学校还是薄弱学校,与语文、数学等主干课程相比,音乐教师的数量都非常有限。在对京津冀三地学校进行调研时,几乎所有的校长和教师都用"一个萝卜一个坑"来形容学校音乐教师编制的状况。因此,国家政策中"城镇中小学教师要在薄弱学校或农村学校任教一年"的相关规定,显然在音乐学科无法执行。一方面,优质学校的音乐教育师资也比较紧缺,而且通常情况下,音乐教学开展较好的学校,其音乐课外社团活动、校园音乐文化活动等也比较丰富多彩,音乐教师的工作量相对较大。在没有师资候补的情况下,将优质学校的优质音乐师资输出一年,无形中稀释了优质学校的优质师资力量,会在一定程度上影响优质学校正常音乐教学工作的开展。另一方面,由于音乐学科的特殊性,良好的音乐教学条件、音乐硬件设施、教学环境等都对音乐教学效果的实现有着重要影响。优质学校的音乐教师流动到薄弱学校或农村学校,音乐教学条件、环境的较大差异会在一定程度上影响音乐教师教学水平的发挥,影响流动教师自身的专业化持续成长。此外,音乐骨干教师大多为中青年教师,正处于"上有老、下有小"的人生阶段,外出支教一年,无法尽到对家庭的责任,造成生活上的困难。因此,在笔者调研过程中,音乐教师普遍反映出对当前教师流动政策的抵触与不满情绪。

通过对国内外教师流动机制成功经验的借鉴和与京津冀三地校长、教师的访谈、交流,笔者认为,针对音乐学科特点,建立音乐教师"游教"机制是目前缩小三地城乡音乐教师教学水平差距、推动京津冀基础音乐教育协同发展的一种有效途径。

教师的"游教"机制,简言之就是优秀音乐教师在统一的管理体制下进行游走于共同体内各成员校一线教学课堂进行示范教学的一种示范教学机制。这种机制可以大大提高传授、传播优秀教学经验的速度与实效,适时性、推广性非常强。这种一人游走于各校的示范性教学方式比以往大规模的集结性培训推广方式要更加灵活、便捷,且针对性强。它既减轻了培训费用,又节约了教育资源;既接地气,使一线教师实际感受到先进教学模式的魅力,又能够使学生不断感受到音乐课堂的多元风格,是一种方便、快捷、高效的优秀教学经验传授模式。比如,在"名校引领共同体"或"学区协作共同体"中,将共同体内教师资源进行整合,由教育主管部门遴选出共同体中的优质教师资源,组成"优师团队",根据共同体内的学校数安排相应数量的优秀教师组成一组,将"优师团队"教师分成相同规模的几个小组,每组"优师"负责一个月的共同体内各成员校的"游教"课程,几个组依次轮换,优秀教师被抽调外出"游教"的一个月中,其所在学校的音乐课程暂由共同体内其他音乐教师和"游教"课程的其他优秀教师代上。"游教"机制一方面可以将共同体内优质的音乐教师资源均匀辐射到共同体内各成员校;另一方面,对于优秀教师来说,"游教"周期为一个月,且共同体的构建以"地缘相近"为原则,也就是说,共同体内学校间的距离相近,因此,"游教"机制从时间和空间上并未给优秀教师带来负担,且"游教"教师分组接力,在不给优秀教师造成负担的同时,还保证了为共同体内各成员校提供源源不断的优质教育师资。此外,"游教"机制还不仅仅是一种便捷、高效的教学实践模式,同时,也是不断促进优秀教学成果转化的过程,更是为先进教学成果提供的一个更为广阔的实验发展平台。它可以及时为开展教学创新的音乐教师快速、广泛地进行教学实验验证,获取一线反馈信息,为中小学音乐教育教学改革的实践探索提供非常有效的实验平台,同时,也是传播与推广先进教学经验,及时服务于一线教学的重要保障机制。

(二)建立音乐教师的"跟岗教学"机制

"跟岗教学"机制,是京津冀基础音乐教育师资协同共进的又一重要途径。所谓"跟岗教学"就是音乐教师在一定时间内相对稳定地在一所或几所学校进行与共同体内成员校其他音乐教师的结合性教学。它主要分为两种情况。一种是由优秀的、有丰富教学经验的一线教师为薄弱学校音乐老师传帮带模式的"跟岗教学",在一个短时间内对薄弱校音乐教师进行听课、评课、示范教学等内容,以对单人或几名教师的指导为主。这种方式有助于对薄弱校音乐教师进行有针对性、个性化的传帮带式精准教育帮扶。另一种是让薄弱校音乐教师到音乐教育优质校进行"跟岗教学"。其形式也是由一位优秀教师带一位或几位薄弱校音乐教师进行传帮带式的教学提高机制。

通过对京津冀中小学音乐教师的调研,我们得知,音乐教育较为落后地区的音乐教师,入职后参加音乐教学培训或外出进行音乐教学交流的机会比较少,甚至根本没有外出学习的机会。加之,受薄弱校规模和教师编制的影响,很多落后地区学校只有 1 ~ 2 名音乐教师,甚至只是兼职音乐教师。他们只有本校小范围的音乐教育观摩机会。无论是从教学理念、教学技能,还是从教学环境、教学软硬件的使用上都与音乐教育较发达地区学校有着很大差距,因此,创造条件让薄弱校音乐教师走出来到音乐教育较为发达的学校跟随优秀音乐老师去实地听课、观摩整个教学过程,直接接触优秀音乐教师的教学课堂,直接与优秀音乐教师进行交流互动,对尽快提高薄弱校音乐教师的教育教学水平有着很好的促进作用。这种"跟岗教学"机制,设置了薄弱校音乐教师与优质校音乐教师跟岗互动、实地教学观摩等一系列直接接触性的教学环节,一般能够最为有效地促进教师缺什么就能直接补充到什么的个性化成长,特别是在教学理念、教学环节、课堂实地教学等方面,对相对落后地区音乐教师教学水平的提升有着很大帮助。此外,"跟岗教学"机制,还有助于薄弱校音乐教师深入接触到音乐教育较为发达学校的音乐课外活动,特别是这些活动在组织与开展过程中所运用的方式方法、活动形式等,会给薄弱校"跟岗教学"教师以很大的启发与引导,有助于薄弱校课外音乐活动的开展与实施。鉴于各学校音乐师资有限,尤其是薄弱校的音乐师资一般更为紧缺,因此,为不影响各学校正常音乐课程的开展,"跟岗教学"的优秀教师与薄弱校音乐教师都应该由各教育共同体内部进行统筹安排,在优秀教师到薄弱校进行"跟岗",或薄弱校音乐教师到优质校进行"跟岗"时,应由共同体内部协调其他音乐教师作为"跟岗"教师的补充,负责"跟岗"教师学校的音乐课教学工作。由此可见,"跟岗教学"机制,虽然只是微观的个体行为,但它却能起到推动京津冀区域音乐教育师资互通共融、上下联动、协同共进的重要作用,是京津冀基础音乐教育实现协同发展的重要途径之一。

(三)建立音乐教师学习共同体

音乐教师学习共同体,指的是为实现某种共同愿景而促进音乐教师在学习、思考与行动中积极互动,不断完善与超越自我的学习型团队。音乐教师通过团队学习,充分利用群体资源,激发个体智慧,围绕同一课题的教育教学内容,展开对话、进行合作和分享经验,从而不断对个人的知识、能力与经验进行有效反思与整合,达到发展自我、提升素养和促进自身教育教学水平提高的目的,以实现音乐教师群体的共同发展、共同进步。根据京津冀三地基础音乐教育师资的分布特点,依据共同体依托平台的不同,可以建立实体的和虚拟的两种类型的音乐教师学习共同体:一种是线下音乐教师学习共同体;另一种是网络环境下的线上音乐教师学习共同体。

1. 线下音乐教师学习共同体

线下音乐教师学习共同体,就是传统意义上的实体音乐教师学习共同体。为方便音乐教师学习共同体开展各种活动,可根据地理位置相近为原则,依托京津冀区域内"名校引领共同体"和"学区协作共同体",构建相应的教师学习共同体。该类型共同体的协作形式可以有以下几种。

(1)共同体内部集体教研模式

共同体内部集体教研模式的基本形式是:根据音乐学科特点,在共同体教研成员的组成上,采用老教师与青年教师结合、骨干教师和非骨干教师结合的构成方式,形成最佳的组织结构。在学习共同体进行教研时,教授同一年级课程的音乐教师可选定同一教学内容,各自准备教案,在上课前由学习共同体中的负责人召集共同体成员共同对教案进行讨论。然后由共同体中的音乐教师各自整合意见,完善自己的教案,开展课堂教学。课后,共同体成员共同对上课的过程进行评价。共同体内部集体教研的优势在于,一方面,音乐教师通过集体教研,可以集思广益,在学习共同体其他成员的帮助下,集众家之长,避一己之短,同时还可以使共同体中的其他成员得到启发;另一方面,音乐教师在共同体集体教研的过程中,还可以积累大量合作的有效经验,比如学会了与共同体内其他音乐教师进行沟通、学会了倾听等基本合作技巧,由此也拉近了共同体内部教师与教师之间的心理距离,有助于音乐教师之间区域一体意识的形成。

(2)专家引领模式

专家引领模式主要指的是邀请国内外音乐教育界的专家、学者针对音乐教师的现实需求开展系列讲座,讲座后,由专家参与音乐教师的小组讨论。通过这种模式,一方面,音乐教师可以获得专业的发展,得到更多的理论提升;另一方面,专家也可以获得一手的教学实践案例,二者互利共赢、协同共进。但是这种模式也存在一些不足之处:比如,在通常情况下,国内外音乐教育的专家学者与一线音乐教师往往身处两地,在时间和空间上存在着距离,音乐教师不能及时地向专家表达自己的需求,专家也无法及时地对音乐教师进行指导和交流,这种沟通上的障碍大大降低了专家指导的效率与效果。而且,专家学者一般更擅长理论研究,其在对音乐教师进行指导时也多是从理论层面切入,而音乐教师面临更多的是教学实际中的现实困境,专家的指导与音乐教师的困境容易出现脱节现象,因此,在运行"专家引领模式"时,应更加注重理论与教学实际的紧密结合。

(3)高校音乐教师与中小学音乐教师的协作模式

该模式的基本形式是:高校音乐教师与中小学音乐教师根据音乐学科特点组成协作小组,高校音乐教师特别是高师音乐教师与中小学音乐教师在教、学、研中进行协作。在平等协作的基础下,双方可以就共同感兴趣的问题,或直接涉及音乐教育教学实践的问题进行研究,共同探讨问题解决的有效对策,共同调整和完善音乐教学行为,促进音乐教师专业的共同发展。通过高校音乐教师与中小学音乐教师的协作,可以使二者的理论研究和教学实践有机结合,通过大量与基础音乐教育教学有关的应用研究,提高高校音乐教师与中小学音乐教师的实际教学能力及科研能力。

2. 线上音乐教师学习共同体

线上音乐教师学习共同体,指的是在以网络为基础的虚拟环境中构建的学习型团体,这一团体主要包括音乐教师、音乐教研员、音乐教育专家学者、相关部门的教育行政人员等多个群体。该共同体成员以网络平台为基础,进行日常的交流、协作,共同探讨、解决教学实践中遇到的各种问题。该共同体的特点是:首先,在网络虚拟的环境中,共同体成员在时空上是分离的,共同体成员的所有活动都是通过网络学习平台来进行,因此,沟通、交流的形式比较灵活,既可以是同步进行,也可以是异步进行;其次,在基于网络环境的学习共同体中,每个音乐教师都既是信息的加工者,同时又是知识的建构者,都可以在这个网络平台上进行沟通、互动并强化个人的学习知识;再次,基于网络的音乐教师学习共同体,其最大特点是学习的交互性和教学资源的共享性,通过这种交互与共享来提高音乐教师的教学实践能力,使音乐教师实现专业化发展。

一般说来,由于在虚拟的网络环境下,学习者不能进行面对面的交流,由此缺少了情感上的互动,使学习者在网络上的学习兴趣受到不同程度的削弱,甚至会影响学习效果。而通过网络建立学习共同体,则可以有效地消除网络学习环境带来的这种负面影响。网络学习共同体可以给共同体内成员一种归属感。在基于网络的音乐教师学习共同体中,每位音乐教师都可以与共同体内其他音乐教师共同学习、共同研讨、共同完成教研任务等,从而使音乐教师感受到自己是团体中的一员。此外,由于音乐学科的自身特点,每个学校的音乐教师数量都较少,甚至有些学校全校只有一名音乐教师,因此,音乐教师在教学中遇到一些教学难题时,只能自己承担、独立解决。而通过线上音乐教师学习共同体,则可以实现与共同体内其他音乐教师的共同学习、共同探讨,共享共同体内其他音乐教师的成功教学经验和成果。而且针对京津冀区域地域广阔、城乡差异较大的特点,信息化网络平台打破了时空上的界限,可以更加快捷、更加便利地为经济不发达地区、偏远山区的音乐教师提供先进的音乐教育理念、教学思想、课堂教学模式等,有助于京津冀区域内一线音乐教师整体素质的提升。

由此可见,随着现代化信息技术的迅猛发展,线上音乐教师学习共同体秉承了信息化教育的众多优势,如网络化、数字化、智能化等特点,突出体现了交互性、共享性、协作性的教育新理念,是京津冀基础音乐教育师资均衡发展的全新、有效途径。线上音乐教师学习共同体可构建以下几种形式。

(1)建立音乐教育门户网站

门户网站,"是指通向某类综合性互联网信息资源并提供有关信息服务的应用系统。"①而音乐教育门户网站则是以音乐教育为主题的综合性网站应用系统,这是音乐教师提升教育理念、掌握前沿音乐教育教学信息的重要渠道之一。在音乐教育门户网站的建设中,音乐教育应是第一主题,各种音乐教育资源应围绕各类学习主题组织起来,并直接指向教育内容,目的性较强,能有效地减少音乐教师因盲目搜寻而可能造成的时间和精力的浪费。而且围绕各类音乐教育主题开展的专题内容,通过知识的深度加工,可成为极具研究价值的音乐教育资源,从而很好地促进音乐教师教育教学水平的提高。

音乐教育门户网站的界面可主要由三部分组成:信息发布空间、资源共享空间、私有空间。信息发布空间主要指的是开放程度不同的沟通和信息发布平台,如教学论坛、网络信息页面、聊天室等;资源共享空间主要是指学习共同体成员可以获得并共享的有关音乐教育教学的资源,包括数据库、媒体库等;私有空间则是指在网站中共同体内成员所拥有的私人信息处理和数据存储空间,包括网络硬盘、邮箱、用户空间等。以上三部分是互相协作、共享资源的,并且具有高度的灵活性,共同体内音乐教师可以在三者之间随意切换,进行交流和沟通。例如,我们可以为京津冀三地中小学音乐教师创建一个由音乐教育专家引领的,能够进行自主学习、协作学习的音乐教师学习共同体平台——京津冀音乐教师网。该网站提供的服务有:信息发布、创建个人空间、创建或加入协作组、教育资源上传下载、在线观看音乐教育视频等。音乐教师在协作组的消息栏内,可以写各类通知、使用邮件列表进行群发。教师可以创建个人空间,允许使用博客、电子白板、电子邮件等链接其他的教育网站,还可以使用在线数据库、远程协作学习系统等提供的各种功能,并可以在共同体其他成员允许的前提下访问别人的私人空间,进行沟通和交流,实现资源共享。教师也可以创建协作组,就音乐教学中的某一课题进行共同的交流与讨论,允许将组内成员的讨论内容保存并允许他人浏览等。这种基于

① 李良骥.文化共享工程中信息服务门户的设计和实现[D].上海:上海交通大学,2010:3.

互联网的技术完全打破了时空的限制，拓宽了中小学音乐教师沟通与交流的渠道，使音乐教师与专家之间、教师与教师之间的交流、讨论、资源共享不再遥远和困难，使音乐教师学习共同体持续地交流成为可能。音乐教师在与专家、同行的交流中可以发现他人的长处和自己的不足，并及时反思改正，或者在群体交流中产生头脑风暴，解决自己在现实教学中遇到的各种难题。音乐教育门户网站的建立对于提高音乐教师的教育教学水平、对于推动区域内音乐师资的均衡发展有着重要的作用。

（2）使用即时通信软件

QQ、MSN、US、WeChat（微信）等通信软件，由于操作简单、沟通方便快捷，已成为网络上人们互相联系最常用的方式。这些软件都有建立群组的功能，使用者可以建立各种学习的群组，如教学研讨组、教改研究组等，将音乐教育的各种资源进行共享。音乐教师可根据自己的需要和关注点加入特定的群组，这样就形成了基于网络的音乐教师学习共同体。教师可以根据自己的情况创建或加入相应群组，并可以在群组中开展各种活动，如：教师以文字、图片、视频等多媒体方式，将自己日常的教学思想、教学案例、课堂实况、课件、教学反思等上传发表至群组平台，并供共同体内其他成员共同讨论、交流，以加深对发表问题的进一步理解与思考。在构建线上音乐教师学习共同体时，还要注重邀请音乐教育专家或优秀骨干音乐教师加入群组，发挥其引领作用；如果没有引领，那么在这种开放状态下的网络学习则可能是低效的。通过即时通信软件的群组平台，音乐教育专家和优秀骨干教师先进的教育理念、教学方法、教学模式等得以推广和传播，在专家和骨干教师的带领下，可以共同就某一问题进行讨论、交流，使一线音乐教师的音乐教育教学水平在专家和骨干教师的引领下切实得到提高。在即时通信软件群组中，音乐教师可以向音乐教育专家、优秀骨干教师请教，也可以把自己的教学经验向别人推介，大家互通有无，共同提高。在线上音乐教师学习共同体中，音乐教师不仅可以学到专业方面的知识，可以提升自己的音乐教学能力，更重要的是，在与共同体内成员的互动中，能够增进京津冀区域音乐教师间的情感交流，在思想上形成区域一体的意识。

（3）分享教育视频

近年来，随着网络技术和媒体技术的发展，"以 Web2.0 开放、分享、互动、交流为核心理念的视频分享网站得到了快速发展"[①]。在分享视频的发展过程中，一些教育先驱者借用 Web2.0 视频分享网站的独特优势，将

---

① 杨明成．教育视频分享网站的开发与应用 [D].上海：上海师范大学，2010：1.

视频分享网站作为一种辅助教学的平台,用来发布教育教学视频,为广大教师创建了一种更加开放、互动的学习和交流环境,同时也为教师的专业发展起到了支撑和促进作用。这些视频分享网站功能强大,具有在线视频录制、支持外引服务、自动截图和格式转换、用户自主上传和管理视频等功能,能极大满足广大音乐教师共享、交流、互动的学习要求。更重要的是,相对于传统以文字和图片为主的学习方式,分享视频以更加直观、信息量大、更新更快等特点,更容易让音乐教师接受。而且因为Web2.0视频分享网站能与博客、门户网站和即时通信软件链接,将这些教育资源进行有效整合,大幅度提高了音乐教师的学习效率。在教育视频分享网站中,共同体成员既可以分享优质的音视频资料、优质课视频资料等,又可以让音乐教师将自己制作的课程教学视频资源上传到网上,通过网站与同行教师分享、交流教学心得。

二、互通共建——京津冀基础音乐教育之教材建设的协同

教材是教育活动中不可或缺的要素之一,课程是实现教育目标的重要保障,而教材是课程的重要依托和载体。《义务教育音乐课程标准(2011年版)解读》中明确指出:"编写音乐教材应以《义务教育音乐课程标准(2011年版)》[以下简称《课程标准(2011年版)》]为依据。《课程标准(2011年版)》明确了音乐课程的性质、价值和目标,对教学领域和教学内容作出了相应规范。以《课程标准(2011年版)》为编写依据的教材是音乐课标理念的对象化,承担着把音乐课程价值、目标和内容等规范具体化的任务。"[①] 因此,京津冀基础音乐教育要实现协同发展,区域内教育共同体要实现协同互动,首先要对京津冀区域内使用的音乐教材进行协同统一。一方面要对目前京津冀区域内使用的音乐教材进行优势整合,另一方面要积极开发和利用京津冀三地的地方特色传统音乐资源。组织全国音乐教育界专家、学者,以及京津冀三地的教研员、一线教师等相关人员共同编写既符合《课程标准(2011年版)》的相关要求,又具有京津冀区域地方特色的"京津冀音乐'区本'教材"。"教材的编写必须遵循以下六个原则:学生为本原则、教育性原则、科学性原则、实践性原则、综合性原则和开放性原则。"[②]

---

① 王耀华, 王安国, 吴斌. 义务教育音乐课程标准(2011年版)解读[M]. 北京: 北京师范大学出版社, 2012: 218.
② 王耀华, 王安国, 吴斌. 义务教育音乐课程标准(2011年版)解读[M]. 北京: 北京师范大学出版社, 2012: 218.

（一）对现有各版本音乐教材的优势进行整合

自 21 世纪初,我国开启了新一轮的基础教育课程改革。2001 年秋季开始,依据《全日制义务教育音乐课程标准(实验稿)》[以下简称《课程标准(实验稿)》]编写的音乐教材在全国部分实验区开始正式投入使用。当时经教育部审定,在全国范围内先后出版了 11 套义务教育音乐教材。应该说,这些教材在科学的教育观念引领下,充分体现了《课程标准(实验稿)》中"以审美为核心"的音乐课程理念,为我国基础音乐教育水平的提高,为全面推进"素质教育"做出了历史性贡献。但在十年教改实验的过程中,也突显出一些问题和不足。2011 年《课程标准(2011 年版)》颁布,在教育部的统一部署下,开始对我国义务教育音乐教材进行修订。2012 年 9 月,修订后的新版音乐教材开始在全国中小学起始年级投入使用。此次,由于教材编写的种种原因,湖北武汉科技出版社编写的教材没有通过教育部审查。通过教育部审查的有 10 套义务教育音乐教材,分别是人民教育出版社、人民音乐出版社、湖南文艺出版社、花城出版社和广东教育出版社、江苏少儿出版社、广西教育出版社和接力出版社、西南师范大学出版社、河北少儿出版社、辽海出版社、上海教育出版社(以下分别简称为:人教版、人音版、湘艺版、花城版、江苏版、广西版、西师版、河北版、辽海版、上海版)编写的教材。

由于《课程标准(2011 年版)》中对音乐课程的性质、理念、目标、内容等方面都进行了比较细致的调整,因此,修订后的新版音乐教材与实验版音乐教材相比变化较大。每套教材的难度、容量各不相同,在编写架构、曲目选择等方面也都各具特色。通过调研,笔者了解到目前京津冀区域内使用的音乐教材版本相对比较集中,主要使用的是人音版、人教版、河北版、湘艺版、花城版五个版本的音乐教材,其中,57.22% 的学校使用人音版教材,15.56% 的学校使用人教版教材,11.67% 的学校使用河北版教材,少数学校使用湘艺版和花城版教材。通过对这五个版本教材进行详细对比,笔者认为,从总体来说,这几个版本的音乐教材较之实验版教材都有了很大的改进。例如,突破了以往以人文主题为标题组织单元教学内容的单一编写模式。实验版音乐教材中往往以人文主题(如"歌唱祖国""美丽家园"等)为划分依据,组织各单元教学内容。这在一定程度上对音乐作品的可选择范围进行了限制,无法按照音乐学习的认知规律,以循序渐进的教学主线为依据对教材进行编写。而修订后的新版音乐教材在这一方面实现了突破,除部分保留了原来以人文主题为课程单元名称外,还灵活选用了重点学习曲目的标题为单元名称[如"彼得与狼"(人教版,五年级上册,第七单元)、"北京喜讯"(人教版,五年级上册,第一单元)等],或以音乐体裁或表演形式作为教学单元名称,如"美妙的人声"(湘艺版,七年级上册,第二单元)、"歌剧览胜"(湘艺版,八年级上册,第八单元)等,此外,还有一些以中外音乐史上著名的音乐家(如冼星海、莫扎特等)或划时代的经典作品(如《黄河大合唱》等)作为教学单元名称,由此使材料编选、组织的科学性与灵活性得到了加强。此外,这几个版本教材均根据《课程标准(2011年版)》的新要求做出了相应修订。如:依据学生的认知规律,构架音乐知识与技能学习体系,使音乐课回归音乐本体。实验版教材由于更多地关注人文性而将音乐学科自身的知识体系做了"隐性"处理;而修订后的新版教材中,突出了音乐基本要素对形成学生音乐素养的重要作用,将中小学生应该和能够认知、掌握的音乐要素(如速度、音色、音高、结构等),从原先的隐性知识"暗线",修改为"明线",并做出由浅入深、循序渐进的结构安排,有效地引领学生回归音乐本体。由此可见,新版音乐教材无论是在教材内容的选择上,还是在教学内容的安排上,都在实验版教材的基础上,依据《课程标准(2011年版)》做出了合理的修订与调整。

但通过对京津冀一线音乐教师进行的访谈和交流,笔者了解到,从2012年修订版音乐教材投入使用至今,经过5年的教学实践,音乐教师们还是感到音乐教材中存在一些不尽如人意的地方。比如,修订版音乐教材中对教学曲目进行了大幅度的调整,新增了很多具有鲜明时代感的新品新作,意在突出教材的与时俱进与创新性,但有些新作的质量并不高,加之学生对新作的陌生感,很难激发学生的学习兴趣。有些教材的单元容量过大,如人教版教材中,平均每个单元曲目都多达5~8首,在学校的常规音乐课上无法完成规定教学内容。教材中普遍存在创造教学、器乐教学所占比重较小,且缺乏有效的教学建议和教学指导。对比京津冀区域内使用的五个版本的音乐教材发现,在音乐选材中存在重复、雷同作品过多的现象,并且在单元主题、音乐知识呈现、背景图片等方面也有雷同、相似现象,各版本教材缺乏鲜明的个性。这并不符合教育部在《基础教育课程改革纲要》中对教材多样性的倡导。

综上所述,在京津冀中小学音乐教材的编写中,一定要突出京津冀地区的音乐特色,组织音乐教育专家、学者、教研员、一线教师等相关人员组成教材编写组,在对京津冀区域目前所使用的五个版本音乐教材进行全面分析的基础上,广泛听取三地一线教师对各个版本音乐教材使用情况的真实反馈,同时,整合现有10套新版音乐教材的各自优势,编写既具有京津冀区域特点,又富有时代精神的京津冀区域中小学音乐教材。

(二)开发和利用京津冀区域地方特色传统民间音乐资源

地方传统民间音乐是根植于民间,集中反映当地人民生产和生活的艺术形式。它是劳动人民独特生活情趣与审美观念的反映,是中华民族传统文化的重要组成部分,也是音乐教育的重要资源。教育部颁布的《课程标准(2011年版)》中,明确指出:"地方和学校应结合当地人文地理环境和民族文化传统,开发具有地区、民族和学校特色的音乐课程资源。要善于将本地区民族民间音乐(尤其是非物质文化遗产中的音乐项目)运用到音乐课程中来,使学生从小受到民族音乐文化熏陶,树立传承民族音乐文化的意识。"[①] 在《课程标准(2011年版)》的引领下,现行各套教材在编写中都录入了部分地方传统民间音乐作品,但大都只是介绍了少量有代表性的民族民间音乐作品,并未对适宜于进入中小学音乐课堂的地方传统民间音乐资源做深度开发,将多姿多彩的民间音乐资源在整套教材中做系统安排的更少。如:人教版教材中一年级上册的第七单元"多彩的贵州"、人音版教材七年级上册第三单元的"草原牧歌"、花城版教材七年级上册第五单元的"梨园奇葩"等,各套教材虽然在弘扬地方传统音乐方面都有所体现,但在对京津冀三地音乐教师进行调研时,多数教师反馈由于中小学生(尤其是小学生)认知能力有限,对于距离他们熟悉的日常生活较远的某些民族民间作品,无法与学生产生情感的共鸣、激发学生的学习兴趣。

自新中国成立以来,我国实行中小学课程计划与课程标准的全国统一策略。1959年国家发布的《关于编写普通中小学和师范学校教材的意见》指出:"教育部负责制定中小学和师范学校的指导性教学大纲,编写通用教材供各地采用,地方可因地制宜作适当变动,并编写补充教材和乡土教材。"[②] 在1992年的《九年义务教育全日制小学、初级中学课程计划(试行草案)》中将学校课程分为国家课程和地方课程两类,并规定了国家课程在整个课程计划中所占的比例是90%,地方课程是10%。至此,地方课程概念发生了变化,不仅仅是在教材内容上增加了地方特色,而且在课程设置上,也给予地方一定的自主权。20世纪90年代以来,素质教育越来越受到重视,在《中共中央国务院关于深化教育改革全面推进素

---

① 教育部.义务教育音乐课程标准(2011年版).北京:北京师范大学出版社,2012:35.
② 代建军.我国课程运作机制的历史演进[J].河北师范大学学报(教育科学版),2008(12):22.

质教育的决定》中明确指出："调整和改革课程体系、结构、内容,建立新的基础教育课程体系,试行国家课程、地方课程、学校课程。"① 这表明我国的课程管理体制由一级模式走向了三级模式,同时,也确立了地方课程在我国基础教育课程中的地位。2001 年 9 月,教育部颁布的《基础教育课程改革纲要(试行)》中正式提出:"改变课程管理过于集中的状况,实行国家、地方、学校三级课程管理,增强课程对地方、学校及学生的适应性。"② 由此,正式确立了我国"国家、地方、学校"的三级课程管理政策。之后又颁布了《地方对基础教育课程管理与开发指南(征求意见稿)》,该意见稿指出"地方课程由地方根据国家教育方针、课程管理政策和课程计划,结合本地的优势和传统,充分利用各类课程资源,自主开发并实施、管理"③。由此体现了一直以来,我国课程建设对于地方课程资源的重视。此外,针对我国广大城乡不同区域的经济、文化环境和发展水平的差异,我国音乐课程标准中也对地方和学校做出了适度的弹性规定。《课程标准(实验稿)》中,对于教材编写的建议曾有过明确的比例要求,"根据《标准》编写的教材占教材总量的 80% ~ 85%,其余 15% ~ 20% 留给地方教材及学校教材"④。但在《课程标准(2011 年版)》中,虽然删除了这一表述,但并不意味着对"适度弹性"的取消。相反,是为各地、各学校留有了更大的灵活性,这种灵活性就表现在给音乐教师教学和地方音乐课程资源开发留有创造和选择使用的空间。

由此可见,无论是从当前京津冀区域对音乐教材的现实需求,还是从我国对课程建设、教材编写等方面的倡导,开发和利用京津冀区域地方特色传统民间音乐资源、编写京津冀音乐"区本教材"都是当下京津冀区域基础音乐教育协同发展的应然之举。

地方传统民间音乐是一定地域内民众在世代适应地域环境的生存过程中积累发展起来的,它与当地人们的生产生活经验密不可分,是人们长期生产实践活动中的经验总结和智慧的结晶。我国地域辽阔、民族众多,不同地域都有各具特色的地方传统民间音乐资源。这些音乐资源与当地民众的方言、习俗、生活生产方式紧密相连,在课堂中引入地方传统民间音乐资源作为教学内容,更容易被生活在这一地域环境中的中小学生所

① 中共中央国务院关于深化教育改革全面推进素质教育的决定 [N].中国教育报,1999-06-17(1).
② 基础教育课程改革纲要(试行) [N].中国教育报,2001-7-27(2).
③ 朱玉江.百年中国学校音乐课程变迁的文化哲学研究[M].北京:中国文联出版社,2015:216.
④ 教育部.全日制义务教育音乐课程标准(实验稿).北京:北京师范大学出版社,2001:30.

接受,激发学生的学习兴趣,拓展音乐课堂的教学内容和文化内涵。此外,随着我国经济的快速发展、城市化进程的不断加快,我国优秀的传统文化正在经受着前所未有的冲击,许多具有地方特色的民族民间传统音乐正在逐渐萎缩,甚至濒临消亡。因此,开发和利用地方特色传统民间音乐资源,并将其作为学校音乐课程的教学内容,将有助于当地传统民间音乐的传承与保护,使学生通过学习掌握本地区传统民间音乐,增进对家乡、对祖国的热爱,从而唤醒当地对民族民间文化的保护意识,传承中华优秀传统文化,使学校成为当地民间音乐传承、保护、发展的重要基地。

近年来,在国家的大力倡导下,人们对于在学校教育中弘扬我国优秀传统文化重要性的认识越来越深刻。在对京津冀三地中小学音乐教师的调研中,91.1% 的教师认为在音乐课教学中应该呈现本地区地方传统音乐资源。但令人惋惜的是,只有 17.4% 的教师在自己的音乐课堂上真正引进过本地区的传统音乐资源。教师们普遍反映,由于教师个人能力有限,加之日常教学工作量较满,没有精力也没有能力去开发本地区传统音乐教育资源,即便有些教师对本地一些传统音乐比较熟悉,但却不知该如何与常规的课堂音乐教学相融合,因此,也只能将弘扬地方传统音乐文化停留在主观认识上,大多数教师并未付诸行动。鉴于此,整合和开发京津冀区域地方传统音乐资源,编写京津冀"区本教材",对京津冀三地音乐教师的教学实践进行有效的引领与指导则显得尤为重要。

教材的编写应由教育部下设的"京津冀基础音乐教育领导小组"牵头,由京津冀三地的教育主管部门统筹协调,组织三地音乐教育专家、民族音乐学家、音乐教研员、群艺馆研究员、一线教师、民间艺人等社会各界力量组成编写委员会,对三地地方传统音乐资源进行挖掘、收集和整理,并从中筛选出具有一定的历史、形式相对稳定、曲调广为流传、民众喜闻乐见、具有教育意义且适合中小学生学习和掌握的音乐作品。按音乐体裁的不同进行分类,如民间歌曲、民间器乐曲、民间歌舞音乐、戏曲音乐、说唱音乐等。之后,将初选出来的音乐作品按照自身特点,分别归入《课程标准(2011 年版)》规定的感受与欣赏、表现、创造、音乐与相关文化四个领域的课程内容中,并对这些音乐作品进行难易排序,按难易程度进行学段的划分。最终,确定整套教材的作品选用。由于地方传统音乐来自民间,往往依附和融合在各种社会民俗活动之中,是当地传统文化的重要组成部分。因此,在音乐与相关文化这部分内容中,应着重加强对传统音乐产生地区的人文地理环境、区域文化特色、民风民俗等相关内容进行详细讲解,一方面拓宽教学内容,开阔学生视野,使学生对本地区风土人情、文化传统等有更加全面深入的认识,激发学生对家乡的热爱。另一方面,也有助于本地区地方传统文化的传承。此外，在京津冀音乐"区本教材"中，一方面要选用原汁原味的地方传统音乐作品，既让学生接触到纯正的地方传统音乐，同时也是对地方传统音乐原貌的传承与保护；另一方面，也可组织专家将部分地方传统音乐素材改编为适宜于中小学生表演或欣赏的音乐形式，如简易动听的合唱曲、儿童歌舞短剧、带有情节描绘或故事情节的器乐曲等，以丰富教材内容、激发学生的学习兴趣。同时，还可以将我们民族的传统美德——如勤劳、勇敢、朴实、善良等，有机地融入各种音乐活动之中，以实现地方传统文化与精神情感内涵的统一。

需要注意的是，在京津冀音乐"区本教材"的编写和使用过程中，要注重广泛听取一线音乐教师的反馈意见，及时对教材进行修订与调整，对不适合中小学生学习、掌握的音乐素材或效果不佳的活动设计等及时进行删除并给予适当增补，以保证教材的实用性和实效性。

三、灵活多样——京津冀基础音乐教育之教学形式的协同

教学形式是指在教学过程中，教师和学生为实现共同的教学目标、完成共同的教学任务而采取的教与学相互作用的活动形式的总称，它包括教师教的形式和学生学的形式，是教学活动的基本要素之一，直接影响着教学活动的开展、教学效率和教学质量的高低。从目前京津冀三地基础音乐教育教学形式的整体情况来看，在世纪之交我国新一轮课程改革的大力推动下，音乐教学中传统的教师"一言堂"式教学形式已得到根本改观，"探究、讨论、合作"等教学形式被广泛运用于中小学音乐课堂，基本实现了"以学生为主体，教师为主导"的新式音乐课堂教学模式。这种教学模式，在提高学生学习能力、激发学生学习兴趣等方面获得较好的教学效果。但在某些教学形式的具体实施中还存在一些问题，比如过于注重形式表面，单纯追求课堂的"热烈气氛"，而忽视了"音乐本体"及其在此基础上应实施的有效音乐教学等，从而导致了"脱离音乐教音乐"的现象。尽管在《课程标准（2011年版）》中，已明确将"突出音乐特点，关注学科综合"确定为音乐课程基本理念之一，但由于种种原因，目前部分教师对"淡化双基"的观点仍没有改观，从而影响了其教学形式效能的有效发挥。因此，在京津冀基础音乐教育协同发展中，要对三地现行的音乐教学形式的优势与不足进行整合与改进，在"京津冀协同发展战略"的大背景下，开发更加灵活多样的音乐教学形式，以推动京津冀区域基础音乐教育的均衡协同发展。

（一）开发丰富多样的课堂音乐教学形式

通过对京津冀三地基础音乐教育现状的调研,结果显示目前在京津冀基础音乐教育领域教学形式相对比较单一,主要以唱歌和听赏为主,器乐教学、创造教学、综合性艺术表现(如音乐游戏、儿童歌舞剧、有情节的音乐表演)等形式在音乐课堂教学中开展较少,其中,北京、天津市区学校在课堂音乐教学形式上相对比较多样,但从京津冀区域音乐教学的整体状况来看,还普遍缺乏课堂音乐教学的实践性和参与性。

《课程标准(2011年版)》指出:"要善于运用生动活泼的形式进行教学,并将思想品德教育内容寓于音乐实践活动之中,让学生在艺术的氛围中获得审美的愉悦,做到以美感人、以美育人。"[①] 这表明音乐教育过程是要通过生动活泼的教学形式和音乐实践活动,来实现其"育人"功能的。这种培养是通过生动活泼音乐形式的渗透式培养,而不是简单枯燥的道德说教。音乐是听觉的艺术,它不具有语义的确定性和事物形态的具象性。因此,音乐自身的特点决定了音乐教育不能等同于语文、数学等文化课教育,不能单纯地依靠文本进行学习。音乐感性经验的获取,音乐文化的认知,都应在学生亲自参与、切身体验的实践过程中获得。可以说,实践性是音乐课程的本质属性之一,是音乐学习的基本规律。音乐课程中的各部分教学内容只有通过演唱、演奏、聆听、综合性艺术表演和音乐编创等多种实践形式才能够得以有效实施。基础音乐教育的主要目的不是传授音乐理论、培养职业音乐家,而是要引导学生通过音乐实践,主动获得音乐的体验和感受,形成技能、方法和音乐素养。音乐学习依赖独立的思维方式,不能用非音乐的认识与感受去获取,也不能仅靠语言表达去讲音乐、学音乐。正如著名音乐教育家柯达伊所说:"音乐既不能通过智力的、理性的途径来学习,也不能用类似代数符号的系统或是与儿童无关的文字书写进行教学,而应该是为他们铺设直觉体验的道路。"[②] 当然,这里所说的音乐实践,并不等同于音乐技能训练,还应包括课内音乐游戏、音乐舞台剧、课外音乐活动、音乐兴趣小组等多种形式。放眼国际,美国的音乐教育也十分重视音乐教学的实践性。"美国的音乐教育是基于实践性的平台,重视学生的动手能力和音乐素质的培养。通过大量的艺术实践课程和活动,使学生对音乐的泛化感觉开始向深层的知觉过渡,从而对

---

① 教育部.义务教育音乐课程标准(2011年版).北京:北京师范大学出版社,2012:26.

② 周进.实践性教学是促进音乐学院乐队教学和指挥教学发展的动力[J].交响,2007(1): 68.

音乐的诠释产生一定的分寸感,具有较强的适应能力。"① 由此可见,在京津冀基础音乐教育的课堂教学中,应开展更加丰富多样的音乐教学形式,针对当前三地的教学实际状况,在现有唱歌、听赏的基础上,应加大器乐教学、创造教学、综合性艺术表演等实践性较强的音乐教学形式,注重学生的亲身体验与参与,从而培养学生对音乐的持久兴趣、涵养美感、和谐身心。此外,在音乐课堂中,除丰富学校音乐教师的课堂教学形式外,还可以充分利用校外音乐资源,开发和拓展更加多样的课堂教学形式。如:将音乐教育专家或民间艺人、山歌能手等请到学校,让更加新颖的教学形式或原生态的民间艺术走进课堂,使学生亲身体验音乐教学形式的多样性,亲身感受原汁原味民间艺术的无穷魅力,开阔学生的视野,激发学生对音乐、对本土传统文化的热爱。

(二)建立京津冀三地中小学生音乐课堂的"游学机制"

自"京津冀协同发展"上升为重大国家战略以来,在国家制定的《京津冀协同发展规划纲要》中,明确将京津冀交通一体化、生态环境保护、产业升级转移作为推动京津冀协同发展率先突破的三大重点领域。经过几年的努力,京津冀交通一体化已取得实质性进展。据国家发改委公布的《京津冀城际铁路网规划》指出:"将以'京津、京保石、京唐秦'三大通道为主轴,新建 24 条城际铁路,总规模 3400 多公里,形成'四纵四横一环'为骨架的城际铁路网络,建设'轨道上的京津冀'。"② 由此,实现京津石中心城区与周边城镇 0.5 ～ 1 小时通勤圈,京津保 0.5 ～ 1 小时交通圈。京津冀"一小时交通圈"的打造,为京津冀三地基础音乐教育教学的交流与互动提供了便利条件。

游学(Study Tour),"原是世界各国、各民族文明中,最为传统的一种学习教育方式。现代教育意义上的游学,是 20 世纪随着世界和平潮流和全球化发展进程而产生,并逐渐成熟的一种国际性跨文化体验式教育模式(Experiential Learning Model)"③。从某种意义上说,"游学"即是一个"行万里路,读万卷书"的过程。本书中所说的"游学",是指使中小学

---

① 杨立梅.柯达伊音乐教育思想与匈牙利音乐教育 [M].上海:上海教育出版社,2007: 18.

② 人民网.国家发改委批复同意京津冀地区城际铁路网规划 [EB/OL].http: //news. eastday.com/eastday/13news/auto/news/china/20161128/u7ai6243892.html, 2016-11-28.

③ 游学——传统的一种学习教育方式 [EB/OL].https: //wapbaike.baidu.com/ item/%e6%b8%b8%e5%ad%a6/8043785 ? adapt=1&fr=aladdin&sample=sf_baike_A.

生离开自己熟悉的学习环境,到京津冀地区的另外一所学校进行游历、学习,与另外一所学校的学生一起,共同参与学校的课堂音乐教学或课外音乐活动的流动性学习方式。在这种学习方式的基础上建立起来的流动性学习机制称之为"游学机制"。"游学机制"的建立,有助于学生体验不同学校的音乐教学环境、音乐教学形式和音乐学习氛围;有助于开阔学生的视野,增长学生的阅历与见识;还可增进京津冀区域中小学生的情感交流,锻炼学生与人合作、沟通、交流的能力。同时,学生在"游学"过程中还可以体验不同地区的风土人情,提高学生独立处理问题、解决问题的能力。

目前,已有学校在此方面做出了尝试。如:在"京津冀协同发展战略"的推动下,天津市北辰区与北京市大兴区、河北省廊坊市共同签署了《京(大兴)津(北辰)冀(廊坊)三区市教育联盟合作协议》。协议签订后,三区市举办了一系列的互动活动,其中包括天津北辰区华辰学校组织部分学生赴北京大兴区北京小学翡翠城分校进行游学访问。在此次活动中,华辰学校学生走进北京小学翡翠城分校的音乐课堂,参观舞蹈表演,津京两地的学生在一起踢足球、读书、进行科技制作,并一同参观了中国西瓜博物馆。图5-3为学生游学访问时的真实场景记录。从照片中学生们脸上洋溢的笑容,两校学生相视一笑的真诚、欢愉的眼神,我们可以真实感受到学生在游学互动中的开心与快乐,感受到游学场景的温馨。

津京两地的学生在一起学习

图5-3 京津小学生"游学"场景留影

尽管这次活动还是以"游"为主,并未涉及实际的课堂教学,但在京津冀基础教育协同发展方面已是迈出了坚实的一步。相信随着国家"京津冀协同发展战略"不断向纵、深推进,在教育界各方人士共同的努力与探索下,京津冀基础教育的协同发展一定会取得实质性进展,实现京津冀区域基础教育的整体性提升。

需要注意的是,在区域内整体运行中小学生的"游学机制"时,应由三地教育主管部门进行统筹协调,打破行政区划的限制,以特色对接、优势互补为原则,对区域内学校进行统一规划、统筹管理。各学校在组织学生"游学"之前,一定要做好充分的准备工作,在与对方学校进行深度、全面的沟通与交流后制订周密的游学计划,在充分保障学生安全的前提下,开展"游学机制",力争确保"游学"的质量与效果,避免流于形式、"游"而不"学"。

(三)建立京津冀三地中小学生的"田野采风"机制

如前所述,在学校音乐教育中引入本地区地方传统音乐资源,不仅可以充实课堂音乐教学内容,增加学生亲近感,激发学生的学习兴趣;而且还可以传承和保护地方传统音乐,是传承地方传统文化的重要途径。音乐具有文化属性,地方传统音乐根植于民间,与当地各种社会民俗活动紧密相融,形成了绚丽多姿的民间民俗音乐文化。从某种意义上说,民俗是传统音乐文化的载体,对于传统音乐文化的传承起着重要作用。因此,建立"田野采风"机制,能够使中小学生走出学校,走向社会,在社会的民族音乐大环境中,通过田野采风,参加民间民俗活动,亲身感受和体验真实存在于人民群众中的鲜活、生动的地方传统音乐。这也是一种全新的、开放式的学校音乐教学形式。曾有学者做过这样的估算:"如果一个人从小学一年级开始到高中毕业为止,每年参加 5 次民俗活动,12 年就等于上了 60 次传统音乐文化的大课,这对学生来说是终身受用不尽的民族文化财富。"①

京津冀区域同处燕赵大地②,其地域一体、文化一脉,有着悠久的光辉历史和深厚的文化底蕴。京津冀区域的地方传统音乐资源丰富而多彩,尤其河北省辽阔广袤,一省几乎涵盖了我国全部的地貌形态,西北部为山区、丘陵和高原,其间分布有盆地和谷地,中部和东南部为广阔的平原。因此,也蕴含了多姿多彩、数量众多的地方传统民间音乐及民俗活动。在建立京津冀三地中小学生"田野采风"机制时,应首先由三地教育主管部

---

① 王耀华,王安国,吴斌.义务教育音乐课程标准(2011 年版)解读[M].北京:北京师范大学出版社,2012:79.
② 在人们的习惯认识中,"燕赵"往往是河北省的别称。但在古代,"燕赵"之地还包括如今的京、津以及山西、河南北部、内蒙古南部的部分地区。

门和文化部门牵头,对京津冀三地各种民俗活动中的音乐文化现象、音乐文化形态等进行全面而深入的调研,对当地民间音乐文化资源的分布状态进行客观分析,然后在庞大的地方传统音乐资源库中选取有一定的历史、形式相对稳定、群众喜闻乐见的艺术种类和表现形式作为"田野采风"的内容。需要注意的是,通常民俗活动都是有特定时间限制和类别区分的,因此在甄选时要考虑到各民俗在时间和形式上是否适宜于中小学生参加。在学生进行"田野采风"时,应以学生的亲身体验和参与为主,零距离地接触地方传统民间音乐及其传统文化,接受地方传统音乐的熏陶。此外,还可以在条件比较成熟、民间音乐活动比较活跃的地区进行校外实践教学基地的建设,采用弹性的、灵活的、开放的教学方式,将课堂教学与田野采风有机整合起来,并在实施过程中不断补充、不断完善。"田野采风"机制的建立主要是为了加强学生对本地区传统民间音乐及其传统文化的了解、学习和感受,激发学生学习民族民间音乐的兴趣,因此,在对学生的"田野采风"效果进行评价时,应将学生的体验过程、参与表现、学习态度及学习成果等作为主要依据。同时,为了巩固"田野采风"的教学效果,还可为学生创造更多实践地方传统民间音乐的表现平台。

除以上几种形式,音乐教师还可以根据本校、本地区实际情况,因地制宜,开发更多、更有效的音乐教学形式,如组织京津冀学生联合举办艺术展演、共同欣赏演唱会或演奏会等。全面对接京津冀基础音乐教育教学活动,促进京津冀基础音乐教育的协同共进、互利共赢。

结论与思考

　　京津冀区域是我国最重要的政治、经济、文化与科技中心,其地域相连、文化相近,具有地域的完整性和人文亲缘性,是我国北方最重要的经济发展支撑区域,也是我国参与国际合作与竞争的全球城市区域。随着知识经济时代的到来,高科技、新能源的迅猛发展,国家与国家、地区与地区之间的互赖关系日益密切,区域整体性发展格局日趋形成,成为参与国际、国内竞争与合作的基本单元。"2014 年 2 月 26 日,习近平总书记在北京主持召开座谈会,专题听取京津冀协同发展工作汇报时强调指出,京津冀协同发展是一个重大国家战略。[①] 自此,京津冀区域的协同发展问题被提升至前所未有的高度,成为政府部门和社会各界所关注的焦点。

　　京津冀协同发展是一个庞大而复杂的系统工程,从本质上说,它不仅仅是一个单纯的经济命题,更是一个社会发展的变革命题,需要社会各界的通力合作,共同推动。社会的进步、经济的发展离不开人力资源所提供的智力支持,因而教育则成为国家经济、政治、文化和社会可持续发展的内在动力资本。基础音乐教育作为我国教育领域的一个分支,是提高国民综合素质、提升劳动力质量的途径之一,有助于为国家和区域社会的发展提供优质的后续人力资源和智力支持。而音乐又是人类文化的重要组成部分,音乐文化的共生可以提高区域内民众的精神凝聚力及内心归属感和认同感。从而,拉近区域内民众彼此间的心理距离,形成区域一体的意识,产生合力,提高协作效率和现实生产力,有助于创造良好的区域经济发展环境,推动区域的整体性发展。因此,在京津冀协同发展上升为重大国家战略的时代背景下,对京津冀基础音乐教育协同发展的研究,一方面,有助于为国家京津冀协同发展战略的全面实施提供助力;另一方面,也有助于三地基础音乐教育紧抓时代机遇,区域推动京津冀三地基础音乐教育的整体性发展。

　　当前,在国家京津冀协同发展战略的顶层设计——《京津冀协同发

---

① 　新华社. 习近平在京主持召开座谈会 专题听取京津冀协同发展工作汇报 [EB/OL].
http://news.xinhuanet.com/politics/2014-02/27/c_126201296.htm, 2014-02-27.

展规划纲要》中,明确了对京津冀区域的整体定位以及对京津冀三省市的各自定位,同时,还确定了京津冀协同发展的近期、中期、远期目标,并将交通一体化、生态环境保护、产业升级转移三大重点领域作为京津冀协同发展的率先突破口。京津冀协同发展战略的全面实施,为京津冀基础音乐教育的协同发展带来了重大历史发展机遇,但同时区域一体化也可能给三地基础音乐教育带来诸多现实问题,如对三地地方传统音乐文化生态的破坏、协同发展为三地优质音乐教育资源承载力带来的挑战,以及在协同发展中三地音乐教育将面临的"马太效应"挑战等。因此,在京津冀基础音乐教育的协同发展中,既要紧抓时代机遇,寻求三地基础音乐教育的区域整体发展;同时,又要及时、客观地发现区域一体化可能给三地基础音乐教育带来的各种现实问题,并积极探寻有效的解决思路与对策,为京津冀基础音乐教育协同发展的顺利、有效实施提供保障。

客观来说,在我国世纪之交全面启动的新一轮基础教育课程改革的推动下,京津冀区域基础音乐教育在这场新中国成立以来涉及面最广、影响力最大的一次学校教育课程改革实践中进行了积极的理论与实践探索,尽管中间也走过一些弯路、出现过一些偏差,但十多年来,在新课改的引领和推动下,京津冀区域基础音乐教育所取得的成绩与收获是有目共睹的。但是由于长期以来受到我国经济、政治、文化等多方面因素的影响,目前京津冀三地基础音乐教育发展并不平衡,仍面临一些突出困境。这也是制约三地基础音乐教育协同发展的关键瓶颈所在。笔者通过对京津冀基础音乐教育现状的全面调研以及对三地当前在教育协同发展方面出台的政策文件、协同举措等进行梳理,探寻目前京津冀基础音乐教育中存在的各种突出问题及其产生的深层次社会、历史根源,同时,深度挖掘三地基础音乐教育系统内部各教育要素的相对优势与现实需求,旨在寻求三地各教育要素之间优势与需求对接的关键节点与整体协同的契合点,培养三地基础音乐教育协同发展的共生极。纵向构建京津冀基础音乐教育协同发展的行政管理体系和横向的相关体制机制,为三地基础音乐教育的协同发展提供行政支持和制度保障;同时,对京津冀区域基础音乐教育的协同发展模式——"名校引领——涟漪式递推"协同发展理论模型进行整体架构,并就该理论模型的实际运行机制提出具体可行的、具有可操作性的实施建议。从纵向和横向、宏观和微观多个维度,对京津冀基础音乐教育的协同发展进行整体的立体式架构,为京津冀基础音乐教育的协同发展提供理论依据与实际指导。

在这里值得注意的是:自京津冀协同发展上升为重大国家战略之后,在政府的大力推动下,社会各个领域都对"京津冀协同发展战略"做出了积极响应。然而,面对当前国内社会各界对京津冀协同发展战略的狂热追捧,作为教育研究者,我们更应保持冷静的头脑,以客观辩证的眼光审视当前国家京津冀协同发展战略为三地基础音乐教育带来的时代发展机遇及其有可能给三地基础音乐教育带来的各种现实问题。百年大计,教育为本。教育领域的任何一点偏失,都将影响着中国一代人的发展与成长。京津冀基础音乐教育的协同发展关系到京津冀区域所有中小学生的福祉。因此,面对当前京津冀区域社会经济领域大刀阔斧的改革,京津冀三地基础音乐教育的协同发展切不可急功近利、以行政指令的方式实现三地基础音乐教育的"强制协同";而应尊重学科自身的发展规律,根据京津冀基础音乐教育的发展现状,从三地基础音乐教育协同发展的小型实验教改研究做起,在相关协同理论模型得到实践验证后,再逐层扩大范围进行整个区域的推广,采取渐进式协同共进。同时,吸取教育界曾出现的"高校扩招热""艺考热""淡化双基热"等现象带给我们的教训和启示,在推动京津冀基础音乐教育协同发展的过程中,要更加注重观察实践效果的反馈,及时跟进,随时修订协同发展举措中所存在的各种问题,以保证京津冀基础音乐教育的协同发展不偏离主导思想。

最后,引用我国最早提出"大北京"规划概念("首都经济圈"概念的前身)的清华大学城市规划学专家吴良镛院士曾说过的话:"作为学术工作者,首先在学术上尽可能地提出切实可行的大方向。""你的科学体系提出来,把问题提出来了,得到普遍的认识和关注了,就是前进了一步——我们根本的道理还是认识世界、改造世界,认识问题才能面对问题——做到这一点了,再面对问题就会有新的认识,就能不断前进。"[①] 京津冀基础音乐教育的协同发展是一项复杂的系统工程,既需要从中央到地方不同层次的政府机构间的协作配合,也需要以教育学为主的专业研究人员从学理事理角度进行研究剖析,同时还需要京津冀各类教育机构和社会组织的实践工作者的参与实践。在此,笔者对于京津冀基础音乐教育协同发展的研究,只是在个人能力范围内,以个人的视角尽自己最大所能地对该问题进行学术探讨,以期引发教育界特别是音乐教育界专家、同仁的关注与思考,共同为提高京津冀基础音乐教育的区域整体水平,为京津冀协同发展重大国家战略的全面实施助力、献策!

---

① 刘玉海, 叶一剑, 李博. 困境: 京津冀调查实录[M]. 北京: 社会科学文献出版社, 2012: 188.

附　　录

附录一：京津冀基础音乐教育协同发展状况调查(教师问卷)

亲爱的老师：

您好！首先非常感谢您对我们本次调研的大力支持！当前，"京津冀协同发展"已上升为我国重大国家战略，而基础教育作为我国一项基本的社会公共服务，对该战略的顺利实施起着重要的保障和推动作用。为了区域推动京津冀三地基础音乐教育的整体均衡发展，同时，也为国家京津冀协同发展战略的顺利实施提供助力，现需要对贵校的基础音乐教育状况进行了解和研究。我们专门设计了这份调查问卷，希望得到您的支持，为研究工作提供宝贵的资料。

请您在所选答案的序号上画"√"即可。有横线的题目，请用文字简要填写。

您的选择或回答没有正确与错误之分，不会对您个人或贵校产生任何不良影响，请根据贵校的真实状况填写。谢谢。

"京津冀基础音乐教育协同发展研究"调研组
2015 年 10 月

(一)

1. 您的学校所在地是：＿＿省＿＿市＿＿区 / 县＿＿乡 / 镇
2. 您任职的学校是：
A. 中学　B. 小学　C.9 年一贯制学校　D. 其他(请写出)＿＿＿＿
3. 您所在的学校是：
A. 市区学校　B. 郊县学校　C. 乡村学校　D. 其他(请写出)＿＿＿＿

4. 您的性别：

A. 男　　B. 女

5. 您的年龄：

A.20～30岁　B.31～40岁　C.41～50岁　D.50岁以上

6. 您的学历：

A. 高中　B. 中专　C. 大专　D. 本科　E. 硕士研究生　F. 博士研究生

G. 其他(请写出)_____

7. 您的教龄：

A.0～5年　B.6～10年　C.11～20年　D.21～30年　E.30年以上

8. 您的职称是：_____

9. 您毕业于：

A. 专业音乐院校　B. 师范大学音乐学院(系)　C. 师范专科学校音乐学院(系)　D. 综合大学音乐学院(系)　E. 其他(请写出)_____

10. 贵校现有(　)名音乐教师,其中专职音乐教师有(　)名,兼职音乐教师有(　)名。

11. 贵校是否有专门的音乐教室？

A. 有　B. 没有

12. 您的平均周课时量为：

A.10节以内　B.10～15节　C.16～20节　D.20节以上

13. 您认为贵校对音乐教育是否足够重视？

A. 很重视　B. 比较重视　C. 一般　D. 不太重视　E. 很不重视

14. 贵校多长时间上一次音乐课？

A. 一周两次　B. 一周一次　C. 不定期　D. 没有音乐课

E. 其他(请写出)_____

15. 贵校的音乐课程是否有被其他课程占用的情况？

A. 经常被占用　B. 有时会被占用　C. 偶尔被占用　D. 从不会被占用

16. 贵校目前的班容量平均是多少？

A.30人左右　B.50人左右　C.80人左右　D. 其他(请写出)_____

17. 贵校音乐课配备的设备器材有哪些(可多选)?

A	交互式电子白板	H	钢琴	O	大军鼓
B	交互式教学触摸一体机	I	电子钢琴	P	小军鼓
C	多媒体设备	J	电子琴	Q	多音鼓
D	录音机	K	手风琴	R	竖笛
E	指挥台	L	口风琴	S	陶笛

F	合唱台	M	脚踏风琴	T	葫芦丝
G	音乐教学挂图	N	成套打击乐器（如：响板、双响筒、碰铃、三角铁、沙锤、小锣、堂鼓、钹等）	U	吉他
				V	其他（请写出）

18. 贵校现在使用的是哪个出版社的音乐教材：_____

19. 贵校音乐课的教学内容是：

A. 根据国家要求,完全按照教材内容进行教学

B. 根据教材内容和本校学生实际适当调整教学内容

C. 没有教材,由音乐组教师自行制定

D. 其他(请根据学校实际情况填写)_____

20. 贵校是否有音乐校本教材?

A. 有　B. 没有

21. 贵校学生是否喜欢上音乐课?

A. 非常喜欢　B. 比较喜欢　C. 一般　D. 不太喜欢　E. 很不喜欢

22. 贵校学生是否能够完整、有表情地演唱歌曲?

A. 全部可以　B. 大多数学生可以　C. 少数学生可以　D. 基本都做不到

23. 贵校学生是否会演奏乐器?（任一乐器都可）

A. 全部都会　B. 大多数学生会　C. 少数学生会　D. 基本都不会

24. 贵校学生能够准确地识唱乐谱吗?（五线谱、简谱任意一种都可）

A. 全部可以　B. 大多数学生可以　C. 少数学生可以　D. 基本都做不到

25. 贵校学生能够准确地感受并理解音乐所表达的情绪与内涵吗?

A. 全部可以　B. 大多数学生可以　C. 少数学生可以　D. 基本都做不到

26. 贵校学生能够进行简单的音乐编创吗?

A. 全部可以　B. 大多数学生可以　C. 少数学生可以　D. 基本都做不到

27. 贵校是否有课外音乐社团?

A. 有　B. 没有

(如选择 A,请回答第 28 题;如选择 B,请直接回答第 29 题)

28. 贵校有下列哪些课外音乐社团(可多选)?

A. 学校合唱队　B. 学校管乐队　C. 学校舞蹈队　D. 音乐兴趣小组

E. 其他(请根据学校实际情况填写)_____

29. 贵校音乐课的教学形式有哪些(可多选)?

A. 本校音乐教师的课堂教学　　B. 邀请专家、民间艺人等校内授课

C. 带领学生外出参加校外音乐文化活动　　D. 带领学生外出观摩学习

E. 其他(请写出)＿＿＿＿＿＿

30. 贵校音乐课程的考试形式有哪些(可多选)?

A. 笔试答卷　B. 演唱、演奏　C. 班级音乐会

D. 其他(请写出)＿＿＿＿＿

(二)

31. 您喜欢音乐教师的职业吗?

A. 非常喜欢　B. 比较喜欢　C. 一般　D. 不太喜欢　E. 很不喜欢

32. 如果可以重新选择,您还会继续从事音乐教师职业吗?

A. 会　B. 不确定　C. 不会

33. 您对目前自己承担的教学任务量感觉如何?

A. 教学任务量过重　　B. 教学任务量比较重

C. 对自己目前该担的教学任务量很满意　　D. 教学任务量较轻

34. 您对目前自己的工资待遇是否满意?

A. 很满意　B. 基本满意　C. 一般　D. 不太满意　E. 很不满意

35. 贵校在晋级评优时对音乐教师和其他文化课教师的态度:

A. 相同

B. 音乐教师地位低于其他文化课教师

C. 音乐教师地位高于其他文化课教师

D. 其他(请根据学校实际情况填写)＿＿＿＿＿＿＿

36. 贵校评价音乐教师的工作业绩主要考察哪些方面(可多选)?

A. 课堂教学　B. 课外活动　C. 指导比赛获奖　D. 科研成果

E. 其他(请写出)＿＿＿＿＿＿

37. 您最希望在哪些方面的待遇有所改善? (请在横线处按希望强度依递减顺序进行排序)＿＿＿＿＿＿＿＿＿

A. 提高工资待遇　B. 减轻工作量　C. 有更多外出学习深造的机会

D. 职称评定时的政策倾斜　E. 其他(请写出)＿＿＿＿＿

38. 您了解《全日制义务教育音乐课程标准(实验稿)》吗?

A. 非常了解　B. 基本了解　C. 了解一点　D. 不了解

39. 您了解《义务教育音乐课程标准(2011年版)》吗?

A. 非常了解　B. 基本了解　C. 了解一点　D. 不了解

（如选择 ABC,请回答 40～42 题；如选择 D,请直接回答第 43 题）

40.您了解《音乐课程标准》的途径是什么（可多选）?

A.自己研读学习　　B.通过学校组织学习　　C.通过省市教研员传达

D.通过参加教师培训学习　　E.通过教育专家讲座学习

F.其他（请写出）_____

41.您认为《音乐课程标准》适合您所在的地区和学校吗?

A.很适合　　B.基本适合　　C.不适合（请写出原因）_____

42.您认为自己目前的教学水平和能力可以适应课标要求吗?

A.可以　　B.勉强可以　　C.不能,需要提高

43.您认为一名优秀的音乐教师在课堂上应具备以下哪些能力（请在横线处按重要性排序）? _____

A.教学理论　　B.音乐理论知识　　C.音乐演唱技能　　D.乐器演奏技能

E.教学研究能力　　F.语言表达能力　　G.与学生的沟通能力

H.其他方面（请写出）_____

44.您认为您在教学中具备哪些优势（可多选）?

A.教学理论　　B.音乐理论知识　　C.音乐演唱技能　　D.乐器演奏技能

E.教学研究能力　　F.语言表达能力　　G.与学生的沟通能力

H.其他方面（请写出）_____

45.入职以来,您参加过有关音乐教学的培训吗?

A.没有参加过　　B.偶尔参加　　C.经常参加

（如选择 BC,请回答 46～48 题；如选择 A,请直接回答第 49 题）

46.您接受音乐继续教育培训的形式是什么（可多选）?

A.集中面授　　B.远程网络培训　　C.同行观摩交流

D.其他（请写出）_____

47.您任职的学校对教师接受音乐继续教育培训的态度是:

A.积极鼓励　　B.比较支持　　C.一般　　D.不支持

48.您认为参加培训对您的教学是否有帮助?

A.有很大帮助　　B.有一些帮助　　C.帮助很少　　D.没什么帮助

49.您最希望自己在以下哪些方面得到提升? （请在横线处按希望强度依递减顺序排序）_____

A.学习新的教学方法　　B.掌握新的教学理念　　C.提高专业技能

D.了解本领域前沿信息　　E.其他（请写出）_____

50.对于贵校的音乐教育教学情况,您认为还应该在哪些方面进一步提高(可多选)?

A.学校重视　　B.资金的支持　　C.教学设备支持

D. 教师教学水平的提升　E. 其他(请写出)_____

51. 您认为,贵校目前在音乐教育方面是否有自身特色?

A. 没有

B. 有特色(请将贵校的音乐教育特色在横线处简要写出)_____

_____

52. 贵校所在地区是否有地方特色传统音乐资源?

A. 没有

B. 有(请在横线处写出当地特色传统音乐名称)_____

53. 您认为地方传统音乐资源是否应该在音乐课堂教学中呈现?

A. 是　B. 否　C. 无所谓

54. 您在课堂上是否引进过本地区传统音乐资源?

A. 没有　B. 引进过(请将引进的传统音乐名称写出)_____

55. 您和学校是否组织学生参加过当地的传统音乐文化活动?

A. 参加过(请将参加过的活动写出)_____

B. 没参加过

C. 本地无此类活动

56. 贵校学生是否对当地传统音乐感兴趣?

A. 很感兴趣　B. 比较感兴趣　C. 一般

D. 不太感兴趣　E. 很不感兴趣

57. 贵校是否邀请过校外音乐家进行课堂音乐教学?

A. 邀请过　B. 没邀请过

58. 贵校是否邀请过校外音乐家进行课外音乐活动指导?

A. 邀请过　B. 没邀请过

(三)

59. 您对当前国家京津冀协同发展战略的了解程度:

A. 关注　B. 知道一些　C. 不了解　D. 其他(请写出)_____

_____

60. 贵校在京津冀基础音乐教育协同发展方面有何举措?

A. 无举措

B. 有举措(请将贵校举措在横线处简要写出)_____

61. 您对京津冀基础音乐教育协同发展的个人观点:

A. 非常支持　B. 比较支持　C. 无所谓　D. 不支持

62. 据您了解,贵校所在地区在京津冀基础音乐教育协同发展方面有何实践进展?

A. 无进展　B. 有进展(如有进展,请在横线处简要写出)_____

C. 不太清楚

63. 您认为,贵校在音乐教育方面与京津冀其他地区相比具有哪些自身优势(可多选)?

A. 没有优势　B. 资金充足　C. 优质师资　D. 先进的教学理念

E. 优质的硬件设施　F. 可提供教改基地

G. 当地特色传统音乐文化(如有,请将当地传统音乐文化名称简要写出)_____

H. 其他(请写出)_____

64. 贵校在音乐教育方面最希望得到哪些提升(可多选)?

A. 资金支持　B. 先进教育理念引领　C. 优质师资共享

D. 教学场地、设备等共享

E. 其他(请写出)_____

65. 您认为,京津冀基础音乐教育协同发展的最大难点在于(请写出):_____

66. 如果可能的话,在京津冀基础音乐教育的协同发展中,您愿意到京津冀其他地区进行短期互换交流教学工作吗?

A. 不愿意

B. 愿意

C. 不确定,依互换交流教学的待遇和相关政策而定

D. 可以接受本省域/市域内的互换交流

E. 可以接受短期的跨区域互换交流

F. 其他(请写出)_____

您对京津冀基础音乐教育协同发展有哪些好的意见或建议,请写在这里:

问卷到此结束,衷心感谢您的合作!

附录二：京津冀基础音乐教育协同发展状况调查（中学生问卷）

亲爱的同学：

你好！为了使大家受到更好的音乐教育，享受音乐的快乐，现需要对你校的音乐课情况进行了解和研究。我们专门设计了这份调查问卷，希望得到你的支持，为研究工作提供宝贵的资料。

答题很简单，你只需在所选答案前画"√"即可。个别题目需要你将答案写在题目后的横线上。

你的选择或回答没有正确与错误之分，请按照你的真实想法填写。谢谢。

"京津冀基础音乐教育协同发展研究"调研组
2015 年 10 月

1. 你平时喜欢听音乐吗？

A. 喜欢　B. 一般　C. 不喜欢

（如选择 A，请回答第 2 题；如选择 BC，请直接回答第 3 题）

2. 你最喜欢听以下哪类音乐？

A. 流行音乐　B. 中国民族民间音乐　C. 外国古典乐　D. 少儿歌曲

E. 其他（请写出）＿＿＿＿＿＿

3. 你喜欢上音乐课吗？

A. 喜欢　B. 无所谓　C. 不喜欢

（如选择 A，请回答第 4 题；如选择 C，请回答第 5 题；如选择 B，请直接回答第 6 题）

4. 你喜欢上音乐课是因为（可多选）

A. 对音乐感兴趣　B. 音乐老师上课有趣

C. 可以调节紧张的学习生活　D. 想成为音乐家

E. 其他（请写出）＿＿＿＿＿＿

5. 你不喜欢上音乐课是因为（可多选）

A. 对音乐没兴趣　B. 音乐老师上课没意思　C. 音乐课上学的东西太难了

D. 不喜欢音乐课上学的内容　E. 其他（请写出）＿＿＿＿＿＿

6. 你们音乐课上的学习内容有哪些？（可多选）

A. 唱歌　B. 乐器演奏　C. 欣赏　D. 创作　E. 其他（请写出）_____

7. 你识唱五线谱的程度：

A. 很流利识唱　B. 会识唱但不太流利　C. 不会识唱

8. 你识唱简谱的程度：

A. 很流利识唱　B. 会识唱但不太流利　C. 不会识唱

9. 你最喜欢以下哪种学习识谱的方式？

A. 老师教，学生跟唱　B. 在演奏乐器、合唱、游戏等实际操作中学习识谱　C. 自己跟琴学唱　D. 其他（请写出）_____

10. 你在音乐课上是否根据歌曲或乐曲进行过简单的艺术表演活动？

A. 表演过　B. 没表演过

11. 你在音乐课上是否即兴编唱过生活短句或诗词短句？

A. 编唱过　B. 没编唱过

12. 你最喜欢音乐课上的哪种教学形式？（请按从最喜欢到不喜欢的顺序，在横线处排序）_____

A. 老师讲，学生听　B. 歌曲演唱　C. 乐器演奏　D. 音乐情景剧

E. 音乐游戏　F. 其他（请写出）_____

13. 你参加学校的课外音乐社团了吗？

A. 参加了（请将参加的课外音乐社团名称写出）_____

B. 没参加　C. 学校没有课外音乐社团

14. 你在校外课余时间学过唱歌吗？

A. 学过（学习唱歌多长时间？请在横线处写出）_____

B. 没学过

15. 你在校外课余时间学习过乐器吗？

A. 学过（学习乐器多长时间？请在横线处写出）_____

B. 没学过

（如选择A，请回答第16题；如选择B，答卷到此结束。谢谢你的配合。）

16. 你学习的乐器是（请写出你学习乐器的名称）：_____

问卷到此结束，衷心感谢你的合作！

附录三：京津冀基础音乐教育协同发展 状况调查（小学生问卷）

亲爱的同学：

你好！为了使大家受到更好的音乐教育，享受音乐的快乐，现需要对你校的音乐课情况进行了解和研究。我们专门设计了这份调查问卷，希望得到你的支持，为研究工作提供宝贵的资料。

答题很简单，你只需在所选答案前画"√"即可。个别题目需要你将答案写在题目后的横线上。

你的选择或回答没有正确与错误之分，请按照你的真实想法填写。谢谢。

"京津冀基础音乐教育协同发展研究"调研组

2015 年 10 月

1. 你平时喜欢听音乐吗？

A. 喜欢　B. 一般　C. 不喜欢

（如选择 A，请回答第 2 题；如选择 BC，请直接回答第 3 题）

2. 你最喜欢听以下哪类音乐？

A. 流行音乐　B. 中国民族民间音乐　C. 外国古典乐　D. 少儿歌曲

E. 其他（请写出）＿＿＿＿＿＿

3. 你喜欢上音乐课吗？

A. 喜欢　B. 无所谓　C. 不喜欢

（如选择 A，请回答第 4 题；如选择 C，请回答第 5 题；如选择 B，请直接回答第 6 题）

4. 你喜欢上音乐课是因为（可多选）：

A. 对音乐感兴趣　B. 音乐老师上课有趣　C. 可以调节紧张的学习生活　D. 想成为音乐家　E. 其他（请写出）＿＿＿＿＿＿

5. 你不喜欢上音乐课是因为（可多选）：

A. 对音乐没兴趣　B. 音乐老师上课没意思　C. 音乐课上学的东西太难了　D. 不喜欢音乐课上学的内容　E. 其他（请写出）＿＿＿＿＿＿

6. 你们音乐课上的学习内容有哪些？（可多选）

A. 唱歌　B. 乐器演奏　C. 欣赏　D. 创作　E. 其他(请写出)_____

7. 你识唱五线谱的程度：

A. 很流利识唱　B. 会识唱但不太流利　C. 不会识唱

8. 你识唱简谱的程度：

A. 很流利识唱　B. 会识唱但不太流利　C. 不会识唱

9. 你最喜欢以下哪种学习识谱的方式？

A. 老师教,学生跟唱　B. 在演奏乐器、合唱、游戏等实际操作中学习识谱　C. 自己跟琴学唱　D. 其他(请写出)_____

10. 你在音乐课上是否参加过有情节的音乐表演活动(如：儿童歌舞剧等)?

A. 参加过　B. 没参加过

11. 你在音乐课上依据歌曲编创过舞蹈或音乐情景剧吗？

A. 编创过　B. 没编创过

12. 你最喜欢音乐课上的哪种教学形式？（请按从最喜欢到不喜欢的顺序,在横线处排序）_____

A. 老师讲,学生听　B. 歌曲演唱　C. 乐器演奏　D. 音乐情景剧

E. 音乐游戏　F. 其他(请写出)_____

13. 你参加学校的课外音乐社团了吗？

A. 参加了(请将参加的课外音乐社团名称写出)_____

B. 没参加

C. 学校没有课外音乐社团

14. 你在校外课余时间学过唱歌吗？

A. 学过(学习唱歌多长时间? 请在横线处写出)_____

B. 没学过

15. 你在校外课余时间学习过乐器吗？

A. 学过(学习乐器多长时间? 请在横线处写出)_____

B. 没学过

(如选择A,请回答第16题; 如选择B,答卷到此结束。谢谢你的配合。)

16. 你学习的乐器是(请写出你学习乐器的名称)：_____

问卷到此结束,衷心感谢你的合作!

附录四: 京津冀基础音乐教育协同发展状况调查(校长问卷)

尊敬的校长:

您好! 首先非常感谢您对我们本次调研的大力支持! 当前,"京津冀协同发展"已上升为我国重大国家战略,而基础教育作为我国一项基本的社会公共服务,对该战略的顺利实施起着重要的保障和推动作用。为了区域推动京津冀三地基础音乐教育的整体均衡发展,同时,也为国家京津冀协同发展战略的顺利实施提供助力,现需要对贵校的基础音乐教育状况进行了解和研究。我们专门设计了这份调查问卷,希望得到您的支持,为研究工作提供宝贵的资料。

请您在所选答案的序号上画"√"即可。有横线的题目,请用文字简要填写。

您的选择或回答没有正确与错误之分,不会对您个人或贵校产生任何不良影响,请根据贵校的真实状况填写。谢谢。

"京津冀基础音乐教育协同发展研究"调研组
2015 年 10 月

1. 您的学校所在地是:_____省_____市_____区/县_____乡/镇
2. 您任职的学校是:
A. 中学　B. 小学　C. 9 年一贯制学校　D. 其他(请写出)_____
3. 您所在的学校是:
A. 市区学校　B. 郊县学校　C. 乡村学校　D. 其他(请写出)_____
4. 您对当前国家京津冀协同发展战略的了解程度:
A. 非常了解　B. 知道一些
C. 只关心教育领域的协同发展　D. 不了解
5. 您对京津冀基础教育协同发展的个人观点:
A. 非常支持　B. 比较支持　C. 无所谓　D. 不支持
6. 贵校在京津冀基础音乐教育协同发展方面有何举措?
A. 无举措
B. 有举措(请将举措在横线处简要写出)_____

7. 据您了解,贵校所在省 / 市行政区在京津冀基础音乐教育协同发展方面有何进展或举措?

A. 不太清楚

B. 有进展(如有进展,请在横线处简要写出)＿＿＿＿＿＿＿＿＿＿

8. 您认为,贵校在音乐教育方面与京津冀其他地区相比具有哪些自身优势(可多选)?

A. 没有优势　B. 资金充足　C. 优质师资

D. 可提供教学场地　E. 可提供教改基地

F. 当地特色传统音乐文化(如有,请将当地传统音乐文化名称简要写出)＿＿＿＿＿＿＿＿＿＿＿＿＿＿＿＿＿＿＿＿＿＿

G. 其他(请写出)＿＿＿＿＿＿＿＿＿＿＿＿＿＿＿＿

9. 贵校在音乐教育方面最希望得到哪些提升(可多选)?

A. 资金支持　B. 先进教育理念引领　C. 师资水平

D. 教学设备的配备　E. 教学场地扩建

F. 其他(请写出)＿＿＿＿＿＿＿＿＿＿＿＿＿＿＿＿

10. 贵校目前的班容量平均是多少?

A.30 人左右　B.50 人左右　C.80 人左右　D. 其他(请写出)＿＿＿＿

11. 贵校现共有(　　)个教学班。

12. 您认为音乐教育在基础教育领域中的地位如何?

A. 十分重要　B. 比较重要　C. 可有可无

13. 贵校是否有专门的音乐教室?

A. 有　B. 没有

14. 贵校现有(　　)名音乐教师,其中专职音乐教师有(　　)名,兼职音乐教师有(　　)名。

15. 贵校多长时间上一次音乐课?

A. 一周两次　B. 一周一次　C. 不定期　D. 没有音乐课

E. 其他(请写出)＿＿＿＿＿＿＿＿

16. 贵校的音乐课程是否有被其他课程占用的情况?

A. 经常被占用　B. 有时会被占用　C. 偶尔被占用　D. 从不会被占用

17. 贵校音乐课配备的设备器材有哪些(可多选)?

A	交互式电子白板	H	钢琴	O	大军鼓
B	交互式教学触摸一体机	I	电子钢琴	P	小军鼓
C	多媒体设备	J	电子琴	Q	多音鼓
D	录音机	K	手风琴	R	竖笛
E	指挥台	L	口风琴	S	陶笛
F	合唱台	M	脚踏风琴	T	葫芦丝
G	音乐教学挂图	N	成套打击乐器(如:响板、双响筒、碰铃、三角铁、沙锤、小锣、堂鼓、钹等)	U	吉他
				V	其他(请写出)

18. 贵校是否有课外音乐社团?

A. 有　B. 没有

(如选择 A,请回答第 19 题;如选择 B,请直接回答第 20 题)

19. 贵校有下列哪些课外音乐社团(可多选)?

A. 学校合唱队　B. 学校管乐队　C. 学校舞蹈队　D. 音乐兴趣小组

E. 其他(请根据学校实际情况填写)＿＿＿＿＿＿

20. 贵校评价音乐教师的工作业绩主要考察哪些方面(可多选)?

A. 课堂教学　B. 课外活动　C. 指导比赛获奖　D. 科研成果

E. 其他(请写出)＿＿＿＿＿＿

21. 贵校音乐教师的各项待遇与其他科目教师相比:

A. 相同

B. 音乐教师待遇低于其他主要科目教师待遇

C. 音乐教师待遇高于其他主要科目教师待遇

D. 其他(请根据学校实际情况填写)＿＿＿＿＿＿

22. 您认为,贵校在音乐教育方面是否有自身特色?

A. 没有

B. 有特色(请将贵校的音乐教育特色在横线处简要写出)＿＿＿＿＿＿

23. 贵校所在地区是否有地方特色传统音乐资源?

A. 没有

B. 有(请在横线处写出当地特色传统音乐名称)＿＿＿＿＿＿

24.您认为,目前京津冀教育协同发展的最大瓶颈在于(请写出): __

您对京津冀基础音乐教育协同发展有哪些好的意见或建议,请写在这里:

问卷到此结束,衷心感谢您的合作!

附录五：音乐知识与能力测试卷（中学生卷）

一、音乐知识测试

1.mf 表示音量强弱力度中的（　　）。

A. 强　　B. 中强　　C. 很强　　D. 弱

2."Andante" 表示音乐速度中的（　　）。

A. 行板或稍慢　　B. 小行板或稍慢　　C. 中板或中速　　D. 快板或快速

3. 轮唱是指同一旋律分别由两个或两个以上的声部先后模仿演唱，并造成前后呼应、此起彼落音乐效果的演唱方式。（　　）

A. 错误 B. 正确

4.6/8 拍的强弱规律是（　　）。

A. 强弱强弱强弱　　　B. 强弱弱强弱弱

C. 强弱弱次强弱弱　　D. 强弱次强弱次强弱

5. 中西乐器连线

军鼓

古筝

定音鼓

木琴

6. 请听音乐并辨别，以下乐曲的情绪是（　　）。

A. 热情欢快的　　B. 悲伤忧郁地　　C. 雄壮有力的　　D. 安详柔和的

7. 请听音乐并辨别，以下乐曲的体裁是（　　）。

A. 圆舞曲　　B. 进行曲　　C. 协奏曲　　D. 幻想曲

8.请听以下乐曲并辨别是哪个地区的民歌(　　)。

A.湖南民歌　B.江苏民歌　C.河北民歌　D.四川民歌

9.以下谱例是(　　)。

A.自然大调音阶 B.自然小调音阶

10.请根据乐曲风格编创 4 小节旋律短句。

1=F

2/4　<u>55</u> <u>53</u> | 2 — | <u>65</u> <u>32</u> | 1 — | 　　 | 　　 | 　　 | 　　 ‖

二、演唱能力测试

请演唱一首音乐课本上自己最喜欢的歌。

三、演奏能力测试

请任选你喜欢的一种乐器吹奏自己最拿手的乐曲。

四、识唱乐谱能力测试

请任选简谱或五线谱谱例进行乐谱识唱(由学生在调研组备选的谱例中随机抽取)。

附录六：音乐知识与能力测试卷（小学生卷）

一、音乐知识测试

1.X—是（　　）分音符，唱（　　）拍。

2.4/4 拍的强弱规律是（　　　　　　）。

3.《中华人民共和国国歌》的作词是（　　　），作曲是（　　　　）。

4. 请将以下音乐体裁与其对应的风格特点连线

　　舞曲　　　　柔和安详

　　进行曲　　　活泼轻松

　　摇篮曲　　　雄壮有力

5. 中西乐器连线

　古筝

　小提琴

　琵琶

　大号

6. 请聆听并辨别以下乐曲的情绪（　　）。

A. 欢快的　　B. 悲伤地　　C. 雄壮的　　D. 安详的

7. 请聆听并辨别以下歌曲的人声类别（　　）。

A. 女高音　　B. 女中音　　C. 男高音　　D. 男中音

8. 请聆听并辨别以下乐曲种类属于（　　）。

A. 中国民歌　　B. 民族器乐曲　　C. 中国戏曲　　D. 西洋歌曲

9.请聆听并辨别以下乐曲的演奏乐器(　　)。

A.民族管弦乐器　　B.西洋管弦乐器

10.请根据乐曲风格完成下面的曲调。

1=C

2/4　　3 3 6 ｜ 1 6 5 6 ｜ 3 6 6 5 ｜ 3 — ｜ 3 3 6 ｜ 5 3 2 3 ｜ 　　 ｜ 　　 ‖

二、演唱能力测试

请演唱一首音乐课本上自己最喜欢的歌。

三、演奏能力测试

请任选你喜欢的一种乐器吹奏自己最拿手的乐曲。

四、识唱乐谱能力测试

请任选简谱或五线谱谱例进行乐谱识唱(由学生在调研组备选的谱例中随机抽取)。

附录七：测评打分表

一、演唱：请演唱一首音乐课本上自己最喜欢的歌。

学生演唱水平测试评分表

评分 指标	学生演唱水平测试分数（10分制）									
	I（较弱）			II（中下）		III（中）		IV（良）		V（优）
音准	0	1	2	3	4	5	6	7	8	9	10
节奏	0	1	2	3	4	5	6	7	8	9	10
演唱方法	0	1	2	3	4	5	6	7	8	9	10
音乐表现力	0	1	2	3	4	5	6	7	8	9	10
完整性	0	1	2	3	4	5	6	7	8	9	10

（注：演唱方法包括歌唱姿势、呼吸方法、咬字发音等；音乐表现力包括情感表现、风格把握、音乐处理等；完整性指是否能够顺畅完整地完成作品演唱。）

二、演奏：请任选你喜欢的一种乐器吹奏自己最拿手的乐曲。

学生演奏水平测试评分表

评分 指标	学生演奏水平测试分数（10分制）									
	I（较弱）			II（中下）		III（中）		IV（良）		V（优）
音准	0	1	2	3	4	5	6	7	8	9	10
节奏	0	1	2	3	4	5	6	7	8	9	10
演奏方法	0	1	2	3	4	5	6	7	8	9	10
音乐表现力	0	1	2	3	4	5	6	7	8	9	10
完整性	0	1	2	3	4	5	6	7	8	9	10

（注：演奏方法包括演奏姿势、演奏技巧等；音乐表现力包括情感表现、风格把握、音乐处理等；完整性指是否能够顺畅完整地完成作品演奏。）

三、识唱乐谱：请任选简谱或五线谱谱例进行乐谱识唱。

学生识唱乐谱测试评分表

评分 指标	学生识唱乐谱测试分数（10分制）									
	Ⅰ（较弱）			Ⅱ（中下）		Ⅲ（中）		Ⅳ（良）		Ⅴ（优）	
音准	0	1	2	3	4	5	6	7	8	9	10
节奏	0	1	2	3	4	5	6	7	8	9	10
识谱	0	1	2	3	4	5	6	7	8	9	10

（注：识谱指在识唱中能够准确识出音的唱名。）

附录八：演唱评分标准

一、本次评分从音准、节奏、演唱方法、音乐表现力、完整性五个维度进行测评,分为"Ⅰ、Ⅱ、Ⅲ、Ⅳ、Ⅴ"("劣""差""中""良好""优秀")五级标准。

二、评分细则:

1. 音准

(1)"Ⅴ"级标准(9～10分):能准确把握歌曲旋律,音准极好,能达到99%以上的音准无误。

(2)"Ⅳ"级标准(7～8分):能准确把握歌曲旋律,音准好,能达到90%以上的音准无误。

(3)"Ⅲ"级标准(5～6分):基本能够把握歌曲旋律,有一定音准概念,在个别跑音之后还能回到原旋律,准确率在80%以上。

(4)"Ⅱ"级标准(3～4分):歌曲旋律把握不准确,有一定音准概念,基本能够形成完整乐句,准确率在80%以下。

(5)"Ⅰ"级标准(0～2分):歌曲旋律把握有误,无音准概念,不能形成完整乐句。

2. 节奏

(1)"Ⅴ"级标准(9～10分):能准确把握歌曲节奏,节奏感强,速度均匀,有强弱拍变化,能达到99%以上的节奏无误。

(2)"Ⅳ"级标准(7～8分):能准确把握歌曲节奏,节奏感较强,速度基本均匀,有强弱拍变化,能达到90%以上的节奏无误。

(3)"Ⅲ"级标准(5～6分):基本能够把握歌曲节奏,有一定节奏感,速度基本均匀,强弱拍区别不明显,节奏准确率在80%以上。

(4)"Ⅱ"级标准(3～4分):歌曲节奏把握不准确,有一定节奏感,但速度不稳,无强弱拍区别,节奏准确率在80%以下。

(5)"Ⅰ"级标准(0～2分):歌曲节奏把握有误,无节奏感,不能形成连续的节拍与节奏。

3. 演唱方法

(1)"Ⅴ"级标准(9～10分):歌唱姿势正确,歌唱状态积极自信,呼吸自然、松弛,咬字发音准确,音色圆润优美。

（2）"Ⅳ"级标准（7～8分）：歌唱姿势正确，歌唱状态比较积极，呼吸自然，咬字发音基本准确，音色比较圆润优美。

（3）"Ⅲ"级标准（5～6分）：歌唱姿势基本正确，歌唱状态不太积极，呼吸、咬字基本正确，能够顺畅地完成歌曲演唱。

（4）"Ⅱ"级标准（3～4分）：歌唱姿势基本正确，歌唱状态缺乏自信，呼吸、咬字缺乏科学性，但基本能够完成歌曲演唱。

（5）"Ⅰ"级标准（0～2分）：歌唱姿势不正确，无歌唱状态，呼吸、咬字不正确，不能完整地完成歌曲演唱。

4. 音乐表现力

（1）"Ⅴ"级标准（9～10分）：能够准确把握歌曲的风格、特点，充满感情地歌唱，对音乐的处理准确、到位，舞台表现力强。

（2）"Ⅳ"级标准（7～8分）：能够准确把握歌曲的风格、特点，有一定的情感投入，对音乐的处理基本准确、到位，有一定的舞台表现力。

（3）"Ⅲ"级标准（5～6分）：基本能够把握歌曲的风格、特点，有一定的情感投入，对音乐的处理不明显，舞台表现力一般。

（4）"Ⅱ"级标准（3～4分）：基本能够把握歌曲的风格、特点，无情感投入，对音乐的处理不明显，无舞台表现力。

（5）"Ⅰ"级标准（0～2分）：对歌曲的风格、特点把握有误，无情感投入，无对音乐的处理，无舞台表现力。

5. 完整性

（1）"Ⅴ"级标准（9～10分）：能够非常完整、顺畅、充满感情地完成歌曲演唱，节奏、音准无误，歌词无误。

（2）"Ⅳ"级标准（7～8分）：能够比较完整、顺畅、充满感情地完成歌曲演唱，节奏、音准基本无误，歌词无误。

（3）"Ⅲ"级标准（5～6分）：基本能够完整、顺畅地演唱歌曲，无明显断唱痕迹。

（4）"Ⅱ"级标准（3～4分）：基本能够完整、顺畅地演唱歌曲，有不超过3处地方出现断唱，但最终能完成整曲演唱。

（5）"Ⅰ"级标准（0～2分）：不能够完整地演唱歌曲，出现多次断唱（3次以上）。

附录九：演奏评分标准

一、本次评分从音准、节奏、演奏方法、音乐表现力、完整性五个维度进行测评，分为"Ⅰ、Ⅱ、Ⅲ、Ⅳ、Ⅴ"（"劣""差""中""良好""优秀"）五级标准。

二、评分细则

1. 音准（键盘乐器除外）

（1）"Ⅴ"级标准（9～10分）：能准确把握乐曲旋律，音准极好，能达到99%以上的音准无误。

（2）"Ⅳ"级标准（7～8分）：能准确把握乐曲旋律，音准好，能达到90%以上的音准无误。

（3）"Ⅲ"级标准（5～6分）：基本能够把握乐曲旋律，有一定音准概念，在个别跑音之后还能回到原旋律，准确率在80%以上。

（4）"Ⅱ"级标准（3～4分）：乐曲旋律把握不准确，有一定音准概念，基本能够形成完整乐句，准确率在80%以下。

（5）"Ⅰ"级标准（0～2分）：乐曲旋律把握有误，无音准概念，不能形成完整乐句。

2. 节奏

（1）"Ⅴ"级标准（9～10分）：能准确把握乐曲节奏，节奏感强，速度均匀，有强弱拍变化，能达到99%以上的节奏无误。

（2）"Ⅳ"级标准（7～8分）：能准确把握乐曲节奏，节奏感较强，速度基本均匀，有强弱拍变化，能达到90%以上的节奏无误。

（3）"Ⅲ"级标准（5～6分）：基本能够把握乐曲节奏，有一定节奏感，速度基本均匀，强弱拍区别不明显，节奏准确率在80%以上。

（4）"Ⅱ"级标准（3～4分）：乐曲节奏把握不准确，有一定节奏感，但速度不稳，无强弱拍区别，节奏准确率在80%以下。

（5）"Ⅰ"级标准（0～2分）：乐曲节奏把握有误，无节奏感，不能形成连续的节拍与节奏。

3. 演奏方法

（1）"Ⅴ"级标准（9～10分）：演奏姿势正确，演奏状态积极自信，演奏技法娴熟，音色优美，具有较高演奏技巧。

（2）"Ⅳ"级标准（7～8分）：演奏姿势正确,演奏状态比较积极,技法较为娴熟,有一定演奏技巧。

（3）"Ⅲ"级标准（5～6分）：演奏姿势基本正确,演奏状态不太积极,技法一般,基本能够完成乐曲的演奏。

（4）"Ⅱ"级标准（3～4分）：演奏姿势基本正确,演奏状态缺乏自信,演奏方法不熟练,勉强能够完成乐曲演奏。

（5）"Ⅰ"级标准（0～2分）：演奏姿势不正确,无演奏状态,不能完整地演奏乐曲。

4.音乐表现力

（1）"Ⅴ"级标准（9～10分）：能够准确把握乐曲的风格、特点,充满感情地进行演奏,对音乐的处理准确、到位,具有很强的音乐表现力。

（2）"Ⅳ"级标准（7～8分）：能够准确把握乐曲的风格、特点,有一定的情感投入,对音乐的处理基本准确、到位,有一定的音乐表现力。

（3）"Ⅲ"级标准（5～6分）：基本能够把握乐曲的风格、特点,有一定的情感投入,对音乐的处理不明显,音乐表现力一般。

（4）"Ⅱ"级标准（3～4分）：基本能够把握乐曲的风格、特点,无情感投入,对音乐的处理不明显,音乐表现力欠佳。

（5）"Ⅰ"级标准（0～2分）：对乐曲的风格、特点把握有误,无情感投入,无对音乐的处理,无音乐表现力。

5.完整性

（1）"Ⅴ"级标准（9～10分）：能够完整、熟练、充满感情地完成乐曲演奏,节奏、音准无误,无明显错音。

（2）"Ⅳ"级标准（7～8分）：能够比较完整、熟练、充满感情地完成乐曲演奏,节奏、音准基本无误,错音率在3%以内。

（3）"Ⅲ"级标准（5～6分）：基本能够完整地演奏乐曲,无明显断奏痕迹,错音率在10%以内。

（4）"Ⅱ"级标准（3～4分）：能够完成乐曲演奏,但较为勉强,有不超过3处地方出现断奏。错音率超过10%。

（5）"Ⅰ"级标准（0～2分）：不能够完整地演奏乐曲,出现多次断奏（3次以上）。

附录十：识唱评分标准

一、本次评分从音准、节奏、识谱（认识唱名）三个维度进行测评，分为"Ⅰ、Ⅱ、Ⅲ、Ⅳ、Ⅴ"（"劣""差""中""良好""优秀"）五级标准。

二、评分细则

1. 音准

（1）"Ⅴ"级标准（9～10分）：能准确识唱谱例，音准极好，能达到95%以上的音准无误。

（2）"Ⅳ"级标准（7～8分）：基本能够准确识唱谱例，音准较好，能达到80%以上的音准无误。

（3）"Ⅲ"级标准（5～6分）：基本能够识唱谱例，有一定音准概念，准确率在60%以上。

（4）"Ⅱ"级标准（3～4分）：不能完整识唱谱例，有一定音准概念，准确率在60%以下。

（5）"Ⅰ"级标准（0～2分）：不能完整识唱谱例，无音准概念。

2. 节奏

（1）"Ⅴ"级标准（9～10分）：能准确识唱谱例，节奏感强，速度均匀，有强弱拍变化，能达到95%以上的节奏无误。

（2）"Ⅳ"级标准（7～8分）：基本能够准确识唱谱例，节奏感较强，速度基本均匀，有强弱拍变化，能达到80%以上的节奏无误。

（3）"Ⅲ"级标准（5～6分）：基本能够准确识唱谱例，有一定节奏感，速度基本均匀，强弱拍区别不明显，节奏准确率在60%以上。

（4）"Ⅱ"级标准（3～4分）：不能完整识唱谱例，有一定节奏感，但速度不稳，无强弱拍区别，节奏准确率在60%以下。

（5）"Ⅰ"级标准（0～2分）：不能完整识唱谱例，无节奏感，不能形成连续的节拍与节奏。

3. 识谱（认识唱名）

（1）"Ⅴ"级标准（9～10分）：能够快速、准确、流畅地识出谱例中音的唱名，准确率达到95%以上。

（2）"Ⅳ"级标准（7～8分）：能够比较准确、流畅地识出谱例中音的唱名，准确率达到80%以上。

（3）"Ⅲ"级标准（5 ~ 6分）：能够识出谱例中音的唱名，但反应较慢，不流畅，准确率达到60%以上。

（4）"Ⅱ"级标准（3 ~ 4分）：基本能够识出谱例中音的唱名，但较为困难，几乎每个音都有停顿，准确率在60%以下。

（5）"Ⅰ"级标准（0 ~ 2分）：不能完整识出谱例中音的唱名。

附录十一：《初中、小学音乐教学器材配备标准》
（教育部发布）

教育部关于发布《小学音乐教学器材配备标准》
等四个教育行业标准的通知

教体艺〔2016〕2号

各省、自治区、直辖市教育厅（教委），各计划单列市教育局，新疆生产建设兵团教育局：

经全国教学仪器标准化技术委员会审查通过，现发布以下四个教育行业标准：

JY/T 0468-2015 小学音乐教学器材配备标准
JY/T 0469-2015 初中音乐教学器材配备标准
JY/T 0470-2015 小学美术教学器材配备标准
JY/T 0471-2015 初中美术教学器材配备标准
以上标准自发布之日起实施。

教育部
2016 年 5 月 3 日

参考文献 ①

一、辞书、政策法规、文献汇编类

[1] 国家发改委：《京津冀协同发展规划纲要》，http：//www.docin.com/p-254234838.html.

[2] 教育部：《国家中长期教育改革和发展规划纲要（2010—2020年）》，http：//www.china.com.cn/policy/txt/2010-03/01/content_19492625_3.htm.

[3] 顾明远主编：《教育大辞典（增订合编本）》，上海教育出版社 1998 年版.

[4] 国家教委体育卫生与艺术司主编：《学校艺术教育工作文件汇编》，人民音乐出版社 1996 年版.

[5] 课程教材研究所编：《20 世纪中国中小学课程标准·教学大纲汇编（音乐·美术·劳技卷）》，人民教育出版社 2001 年版.

[6] 中华人民共和国教育部：《全体制义务教育音乐课程标准（实验稿）》，北京师范大学出版社 2001 年版.

[7] 中华人民共和国教育部：《义务教育音乐课程标准（2011 年版）》，北京师范大学出版社 2011 年版.

[8] 教育部基础教育课程教材专家工作委员会组织编写：《义务教育音乐课程标准（实验稿）解读》，北京师范大学出版社 2002 年 5 月第 1 版.

[9] 教育部基础教育课程教材专家工作委员会组织编写：《义务教育音乐课程标准（2011 年版）解读》，北京师范大学出版集团，北京师范大学出版社 2012 年 2 月第 1 版.

[10] 中央教育科学研究所：《中华人民共和国教育大事记（1949-1982）》，教育科学出版社 1984 年版.

---

① 注：参考文献中的部分文献并未在本文中直接引用，但对笔者开展本题研究具有重要的参考和借鉴价值，在此列出以供对本题研究感兴趣的同仁进行补充阅读。

二、专著、译著类

[1] 文魁,祝尔娟.京津冀发展报告(2015)协同创新研究[M].北京:社会科学文献出版社,2015.

[2] 文魁,祝尔娟.京津冀发展报告(2016)协同发展指数研究[M].北京:社会科学文献出版社,2016.

[3] 冯振环,李书全.京津冀都市圈发展的脆弱性研究与评估[M].北京:清华大学出版社,2016.

[4] 李国平,陈红霞.协调发展与区域治理:京津冀地区的实践[M].北京:北京大学出版社,2012.

[5] 李景元.对接京津与都市区经济一体化[M].北京:中国经济出版社,2011.

[6] 周立群.京津冀都市圈的崛起与中国经济发展[M].北京:经济科学出版社,2012.

[7] 刘玉海,叶一剑,李博.困境:京津冀调查实录[M].北京:社会科学文献出版社,2012.

[8] 邓行舟,田玲,赵新.京津冀人口发展战略报告[M].北京:社会科学文献出版社,2007.

[9]《第七届河北省社会科学博士论坛论文集》编委会.京津冀协同发展研究[C].北京:经济科学出版社,2015.

[10] 高文杰,张华,王海乾,龙丽民,崔健甫.都市圈规划概论[M].北京:中国建设工业出版社,2007.

[11] 李廉水,(美)Roger R.Stough.都市圈发展——理论演化·国际经验·中国特色[M].北京:科学出版社,2006.

[12] 宋迎昌.都市圈战略规划研究[M].北京:中国社会科学出版社,2009.

[13] 宋迎昌.都市圈:从实践到理论的思考[M].北京:中国环境科学出版社,2003.

[14] 顾朝林,俞滨洋,薛俊菲.都市圈规划——理论·方法·实例[M].北京:中国建筑工业出版社,2007.

[15] 王方华,陈宏民.都市圈发展与管理概论[M].上海:上海三联书店,2007.

[16] 张兆安.大都市圈与区域经济一体化——兼论长江三角洲区域经济一体化[M].上海:上海财经大学出版社,2006.

[17] 程工.中原城市群区域经济一体化研究[M].北京:知识产权出

版社,2008.

[18] 施祖麟.区域经济发展:理论与实证[M].北京:社会科学文献出版社,2007.

[19] 中共教育部直属机关委员会,中国教育科学研究院编.重大教育政策要点2014[M].北京:教育科学出版社,2015.

[20] 袁振国.中国教育政策评论2015[M].北京:教育科学出版社,2015.

[21] 刘新成,王海燕.首都区域教育均衡发展的理论与实践[M].北京:首都师范大学出版社,2012.

[22] 潘玉君,罗明东,方杏村,武友德.区域教育发展及其均衡对策研究[M].北京:北京大学出版社,2007.

[23] 罗明东,番玉君,华红莲,陈瑶.区域教育发展及其差距实证研究[M].北京:北京大学出版社,2007.

[24] 楼世洲.区域教育可持续发展指标体系研究[M].北京:教育科学出版社,2012.

[25] 吴宣德.中国区域教育发展概论[M].武汉:湖北教育出版社,2003.

[26] 彭彩霞.中国基础教育课程政策三十年(1978—2008)[M].北京:中国社会科学出版社,2015.

[27] 中国教育科学研究院课程教学研究中心.中国基础教育课程改革十年[M].武汉:湖北教育出版社,2013.

[28] 彭泽平.嬗变与超越——新中国基础教育课程改革史[M].成都:电子科技大学出版社,2014.

[29] 阎亚军.中国教育改革的逻辑——对改革开放以来我国基础教育改革的反思[M].杭州:浙江大学出版社,2016.

[30] 邵光华,胡建勇,张光陆.社会转型期基础教育的变革与发展研究[M].杭州:浙江大学出版社,2014.

[31] 杨晓霞.义务教育均衡发展改革中的利益整合研究[M].北京:中国社会科学出版社,2014.

[32] 杨小敏.办学条件及其对学生的影响——基于中国农村义务教育阶段中小学校的实证研究[M].北京:北京师范大学出版社,2015.

[33] 王善迈.经济变革与教育发展:教育资源配置研究[M].北京:北京师范大学出版社,2014.

[34] 国家教育行政学院.国家教育体制改革试点阶段性研究报告(基础教育卷)[M].北京:教育科学出版社,2014.

[35] 王蓉.中国教育财政政策咨询报告(2010—2015)[M].北京:教育科学出版社,2015.

[36] 孟航鸿.义务教育财政问题研究[M].石家庄:河北教育出版社,2010.

[37] 邢天添.中国农村义务教育财政忧思录[M].太原:山西经济出版社,2015.

[38] 吴国生,黄永林,田祖荫.农村义务教育经费保障机制实证研究[M].武汉:华中师范大学出版社,2013.

[39] 北京财经研究基地.北京市基础教育财政管理改革研究[M].北京:经济科学出版社,2014.

[40] 郝保伟.促进教育均衡发展的中小学教师流动研究[M].北京:知识产权出版社2015.

[41] 毛亚庆,鱼霞,郝保伟,夏仕武等.促进义务教育均衡发展的校长教师流动机制研究[M].北京:北京师范大学出版社,2016.

[42] 于发友等.义务教育学校教师绩效工资实施情况调研报告[M].北京:教育科学出版社,2014.

[43] 畅铁民.考核认同与义务教育教师绩效薪酬偏好研究[M].北京:经济科学出版社,2015.

[44] 姚永强.新时期下我国义务教育均衡发展方式的转变[M].北京:中国社会科学出版社,2016.

[45] 潘新民.基础教育改革渐进论[M].杭州:浙江教育出版社,2012.

[46] 吴遵民等.基础教育公平论:中国基础教育公平与均衡发展的政策研究[M].上海:上海教育出版社,2014.

[47] 霍翠芳.农村义务教育布局调整政策变迁与教育机会再分配[M].北京:中国社会科学出版社,2014.

[48] 邬志辉,秦玉友.中国农村教育发展报告2013—2014[M].北京:北京师范大学出版社,2015.

[49] 范先佐.教育经济学[M].北京:中国人民大学出版社,2014.

[50] 高书国.教育指标体系——大数据时代的战略工具[M].北京:北京师范大学出版社,2015.

[51] 罗洁.北京市基础教育信息资源服务体系构建研究[M].北京:教育科学出版社,2014.

[52] 马佳宏.教育新视野——教育与经济关系的多维研究[M].桂林:广西师范大学出版社,2002.

[53] 宋乃庆,李森,朱德全.中国义务教育发展报告 2012[M]. 北京：教育科学出版社,2013.

[54] 徐新荣,钱丽霞.农村中小学可持续发展教育资源开发与利用[M]. 北京：教育科学出版社,2012.

[55] 周洪宇.教育公平是和谐社会的基石 [M]. 合肥：安徽教育出版社,2007.

[56] 杨明,赵凌,李舜静.北仑机制：区域基础教育质量评价研究 [M]. 杭州：浙江大学出版社,2013.

[57] 刘贵华,王小飞.区域综合改革：中国教育改革的转型与突破[M]. 北京：教育科学出版社,2015.

[58] 杨旭红,毛擘,马兹平.区域推进下的学校课程规划编制实践[M]. 北京：人民教育出版社,2015.

[59] 张援.中国当代艺术教育法规文献汇编（1990—2010)[M]. 上海：上海教育出版社,2011.

[60]《中国音乐教育》杂志编辑部.音乐教育的国际对话 [M]. 北京：人民音乐出版社,2007.

[61]（加）Bowman, W.D. 变化世界中的音乐教育 [M]. 黄琼瑶,译. 苏州：苏州大学出版社,2014.

[62]（美）Hodges, D.A. 音乐心理学手册 [M]. 刘沛,任凯,译. 长沙：湖南文艺出版社,2006.

[63]（美）Bennett Reimer. 音乐教育的哲学 [M]. 熊蕾,译. 北京：人民音乐出版社,2003.

[64]（美）戴维·埃里奥特.关注音乐实践——新音乐教育哲学 [M]. 齐雪,赖达富,译. 上海：上海音乐出版社,2009.

[65]（日）高萩保治.音乐学科教学法概论 [M]. 缪裴言,林能杰,缪力,译. 北京：人民音乐出版社,2006.

[66] 王安国.从实践到决策——我国学校音乐教育的改革与发展 [M]. 广州：花城出版社,2004.

[67] 周世斌,宫正.国外音乐教育文献选读与分析 [M]. 上海：上海音乐出版社,2007.

[68] 周世斌.音乐教育与心理研究方法 [M]. 上海：上海音乐出版社,2005.

[69] 刘沛.音乐教育的实践与理论研究 [M]. 上海：上海音乐出版社,2004.

[70] 郑莉.现代音乐教学理论与方法研究 [M]. 北京：中国文联出版

社,2004.

[71] 尹爱青.学校音乐教育导论与教材教法 [M].北京：人民音乐出版社,2007.

[72] 谢嘉幸,郁文武.音乐教育与教学法 [M].北京：高等教育出版社,2006.

[73] 管建华.中国音乐教育与国际音乐教育 [M].南京：南京师范大学出版社,2013.

[74] 余丹红.音乐教育研究论文集 [M].上海：上海音乐学院出版社,2011.

[75] 郭声健.守望音乐教育 [M].广州：暨南大学出版社,2013.

[76] 刘靖之.中国学校音乐课程发展 [M].上海：上海音乐学院出版社,2011.

[77] 朱玉江.百年中国学校音乐课程变迁的文化哲学研究 [M].北京：中国文联出版社,2015.

[78] 于晓晶.后哲学文化视野下的学校音乐教育 [M].上海：上海音乐学院出版社,2014.

[79] 张业茂,刘畅.国际化与信息化：学校音乐教育的应对 [M].武汉：华中师范大学出版社,2016.

[80] 北京教育科学研究院基础教育教学研究中心.中小学音乐教学方式变革的研究与探索 [M].北京：北京科学技术出版社,2006.

[81] 谢苑玫,郭声健.变革时代学校音乐教育的挑战与对策 [M].广州：暨南大学出版社,2016.

[82] 教育部基础教育课程教材发展中心.走进新课堂音乐分册 [M].北京：北京工业大学出版社,2010.

[83] 王朝刚.西北民族地区音乐教育研究 [M].上海：上海音乐学院出版社,2010.

[84][英] 戈登·考克斯,[英] 罗宾·史蒂文斯.音乐教育的起源和创立：义务教育阶段音乐学科的跨文化历史研究 [M].窦红梅,译.北京：北京大学出版社,2014.

[85] 北京教育科学研究院基础教育教学研究中心.学科能力标准与教学指南：中小学音乐 [M].北京：北京师范大学出版社,2015.

[86] 董爱伟.农村中学音乐教育探索 [M].苏州：苏州大学出版社,2012.

[87] 吴大进,曹力,陈立华.协同学原理和应用 [M].武昌：华中理工大学出版社,1990.

[88]（德）Haken,H.协同学——大自然构成的奥秘 [M].凌复华译.上海：上海译文出版社,2005.

[89]（英）P·切克兰德.系统论的思想与实践 [M].左晓斯,史然,译.北京：华夏出版社,1990.

[90]杨春时,邵光远,刘伟民,张纪川.系统论信息论控制论浅说 [M].北京：中国广播电视出版社,1987.

[91]魏宏森,曾国屏.系统论——系统科学哲学 [M].北京：清华大学出版社,1995.

[92]霍绍周.系统论 [M].北京：科学技术文献出版社,1988.

三、期刊论文类

（一）音乐教育类

[1] 滕腾：《新媒体时代下音乐教育的发展趋势》,《中国音乐》2016年第4期.

[2] 谢嘉幸：《"新世纪中华乐派"之前前后后》,《中国音乐》2016年第2期.

[3] 邹建平,冯效刚：《音乐教育的历史沿革与学科建设刍议》,《南京艺术学院学报(音乐与表演)》2016年第1期.

[4] 黄文翠：《美国加州大学洛杉矶分校(UCLA)音乐教育专业本科生培养模式探析》,《中国音乐》2016年第1期.

[5] 刘畅,尹爱青：《音乐教学研究现状分析——基于第30届世界音乐教育大会论文》,《人民音乐》2015年第12期.

[6] 高博：《音乐教育的国际对话——"2015十期学校音乐教育新体系骨干教师培训总结评估会暨学校音乐教育改革国际研讨会"综述》,《人民音乐》2015年第11期.

[7] 蔡梦：《为什么应该发展音乐教育的哲学？——基于贝内特·雷默《音乐教育的哲学》相关内容解读》,《人民音乐》2015年第8期.

[8] 王秀萍：《中小学音乐教育应重视审美性与实践性的融合——基于对杜威"审美经验"的内涵的理解》,《教育研究》2015年第5期.

[9] 蔡梦：《"音乐艺术"与"音乐教育"内涵认知——基于贝内特·雷默《音乐教育的哲学》相关内容的思考》,《中国音乐学》2015年第3期.

[10]管建华：《21世纪的抉择——从中国高校音乐教育的三个"缺失"问题谈起》,《人民音乐》2015年第1期.

[11] 王耀华：《中华民族音乐文化的国际传播与推广——传播内容的层次性、适应性和"变"与"不变"》，《中央音乐学院学报》2014 年第 3 期.

[12] 姬晨：《生态音乐教育———种新型音乐教育观的研究》，《星海音乐学院学报》2014 年第 3 期.

[13] 蔡丽红：《突破、超越、融合：中国音乐教育近代转型的历史问题与当代意识》，《音乐艺术》2014 年第 2 期.

[14] 宋瑾：《从全球化视角论中国多元音乐文化发展策略》，《中央音乐学院学报》2014 年第 1 期.

[15] 项阳：《音乐教育体系的"中土"与"西方"认识论》，《南京艺术学院学报（音乐与表演版）》2014 年第 1 期.

[16] 李方元，谢芳：《关于"专业性"音乐教育中"教育"意涵的讨论——我国教育角度的历时考察及其思考》，《中国音乐学》2014 年第 1 期.

[17] 易大鑫：《论我国民族打击乐演奏艺术的艺术特征及其与现代音乐教育的结合》，《乐府新声（沈阳音乐学院学报）》2014 年第 1 期.

[18] 王耀华：《提倡音乐教育专业研究生教育培养的多重"三边合力论"》，《人民音乐》2013 年第 6 期.

[19] 朱裔文：《中国近代（1840—1949）音乐审美教育意识的发展历程及对音乐教育的启示》，《艺术百家》2013 年第 2 期.

[20] 周世斌：《不应再被忽视的器乐教学——我国中小学器乐教学弱势状况分析及改革思考》，《人民音乐》2012 年第 8 期.

[21] 廉玉柱：《国内外音乐教育差异性探究》，《艺术教育》2012 年第 7 期.

[22] 王安国：《基础音乐教育改革与发展的新起点——义务教育音乐课程标准修订》，《人民音乐》2012 年第 6 期.

[23] 郭声健：《艺术审美并不等同于艺术欣赏——由"音乐教育以审美为核心"理念引发的思考》，《美育学刊》2012 年第 5 期.

[24] 周世斌：《有关义务教育音乐课程标准研制与实施中若干问题的学术探讨》，《音乐艺术》2012 年第 3 期.

[25] 张应华，谢嘉幸：《我国当代少数民族音乐教育的目标、功能探析》，《中国音乐》2012 年第 3 期.

[26] 樊祖荫：《音乐艺术院校传统音乐教育的现状及思考》，《音乐探索》2012 年第 3 期.

[27] 阮潇静，郭声健：《国民音乐教育不应以审美为核心吗？——与杜亚雄先生商榷》，《艺术百家》2012 年第 3 期.

[28] 李方元：《"中心"与"边缘"：音乐知识与音乐教育中的"典范"

与"非典范"?》,《中国音乐》2012 年第 1 期.

[29] 杜亚雄:《国民音乐教育应以审美为核心吗?》,《艺术百家》2011 年第 4 期.

[30] 段蕾:《近三十年(1980—2010 年)中国传统音乐的美学问题研究述评》,《中央音乐学院学报》2011 年第 4 期.

[31] 管建华:《多元文化教育视野下的音乐教育》,《南京艺术学院学报(音乐与表演版)》,2011 年第 3 期.

[32] 张业茂:《音乐教育价值的"三重关系"及内在一致性》,《黄钟(武汉音乐学院学报)》2011 年第 3 期.

[33] 张君仁,王冰:《中国高校传统音乐教育研究综述》,《音乐研究》2011 年第 2 期.

[34] 黄颖仪:《多维音乐哲学流派思想下的音乐教育研究》,《人民音乐》2010 年第 5 期.

[35] 蔡梦:《音乐教育人才培养的探索与实践——首都师范大学"21 世纪音乐教育人才培养模式创新实验区"》,《人民音乐》2010 年第 4 期.

[36] 廖家骅:《音乐教育哲学研究中的主体意识》,《人民音乐》2010 年第 4 期.

[37] 宋蓓,郁正民:《新中国六十年音乐课程标准发展的回顾与反思》,《教学研究》2010 年第 2 期.

[38] 马达:《美国多元文化音乐教育的发展及其启示》,《音乐研究》2009 年第 6 期.

[39] 管建华:《鲍曼(WayneD.Bowman)音乐教育实践哲学的新实用主义哲学趋向简析》,《中国音乐》2009 年第 3 期.

[40] 王耀华,万丽君:《师范性·发展性·开放性——《全国普通高等学校音乐学(教师教育)本科专业课程指导方案》的创新》,《福建师范大学学报(哲学社会科学版)》2009 年第 2 期.

[41] 陈颖:《试论学校音乐教育与社会音乐教育之存在关系》,《南京艺术学院学报(音乐与表演版)》2009 年第 2 期.

[42] 王安国:《1978-2008:历史的跨越——中国学校音乐教育三十年》,《人民音乐》2009 年第 1 期.

[43] 管建华:《21 世纪初:世界多元文化音乐教育与音乐人类学在中国》,《音乐艺术》2009 年第 1 期.

[44] 杨和平:《改革开放 30 年的音乐教育学研究》,《音乐探索》2009 年第 1.2 期连载.

[45] 郑莉:《21 世纪音乐教师教育面临的挑战》,《人民音乐》2008 年

第 7 期.

[46] 郭小利:《北美"审美"与"实践"两大音乐教育哲学思想之比较研究》,《音乐研究》2008 年第 5 期.

[47] 郭小利:《美国当代音乐教育哲学的发展》,《黄钟》2008 年第 4 期.

[48] 宋瑾:《在保护与发展的交织中探索——2008 音乐类非物质文化遗产保护国际学术研讨会综述》,《中央音乐学院学报》2008 年第 3 期.

[49] 樊祖荫,谢嘉幸:《中国(大陆)以音乐文化多样性为基础的音乐教育:发展现状及前景》,《中国音乐》2008 年第 2 期.

[50] 管建华:《当代社会文化思想转型与音乐教育》,《中国音乐》2008 年第 2 期.

[51] 管建华:《21 世纪音乐教育观念的三个转向》,《南京艺术学院学报(音乐与表演版)》2008 年第 2 期.

[52] 郭小利:《美国审美音乐教育哲学思想的历史演变》,《中国音乐学》2008 年第 2 期.

[53] 覃江梅:《从〈音乐教育的哲学〉三个版本述评雷默审美音乐教育哲学》,《中央音乐学院学报》2008 年第 2 期.

[54] 覃江梅:《音乐教育哲学的审美范式与实践范式》,《中国音乐》2008 年第 1 期.

[55] 王耀华:《音乐创造为核心的音乐教育哲学观》,《中国音乐教育》2007 年第 7 期.

[56] 周世斌:《透析现象意为何 看尽繁华话忧思——由我国高等专业音乐教育现状引发的思考》,《乐器》2007 年第 3.4 期连载.

[57] 黄琼瑶:《鲍曼及其音乐教育哲学思想》,《中国音乐》2007 年第 3 期.

[58] 代百生:《德国的音乐教育专业培养模式及其对我国高等音乐教育改革的启示》,《中国音乐》2007 年第 1 期.

[59] 周世斌:《"学生喜欢音乐,不喜欢音乐课"现象之探究》,《乐器》2006 年第 11 期.

[60] 蔡梦:《从新一轮基础音乐教育的改革管窥姚思源先生的音乐教育思想》,《人民音乐》2006 年第 4 期.

[61] 马达:《高师音乐教育专业中实施世界多元文化音乐教育的构想》,《人民音乐》2006 年第 4 期.

[62] 陈雅先:《多元文化音乐教育在民族音乐文化传承中的作用》,《福建师范大学学报(哲学社会科学版)》2006 年第 4 期.

[63] 宋瑾:《论 20 世纪中国的音乐美学研究》,《黄钟》2006 年第 3 期.

[64] 杜亚雄:《弘扬民族传统文化 加强音乐母语教育》,《浙江艺术职业学院学报》2006 年第 1 期.

[65] 伍国栋:《非物质文化遗产保护思考——以传统音乐文化类型为题》,《人民音乐》2006 年第 1 期.

[66] 陈音池:《音乐教育多元化论文综述》,《黄钟》2006 年第 1 期.

[67] 范立芝:《学校音乐教育与民族音乐文化的传承》,《西北大学学报(哲学社会科学版)》2005 年第 6 期.

[68] 管建华:《"审美为核心的音乐教育"哲学批评与音乐教育的文化哲学构建》,《中国音乐》2005 年第 4 期.

[69] 管建华:《后哲学文化与音乐教育文化哲学》,《星海音乐学院学报》2005 年第 3 期.

[70] 管建华:《文化策略与世界多元文化音乐教育的思考》,《中国音乐》2005 年第 2 期.

[71] 韩勋国:《中国社会文化变革与音乐教育观念更新》,《黄钟》2005 年第 2 期.

[72] 宋瑾:《后殖民批评语境中的音乐发展观》,《交响》2005 年第 1 期.

[73] 雷达,张玉榛:《关于中小学音乐教材改革的思考》,《艺术教育》2004 年第 5 期.

[74] 宋瑾:《以审美为核心的音乐教育改革》,《中央音乐学院学报》2004 年第 4 期.

[75] 王安国:《我国学校音乐教育改革与发展对策研究》,《中央音乐学院学报》2004 年第 4 期.

[76] 樊祖荫:《中国少数民族音乐及其在世界多元文化音乐教育中的作用与地位》,《中国音乐》2004 年第 4 期.

[77] 周海宏:《国民音乐审美素质的构成与国家音乐教育体系的结构和层次》,《中央音乐学院学报》2004 年第 4 期.

[78] 刘沛:《音乐教育哲学观点的历史演进——兼论多维度音乐课程价值及逻辑起点》,《中国音乐》2004 年第 4 期.

[79] 管建华:《高等教育国际化视野的中国高等音乐教育——中国高等音乐教育面临的五大问题》,《中国音乐》2004 年第 3 期.

[80] 马达:《中小学音乐教育发展与高师音乐教育改革现状》,《福建师范大学学报(哲学社会科学版)》2003 年第 5 期.

[81] 王安国:《我国基础音乐教育实践中的若干问题》,《南京艺术学院学报(音乐与表演版)》2003 年第 2 期.

[82] 徐文武:《〈乐记〉音乐教育思想的历史特征》,《音乐研究》2003 年第 2 期.

[83] 保罗·哈克,刘沛:《走向功能音乐教育》,《人民音乐》2002 年第 11 期.

[84] 田耀农:《音乐教育应实施全面的美的教育——学校音乐教育改革方向的设想》,《中国音乐学》2002 年第 4 期.

[85] 谢嘉幸:《面对二十一世纪的中国音乐学术共同体》,《南京艺术学院学报(音乐与表演版)》2002 年第 2.3 期连载.

[86] 刘沛:《世纪之交的美国音乐教育战略——豪斯赖特宣言:前瞻 2020 年音乐教育的观念与行动纲领》,《中国音乐学》2001 年第 4 期.

[87] 管建华:《21 世纪音乐教育学科研究展望》,《交响》2001 年第 1 期.

[88] 周世斌:《高等音乐教育理论课"能动——操作式"教学模式构想》,《艺术交流》2000 年第 4 期.

[89] 杨晓:《少数民族地区音乐教育发展的几种参照》,《天津音乐学院学报》2000 年第 4 期.

[90] 宋瑾:《世纪末反思:关于音乐的民族性》,《民族艺术》1998 年第 1 期.

[91] 邢维凯:《全面的现代化,充分的世界化:当代中国音乐文化的必由之路——关于"中国音乐文化自性危机论"的几点思考》,《中国音乐学》1997 年第 4 期.

[92] 王耀华:《中华文化为"母语"的音乐教育的意义及其展望》,《音乐研究》1996 年第 1 期.

[93] 谢嘉幸:《关于当代中国音乐教育的文化思考》,《音乐研究》1994 年第 2 期.

[94] 王耀华:《中国近现代学校音乐教育之得失》,《音乐研究》1994 年第 2 期.

[95] 廖家骅:《音乐教育的哲学思考》,《音乐研究》1992 年第 1 期.

[96] 黄翔鹏:《论中国传统音乐的保护和发展》,《中国音乐学》1987 年第 4 期.

(二)京津冀(区域)教育协作类

[1] 杨俏村:《日本高等教育区域合作战略研究——对京津冀高等教育合作的启示》,《才智》2016 年第 31 期.

[2] 梁旭,吴星,张凝宁:《京津冀协同发展视域下的高等教育资源优化配置》,《教育与职业》2016 年第 13 期.

[3] 郭志娟,吴丽君,郭秀丽:《京津冀教育合作机制研究——以承德市义务教育师资队伍建设为例》,《产业与科技论坛》2016 年第 10 期.

[4] 王毓珣:《京津冀教育协同发展原则刍议》,《北京教育(高教)》2016 年第 6 期.

[5] 张琦:《文化同源性与差异性影响下的京津冀高等教育研究》,《河北师范大学学报(教育科学版)》2016 年第 4 期.

[6] 王亚杰,陈岩:《京津冀教育协同与资源共享——以研究生教育为例》,《国家教育行政学院学报》2016 年第 4 期.

[7] 桑锦龙:《推进京津冀教育协同发展的战略性思考》,《教育教学研究》2016 年第 4 期.

[8] 曹浩文:《京津冀教育协同发展战略构想与实践探索——"区域教育一体化与京津冀协同发展"主题论坛综述》,《北京教育(高教)》2016 年第 1 期.

[9] 孙群力,罗艳,陈平:《京津冀城市群财政支出效率研究》,《审计与经济研究》2016 年第 1 期.

[10] 王寰安,蔡春:《创新区域教育治理结构,促进京津冀教育协同发展——"京津冀教育协同发展"高峰论坛综述》,《首都师范大学学报(社会科学版)》2016 年第 1 期.

[11] 马俊红:《关于构建京津冀基础教育服务协同发展机制探讨》,《商》2015 年第 42 期.

[12] 李哲:《借鉴国外教育区域合作经验 推动京津冀高职教育协同发展》,《教育教学论坛》2015 年第 25 期.

[13] 陈·巴特尔,张琦:《高等教育协同发展:京津冀一体化的重要推动力》,《中国高等教育》2015 年第 23 期.

[14] 杨德春:《京津冀协同发展战略的创新思维》,《创新科技》2015 年第 12 期.

[15] 高兵,唐一鹏:《区域科学视角下的基础教育协同发展——以京津冀为例》,《上海教育科研》2015 年第 11 期.

[16] 闫志利,王伟哲:《国内外区域职业教育一体化对京津冀的启示》,《教育与职业》2015 年第 8 期.

[17] 王殿茹,邓思远:《京津冀协同发展中非首都功能疏解路径及机制》,《河北大学学报(哲学社会科学版)》2015 年第 6 期.

[18] 展永:《加强区域高校合作 助推京津冀协同发展——在"京津冀

协同发展框架下的高等教育暨大学校长高峰论坛"上的讲话》,《河北工业大学学报(社会科学版)》2015 年第 4 期.

[19] 刘双喜,高向杰:《京津冀高等教育与区域协同发展的问题与对策》,《河北大学成人教育学院学报》2015 年第 4 期.

[20] 张力:《京津冀教育协同发展的基础与前景》,《天津市教科院学报》2015 年第 3 期.

[21] 张雪,静丽贤,孙晖,陈岩:《基于大学联盟视角的京津冀区域高等教育合作》,《河北联合大学学报(社会科学版)》2015 年第 3 期.

[22] 徐莉,程换弟:《京津冀协同发展下区域教育问题的研究——基于高考招生方面的思考与建议》,《天津电大学报》2015 年第 3 期.

[23] 高兵,李政:《京津冀教育协同发展的基本原则与运行机制研究》,《北京教育(高教)》2015 年第 2 期.

[24] 韩庆峰:《基于京津冀协同发展的高等教育资源共享机制研究》,《图书馆学刊》2015 年第 1 期.

[25] 郭昱:《京津冀财政教育支出与经济增长的实证检验》,《统计与决策》2014 年第 15 期.

[26] 居瑢,邵照阳:《京津冀一体化背景下三地高校艺术专业师资人才协作与交流途径研究》,《品牌》2014 年第 11 期.

[27] 武琪:《痛且直行,京津冀一体化的研讨还需再充分——访国家发改委城市和小城镇改革发展中心政策研究处处长范毅》,《财经界》2014 年第 9 期.

[28] 高兵:《京津冀区域教育空间布局构想》,《北京教育(高教)》2014 年第 6 期.

[29] 魏进平:《加强京津冀产业、科技和教育合作的对策建议》,《经济论坛》2014 年第 4 期.

[30] 戚艳萍:《文化落差:京津冀一体化发展过程中必须面对的事实》,《北京化工大学学报(社会科学版)》2014 年第 4 期.

[31] 吴玫:《京津冀、长三角和珠三角地区七省市高等教育比较研究》,《现代教育论丛》2014 年第 1 期.

[32] 刘赞英,刘兴国:《加强京津冀区域高等教育合作 促进高等教育内涵式发展》,《河北工业大学学报(社会科学版)》2013 年第 4 期.